U0949451

李近朱　著

上海科学技术文献出版社
Shanghai Scientific and Technological Literature Press

图书在版编目（CIP）数据

邮票中的百年党史 / 李近朱著．—上海：上海科学技术文献出版社，2021（2022.1 重印）
ISBN 978-7-5439-8348-9

Ⅰ．①邮… Ⅱ．①李… Ⅲ．①邮票—中国—图集②中国共产党—党史 Ⅳ．① G262.2-64 ② D23

中国版本图书馆 CIP 数据核字（2021）第 109536 号

选题策划：张 树
责任编辑：苏密娅
封面设计：海未来

邮票中的百年党史
YOUPIAO ZHONG DE BAINIAN DANGSHI
李近朱 著
出版发行：上海科学技术文献出版社
地 址：上海市长乐路 746 号
邮政编码：200040
经 销：全国新华书店
印 刷：商务印书馆上海印刷有限公司
开 本：787mm×1092mm 1/16
印 张：28.5
版 次：2021 年 7 月第 1 版 2022 年 1 月第 2 次印刷
书 号：ISBN 978-7-5439-8348-9
定 价：178.00 元
http://www.sstlp.com

引 言／1

第一篇 长夜难明

外侮践踏中的晚清背影／ 002
皇朝废墟上的民国曙色／ 010

第二篇 东方欲晓

启蒙：新文化运动的兴起／ 020
五四运动：中国革命途程的求索／ 022
十月革命给中国送来了马克思主义／ 026
1921 开天辟地的建党伟业／ 039
唤起工农千百万／ 045
揩干血迹，继续战斗／ 057

第三篇

长缨在手

南昌的第一声春雷 / 062

枪杆子里面出政权 / 066

井冈山上军旗红 / 070

瑞金：人民的红色政权 / 079

“马背上的共和国” / 084

从反“围剿”到战略转移 / 092

第四篇

万水千山

于都河畔别“红都” / 100

遵义会议开拓新的航向 / 106

红军不怕远征难 / 111

长征与长征精神 / 120

第五篇

峥嵘岁月

“中华民族到了最危险的时候” / 128

九州河山，同仇敌忾 / 136

中流砥柱：中国共产党与全民族抗战 / 141

延安：黄土地上的红色政权 / 150

“解放区的天是明朗的天” / 159

第六篇

横扫千军

重庆谈判：为“和平建国”而努力 / 172

全面内战爆发的艰苦岁月 / 177

三大战役：“横扫千军如卷席” / 185

从西柏坡走向人民共和国 / 193

第七篇

万山红遍

中国人民站起来了 / 202

开国大典：新的历史里程碑 / 209

人民政权为人民 / 217

“雄赳赳，气昂昂，跨过鸭绿江” / 223

民族团结一家人 / 230

共和国大门向世界敞开 / 239

曲折的探索 / 251

第八篇

换了人间

共和国从废墟上崛起 / 260

阳光普照的社会主义河山 / 270

建设年代的跃进轨迹 / 281

为共和国腾飞奠基 / 289

第九篇

春风杨柳

春风，吹拂大地 / 300

春潮，涌动九州 / 306

春天，绿荫万代 / 317

第十篇

百舸争流

改革开放的时代潮流 / 326

港澳回归的世纪盛典 / 335

开创未来的崭新纪元 / 346

第十一篇

只争朝夕

新起点 新作为 新成就 / 354

科学 持续 和谐 / 367

更快 更高 更强 / 376

第十二篇

当惊世界殊

中国梦，民族复兴的夙愿 / 390

振兴中华的“三大战略” / 399

构筑“人类命运共同体” / 410

新时代的里程碑 / 415

高扬“不忘初心、牢记使命”旗帜 / 439

寄　语 / 442

引 言

从 1921 年 7 月 1 日到 2021 年 7 月 1 日，这是相隔一个世纪、整整一百年的时间坐标。

这个百年历程铺陈在中国大地上，是苦难辉煌岁月的一个伟大跋涉，也是一个民族站立起来开创中国特色社会主义大业的一座丰碑。一个世纪之前开天辟地诞生的中国共产党，在中国历史上和世界历史上留下了百年基业。

在这个庄严时刻，我们翻开了《中国共产党党章》。

开章明义第一段，写道：“中国共产党是中国工人阶级的先锋队，同时是中国人民和中华民族的先锋队，是中国特色社会主义事业的领导核心，代表中国先进生产力的发展要求，代表中国先进文化的前进方向，代表中国最广大人民的根本利益。党的最高理想和最终目标是实现共产主义。”

· 党旗

那么，这个中国人民和中华民族的先锋队，是怎样走过一个世纪历程的？这个中国特色社会主义事业的领导核心，是如何带领人民向着中华民族的伟大复兴奋进的？

百年风云变幻。一个个镌刻在历史上的日子过去了，首先聚焦和定格的，是一个划时代的时间节点：

1949 年 9 月 30 日，旧中国的残阳暮日落下了；

1949 年 10 月 1 日，新中国的红日朝旭升起了。

这个晨昏交替的时刻，将中国共产党百年奋斗征程的这部历史巨册划出了两个篇章。

1949 年 9 月 30 日那一天，夕照正红的晚 6 点，北京。

· 天安门

刚刚闭幕的中国人民政治协商会议第一届全体会议代表，在中央人民政府毛泽东主席的带领下，走出怀仁堂，来到正阳门和天安门之间的广场上。在古都南北的中轴线上，毛泽东主席铲下第一锨土，为人民英雄纪念碑庄严奠基。

自共和国领袖第一锨土奠基之后，人民用心血和热诚以17000块花岗石和汉白玉石，筑起高38米的碑体和3000平方米的碑基。庄严雄伟的纪念碑触天而立，显示出辉煌的中国气派。

为这一时刻，中国邮政发行一枚小型张。邮票以鲜丽的红色线条，雕刻出纪念碑图案。白色边纸上，醒目印上了毛泽东主席书写的“人民英雄永垂不朽”，侧畔是周恩来总理书写的纪念碑碑文：

“三年以来，在人民解放战争和人民革命中牺牲的人民英雄们永垂不朽！

“三十年以来，在人民解放战争和人民革命中牺牲的人民英雄们永垂不朽！

“由此上溯到一千八百四十年，从那时起，为了反对内外敌人，争取民族独立和人民自由幸福，在历次斗争中牺牲的人民英雄们永垂不朽！”

1949年9月30日，为人民英雄纪念碑奠基之日，后来将每年的这一天设为中国“烈士纪念日”。每年9月30日，在人民英雄纪念碑前以及全国各地举行国家纪念仪式，缅怀英雄先烈。2014年，中国邮政发行纪念邮资明信片，以人民英雄纪念碑和“缅怀烈士功绩，弘扬烈士精神”字句，为中国第一个“烈士纪念日”做了国家的和全民的隆重纪念。

1949年10月1日，在人民英雄纪念碑对面的天安门城楼上，中华人民共和国宣告成立。毛泽东主席用一句豪迈而深刻的话，道出了这个中国历史转折点的伟大意义——“中国人民从此站起来了！”

人民英雄纪念碑碑座，在洁白雕花拱卫下，镶嵌八座巨幅浮雕。环围四面镌镂的画卷，铭刻了中国近代历史重大事件的壮阔场面。从“虎门销烟”“金田起

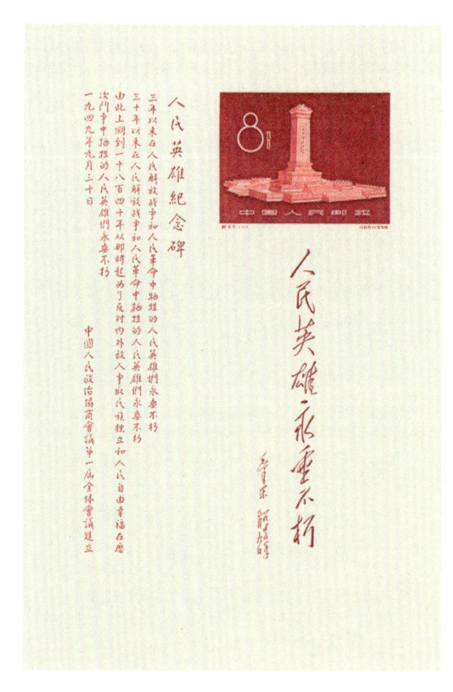

· 人民英雄纪念碑

·“烈士纪念日”明信片

义”“武昌起义”“五四运动”“五卅运动”，到“南昌起义”“抗日游击战争”“胜利渡长江”的八个历史场面，再现了中国人民100多年来，特别是在中国共产党领导的28年来反帝反封建斗争以及打倒反动派、解放全中国和建立人民政权的革命斗争历程。

此后，在天安门下，在纪念碑旁，人民共和国又走过了社会主义革命和建设以及改革开放的70余年征程，让一个积贫积弱的中国发生了天翻地覆巨变，成为屹立在世界东方的一个正在走向富强的伟大国度。

·中国共产党成立九十周年

2011年，在纪念中国共产党成立90周年的日子里，中国邮政发行6枚邮票，以“开天辟地”的建党圣地上海望志路旧址、“烽火岁月”的人民英雄纪念碑、“执政创业”的雄伟的天安门、“改革大潮”的深圳拓荒牛、“世纪跨越”的世纪坛、“科学发展”的世博园为主题。又自2013至2015年发行了“中国梦”邮票，以“国家富强”“民族振兴”“人民幸福”为主题。将中国共产党建党百年的辉煌伟业，在邮票的方寸天地中概括出来，成为我们重温党的光荣历史的一个壮阔画廊。

党的百年历程，正是深深镂刻在中国

· 国家富强

· 民族振兴

· 人民幸福

人民心中的一座丰碑，正是照亮历史与现实漫长航程中的一座灯塔，正是唤起民众、引领道路的一面旗帜。这丰碑，这灯塔，这旗帜，从 1921 年 7 月中国共产党诞生的那一天点亮人心，照亮中国。

2021 年，中国共产党成立百年。回望历史，展看现实，中国人民从心中涌出对于伟大、光荣、正确的中国共产党的真挚情感。20 世纪 60 年代，有一首流传广远的歌曲，唱出了人民的心声——“唱支山歌给党听，我把党来比母亲”。是党，经历了苦难辉煌的奋斗历程，哺育了人民共和国，创造了富饶强盛的今天。

在我的集邮簿中，保存着一枚邮票。一面是火红的中国共产党党旗，一面是这支深入人心的歌曲乐谱。

·《唱支山歌给党听》

在党的百年华诞之刻，人们以各种方式纪念这个重大日子。素有“国家名片”称谓的邮票，以塑造“国家形象”为旨。翻检我的邮票藏册，中国邮票已有140余年历史。从晚清开始，经中华民国，直到新民主主义革命时期由中国共产党领导的红色区域发行的邮票以及中华人民共和国成立70余年发行的邮票，“百年邮票”就是一个特殊的视角，它记录和见证了中国共产党“建党百年”的历程。

一个百年邮票看百年党史的思路，让我以崇仰之情，撷取朵朵邮花，编织出方寸天地中的中国共产党世纪足迹。

这部叙说百年党史的书籍，首先通过邮票展示党的历史功业和现实成就，同时还扼要讲述与党的发展历程相关的邮票的自身信息和故事。这些带有邮票常识的文字，为读者提供了有益的文化性知识。或许，在“邮说”中国共产党建党百年历程中点缀着“说邮”，便是这部读物的特点与新意。

· 辛亥革命

· 五四运动

· 中共诞生

· 抗战胜利

· 开国大典

· 两弹一星

· 改革开放

· 港澳回归

1999年12月31日，中国邮政发行了“世纪交替 千年更始——20世纪回顾”纪念邮票8枚。与人民英雄纪念碑上的八面浮雕一样，这套邮票表现了20世纪中国具有深远影响的历史事件——辛亥革命、五四运动、中共诞生、抗战胜利、开国大典、两弹一星、改革开放、港澳回归。这不啻为中国近现代历史和党的百年历程的一个缩影。

2001年元旦，“世纪交替 千年更始——迈入21世纪”纪念邮票发行。这套邮票展现了中国共产党领导下的中国跨世纪发展展望：世纪交替、和平发展、保护自然、科技之光、中华复兴。

在跨世纪的历史时刻，在回望党的百年历程之时，每一位中国共产党人，

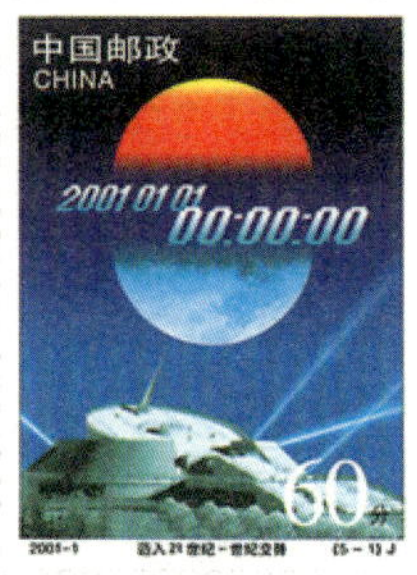

· 世纪交替

· 中华复兴

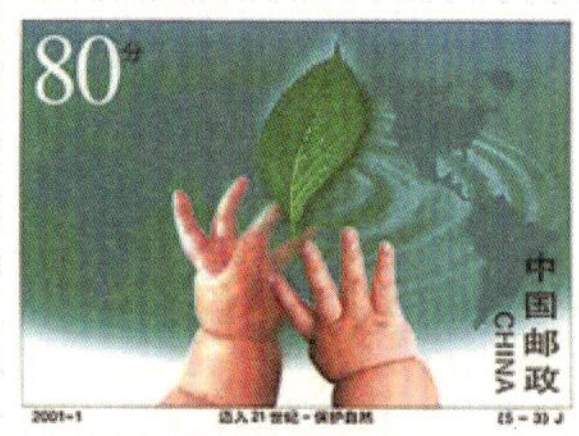

· 保护自然

· 科技之光

都有一个铮铮誓言，要为共产主义崇高理想奋斗终生。在一枚以鲜红党旗为图案的中华人民共和国发行的邮品上，留下了党的殷切希望：“在这个美好的日子里，希望你将党的教诲铭记于心，在你成长的路上，党时刻关注着你……”

从 20 世纪到 21 世纪，中国共产党的百年历程在中国百年邮票的寸幅画面上生动展现了出来。从这一页开始，我们将以党的开创者、共和国的缔造者、社会主义革命与建设的引领者毛泽东笔下的诗词名句为架构，用“国家名片”叙说中国共产党的世纪伟业。

· “党旗”明信片

第一篇

长夜难明

那是 1949 年“火树银花不夜天”的欢庆之刻，毛泽东命笔写下深沉回望历史的词句:“长夜难明赤县天”。

诚如在开国之日前奠基的人民英雄纪念碑碑文所书，从 1949 年的 10 月算起，“三年以来”“三十年以来”以及“由此上溯到一千八百四十年”，也就是从 1840 年晚清时代始，正是中国被世界列强瓜分欺侮的屈辱时代。

那时的中国，古称的神州赤县，正沉沦在半殖民地半封建社会的“长夜难明”中……

外侮践踏中的晚清背影

• 黑便士邮票（英国邮票）

中国历史悠久，人民勤劳智慧，曾经创造出灿烂的古代文明，对人类发展做出重大贡献。中华民族以东方巨龙的恢宏象征，驰骋在九州沃土之上，闪耀着五千年辉彩。

1840 年，在这个中国备受屈辱的年代，恰恰是践踏中国的英帝国，发行了世界第一枚“黑便士”邮票。这个被称为“国家名片”的邮资凭证，以英国女王肖像为图案传播全球。

1878 年 7 月，时在晚清。中国也发行了第一枚邮票。不过，垂帘听政的“中国女皇”慈禧没有登上方寸邮图，这枚邮票以中华民族图腾和大清国之标志——“大龙”为邮票图案面世。

百年之前的这套“大龙”邮票，再现了“东方一条龙”的神姿，在中国“国家名片”上第一次出现了中国的象征。

在“大龙”邮票发行 110 周年之际，一枚纪念小型张采用“票中票”形式，将 3 枚“大龙”邮票作为主图，边纸上绘火焰簇拥的金色宝珠，底部饰有明清“海水江牙”图纹。以古代装饰技法设计的这枚大邮票，庄重谐适，尽显中国气派。

1878 年，中国“大龙”邮票发行，这虽是中国创办近代邮政的肇始，表明数千年邮驿通信历史的结束，但却是由外国人执掌的海关邮政

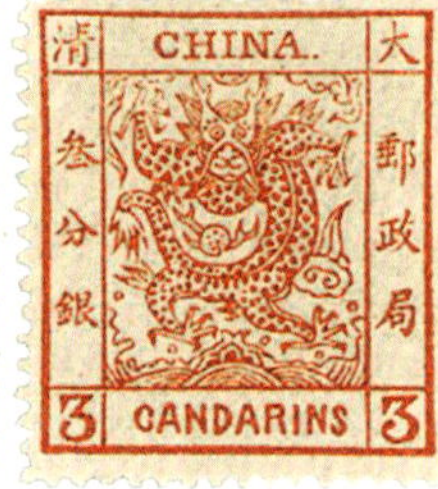

• 大龙邮票

代大清国发行的。中国第一套邮票带有浓厚的半殖民地半封建社会色彩。

1896 年 3 月 26 日，光绪皇帝批准正式开办大清国中国邮政。从这一天开始，大清政府才结束外国海关办邮政的屈辱历史。

在一枚明信片上，印有光绪皇帝的肖像，右上角的邮票则是帝俄邮票，上面加盖了“КИТАЙ”（中国）文字；这枚邮品记录了晚清邮政为外国掌控的状况以及光绪批设中国邮政的那个历史时刻。2016 年中国邮政开办一百二十年之后，以邮彰邮，中国邮政为清代中国邮政发行纪念邮票。其中，就有以清代天津邮政津局旧址为图案的一枚邮票。2018 年，中国邮政发行纪念邮资明信片，将天津大清邮政遗址作为图案，绘制在明信片上。

另一枚纪念小型张，则将光绪皇帝御批的开办中国邮政奏章手迹以及大清中国邮政首批发行的“红印花”加盖邮票，以“票中票”形式加以展现。这枚充满邮味的小型张，为中国主权邮政的建立做了历史性纪念，也让后人一睹“红印花”加盖世界著名珍邮的真容。

· 中国邮政开办一百二十周年

· 中国大龙邮票发行一百一十周年

· “光绪皇帝像”明信片

19 世纪中叶鸦片战争之后，由外国海关邮政发行的中国第一套“大龙”邮票以及晚清中国邮政的建立，正是在“由此上溯到一千八百四十年”那个“长夜难明”的时代。

•“中国大龙邮票发行 140 周年”明信片

• 中国邮政开办一百周年

19 世纪初，中国处在封建社会晚期，西方资本主义迅猛发展，向外扩张，古老中国面临极其严重的生存危机。1840 年，西方资本主义强国英国发动了侵略中国的鸦片战争。外国资本主义、帝国主义列强相继侵入。独立的中国逐步变成半殖民地半封建社会的中国。

沉重的压迫激起了强烈的反抗。从那一时刻起，中华民族反对外国资本主义、帝国主义列强，中国人民反对封建专制的近代中国革命开始了！

在人民英雄纪念碑花岗岩的巨幅浮雕上，按时序排在第一位的，就是“虎门销烟”。这是中国人民向外国列强抗争的第一次“亮剑”。站在这次斗争第一线的，是晚清名臣林则徐。

• 林则徐诞生二百周年

在晚清的夕照中，林则徐曾与龚自珍、黄爵滋、魏源等爱国仁人提倡经世之学，图民族振兴。职中，他兴修水利、禁止鸦片。虎门销烟为林则徐流芳千古之壮举。在中国近代历史上，林则徐被尊为伟大的爱国者。

1985 年，正值林则徐 200 周年诞辰之时，中国邮政发行纪念邮票 2 枚。其中一枚，采用了中国革命博物馆馆藏的林则徐肖像，背景饰以林则徐《赴戍登程口占示家人》一诗中的名句：“苟利国家生死以，岂因祸福避趋之”。另一枚邮票，则将人民英雄纪念碑上的“虎门销烟”巨幅浮雕微缩于方寸之间。

中国澳门邮政也曾以林则徐的肖像为图案，在方寸天地中纪念这位民族英雄。

• 林则徐诞生二百周年

• 林则徐

从虎门销烟到甲午海战，以林则徐为代表的一批近代民族英雄，在抗击外患卫国护民中，留下了爱国主义的悲壮业绩。2018 年，中国邮政发行“近代民族英雄”纪念邮票，林则徐又一次登上“国家名片”。虎门销烟作为他的旷世功业，依然是他那庄重肖像上的一个不可或缺的背景。同时，从虎门到黄海，从镇南关到台湾，关天培、邓世昌、冯子材、刘永福等近代名臣名将，也带着坚毅不屈的伟态，留下了英雄的身影。

· 林则徐

· 邓世昌

· 关天培

· 冯子材

· 刘永福

这些在中国近代史上留下英名和功绩的人物，他们的结局无一不是悲剧。林则徐最终因鸦片战争失败等所谓因由，被清政府去职流放。关天培、邓世昌等大清名将也在战阵中英勇捐躯。一代爱国英杰的悲惨际遇，反映了晚清政府的腐败与无能。

从鸦片战争到甲午战争以及其间诸多抗击外国列强的战争，溃败已使大清帝国陷入丧权辱国、割地赔款、濒临亡国境地。此刻，资本主义、帝国主义列强，在中国国土上设立租界、驻扎军队，控制中国通商口岸、交通和海关，进而操纵中国经济命脉，支配中国政治。

在外国列强发行的一枚枚明信片上，记录下了他们侵略中国领土、屠戮中国人民的残酷情状。一枚明信片上留下攻打天津的德国军舰横行中国领海的强盗行径。

·“德国军舰攻打天津”明信片

从19世纪末到20世纪前几年，在晚清王朝的疆域中竟然发行了外国列强的邮票、明信片，这就是所谓的“客邮”。1895年，德国在其印制的明信片邮资图上加盖“中国”（china）字样；和德国不同，法国在1902年竟在法国邮资图上印有“中国”（china）字样，并加盖了四先令中文面值（chets 四仙）。英、俄、日等国也以加盖“中国”等字样的邮票，通邮于中国的领土上。

而早在晚清海关邮政发行“大龙”邮票的13年之前，从1865年开始，外国列强在中国的行政管理机构“工部局”还开始发行所谓“商埠邮票”。从上海到汉口、烟台、重庆、九江、镇江、芜湖、宜昌、厦门、福州、南京、威海卫等地，陆续大量印行的“商埠”邮票，在半殖民地半封建的晚清中国畅通无阻，俨然自诩主宰。

·德国客邮片

在一枚明信片的图案上，出现了杭州宝俶塔以及外轮航行在杭州湾的画面，标题为“杭州口岸”。而美国加盖

·法国客邮片

·“杭州口岸”明信片

·英国客邮片

· 美国商埠邮票

· 日本商埠邮票

“中国 上海”英文字样和日本加盖“支那”文字的两枚商埠邮票上，浓浓的殖民地气息弥漫在方寸邮图之间。

这些在外国列强邮票上加盖“china”“支那”等字样的所谓“客邮”和“商埠”邮票，俨然以主权邮政的态势横行中国。这些烙印着屈辱留存下来的邮票，表明那个半殖民地半封建的沉沉“长夜”，正压在神州赤县的广阔疆土上。

那时，封建制度的根基——封建地主的土地所有制和地主对农民的剥削，依然在中国社会占支配地位。在帝国主义和封建主义双重压迫下，中国人民，尤其是农民，饥寒交迫，苦难深重。因此，外国列强和中华民族的矛盾、封建统治和人民大众的矛盾，激发了近代中国的革命浪潮。

1851 年的太平天国农民起义，以及 1898 至 1900 年兴起的义和团运动等中国旧式农民战争，是一场震撼中国大地的以农民为主体的反帝爱国运动。1951 年，在太平天国金田起义一百周年之刻，中国邮政发行 4 枚纪念邮票，以群英聚义的宏大场面和农民政权天朝田亩制文献以及天朝钱币为图案，在邮票的寸幅画卷中讴歌了这场农民起义的重大历史意义。

作为小生产者，农民并不代表新的生产力和生产关系，不可能找到中国实现独立和富强的正确道路，他们的斗争终以失败结束。

晚清的国势衰颓，为当时学养深厚、思想激进的有识之士所诟病。他们不仅将救国之慨诉诸文辞鼓呼，还以同盟会、光复会等革命组织形式以及起义、暗杀等激烈手段，抗击卖国殃国误国于水深火热之中的清政府。

1907 年 7 月 6 日，徐锡麟在安庆刺杀清政府安徽巡抚恩铭，率领学生

· 太平天国金田起义百年纪念

军起义，攻占军械所，激战 4 小时，失败被捕，次日慷慨就义。

秋瑾以“鉴湖女侠”的笔名，发表《警告我同胞》等诸多文章，抨击封建制度，号召救国。当她得知徐锡麟起义失败，拒绝逃离。她表示“革命要流血才会成功”，毅然留守，直到被捕。狱中坚不吐供，书“秋风秋雨愁煞人”遗句，慷慨赴死。

1991 年，中国邮政为晚清革命先驱徐锡麟、秋瑾发行了纪念邮票。“国家名片”铭刻下了这些反抗封建专制的英烈志士的不朽形象。

· 徐锡麟

· 秋瑾

19 世纪 90 年代至 20 世纪初，晚清中国还出现了一批主张进行资产阶级式改良、革新的人物。1898 年，以康有为、梁启超、谭嗣同、严复等人为代表的资产阶级维新派，掀起一场变法维新运动，史称“戊戌变法”。慈禧太后发动政变，光绪皇帝被囚，变法维新夭折。这表明，在半殖民地半封建社会的中国，依靠封建统治者自上而下进行资产阶级性质的改良，这条路行不通。

就在这一年，也就是光绪二十四年，大清邮政发行了由英国印制的伦敦版“蟠龙”邮票。瀛台幽禁光绪，慈禧太后将大清标志“龙”的形象，印在了英国高质量有水印的雕刻版邮票上，以昭龙威。

与林则徐同命运的晚清诗人龚自珍有诗云：“万马齐喑究可哀”。就在这一刻，“长夜难明”的旧中国走来一位革命的先行者，他就是：孙中山！

· 蟠龙邮票伦敦版

· 孙中山

皇朝废墟上的民国曙色

· 中华民国光复纪念

在血雨腥风的 19 世纪末叶，孙中山在徐锡麟、秋瑾等革命志士碧血洒九州以及康有为、谭嗣同等人变法失败的残酷现实面前，他看清了不能走改良之路。在这个历史关头，他率先举起近代民族、民主革命旗帜，成为中国推翻封建帝制的民主主义革命的第一人。

中国第一枚印有孙中山先生肖像的邮票，是 1912 年中华民国邮政发行的“中华民国光复纪念”邮票。一套 12 枚邮票均以孙中山先生肖像为主图。这是自清代以来，中国邮票上第一次出现人物形象。这个首登中国“国家名片”的人物，就是结束中国几千年封建帝制的革命家孙中山先生。

中华人民共和国成立后，1956 年正值孙中山先生 90 周年诞辰。中国邮政第一次发行印有孙中山肖像的纪念邮票。此后，在诸多邮票上多次出现这位伟大人物的形象。1986 年，在为纪念孙中山先生诞生 120 周年发行的小型张上，采用了画家靳尚谊创作的油画肖像为图案，庞大票幅以及凝重典雅的色调，将这位伟大的民主革命先行者的端容和人们的景仰之意展现得深刻动人。

· 孙中山诞生九十周年

· 孙中山诞生一百周年

1894年，孙中山也曾在《上李鸿章书》中，主张“仿行西法，以筹自强”的改良之策，但在晚清恶劣的社会形势下，处处碰壁行之不通；至此方悟“和平方法，无可复施”，“积渐而知和平之手段不得不稍易以强迫”。当时，孙中山身边的许多志同道合的革命者，如黄兴、章太炎、陈天华、宋教仁、廖仲恺、蔡元培等人，也有同样的政治认知。

·孙中山诞生一百二十周年

1894年，孙中山在美国檀香山（今“火奴鲁鲁”）成立革命团体“兴中会”时，第一次响亮喊出“振兴中华”的口号。1905年，新成立的“中国同盟会”又提出建立“资产阶级共和国”的政治纲领。“同盟会”誓词上鲜明写道：“驱除鞑虏，恢复中华，创立民国，平均地权”。不久，孙中山又概括出了民族主义、民权主义、民生主义，这就是中国民主主义革命时期著名的奋斗目标：“三民主义”。

1940年，抗日战争期间，美国曾发行纪念邮票。与林肯比肩而立的，是孙中山肖像和以中文书写的“三民主义”信条。这是在外国邮票上第一次出现孙中山形象以及他的革命主张。

·三民主义（美国邮票）

从19世纪末到20世纪初，孙中山先生的革命思想影响了中国一代爱国志士。在他的领导下，1911年10月10日，在“茫茫九派流中国，沉沉一线穿南北”的武昌，爆发了辛亥革命。这场在中国发动的资产阶级民主革命，推翻了清王朝的封建帝制统治。

2011年，中国邮政发行“辛亥革命100周年”纪念邮票。两枚邮票上铭记了革命军冲锋前进的“武昌起义”战斗场面，以及以孙中山、黄兴、宋教仁等人组成的“推翻帝制”图案。方寸天地之间满布一个世纪之前弥漫中国的民主革命硝烟。这套邮票以富于时代感的新颖构思，表达出这一伟大历史事件的深远意义。“武昌起义”邮图，斜三角形

· 武昌起义

· 推翻帝制

构图具有强烈的方向感和激烈的冲击力，象征着向封建帝制发起进击、势不可挡的革命洪流汹涌而来。另一枚“推翻帝制”邮图，突破横式矩形构图惯例，强化了人物群像的垂直体态，显示出一种坚定刚毅的英雄气度。

以孙中山“天下为公”思想为基筑起的“三民主义”国策，开始了20世纪初叶中国历史上一段新的里程。在中国邮政发行的一枚小型张上，刻画了孙中山洞察时代潮流的炯炯目光，印下了“天下为公”这一力透纸背的先生手迹。在其身后，就是寄予“振兴中华”宏旨的《建国方略》鸿篇。

在辛亥革命以及其前其后的奋斗中，孙中山先生的许多战友献出了生命。1986年中国邮政发行的“辛亥革命著名领导人物”纪念邮票上，与孙中山先生并列的，是他的革命战友黄兴、章太炎。这些邮票留下了辛亥革命志士英姿豪放的形象。

在中国邮政发行的纪念邮票中，还有为宋教仁烈士发行的邮票。1913年，中

· 天下为公

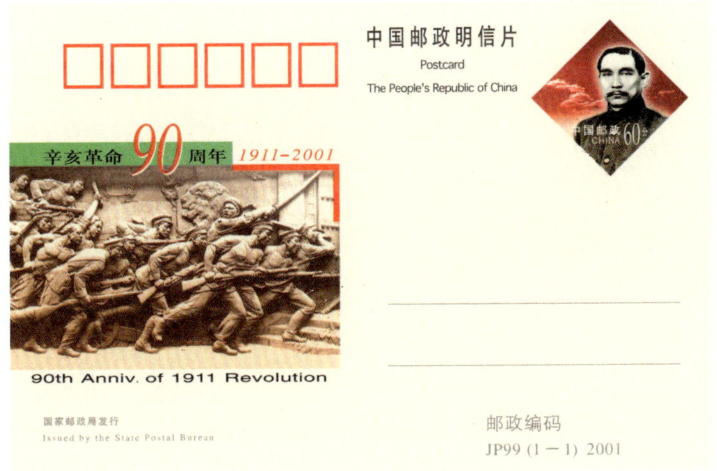

·“辛亥革命九十周年”明信片

华民国初始之刻，宋教仁就被袁世凯反动势力暗杀于上海。他被尊为中国“宪政之父”，与黄兴、孙中山一起，是民主革命的先行者、中华民国的主要缔造者。孙中山先生为其牺牲撰写挽联，称这位革命志士：“作公民保障，谁非后死者；为宪法流血，公真第一人”。

辛亥革命前后，从徐锡麟、秋瑾到宋教仁等革命志士，正是人民英雄纪念碑所书的“由此上溯到一千八百四十年，从那时起，为了反对内外敌人，争取民族独立和人民自由幸福，在历次斗争中牺牲的人民英雄们”。这些抛洒热血为推翻帝制、复兴中华而捐躯的志士仁人，以万世景仰的英名留迹青史，永垂不朽。

辛亥革命以及由这一划时代壮举而建立的中华民国，在 20 世纪最初的时日，在中国“长夜难明”的时辰，已然在东方现出了微曦曙色。这一道光华中最久长的，则是这批革命家的思想已与人类前进的时代轨迹相通。

1956 年，在新中国发行的第一枚纪念孙中山的邮票上，就印有他的一个影响深远的政治主张，这就是与后来诞生的中国共产党主张相一致的那句名言：“今后之革命，非以俄为师断无成就”。孙中山先生从“三民主义”思想到“以俄为师”以及“联俄、联共、扶助农工”三大政策，表明他已经在旧民主主义革命的途程中，看到了中国更远大的前程。

·黄兴

·章太炎

·宋教仁

· 伟大的十月革命三十五周年纪念

1917 年 11 月 7 日，俄国爆发了十月社会主义革命。这一革命盛举曾多次出现在新中国邮票上。这个重大事件传到中国后，任职于民国政府的廖仲恺先生，高度称赞十月社会主义革命是“空前之举，震慑全球，前途曙光，必能出人群于黑暗”，并与朱执信等人学习俄文，准备赴苏俄学习。他还协助孙中山先生制定“联俄、联共、扶助农工”三大政策。

1924 年 1 月 20 日，中国国民党第一次代表大会在广州开幕，廖仲恺先生坚持“国共合作”和反帝反封建原则，促成大会成功。孙中山逝世后，他坚定不移贯彻执行三大政策，并支持省港大罢工。在面临国民党右派分子暗杀之刻，廖仲恺先生慨然而言:“为党为国而牺牲，是革命家的夙愿，何事顾忌！”并深切嘱道:“际此党国多难之秋，个人生死早置之度外，所终日不能忘怀者，为罢工运动及统一广东运动两问题尚未解决！”

1987 年，中国邮政为廖仲恺先生诞辰 110 周年发行了两枚纪念邮票。一枚是革命家廖仲恺先生的肖像，另一枚是他与夫人何香凝先生的肖像。设计者采用传统工笔绘画技法，线条简约，色彩淡雅，形象生动；同时又以中国 20 世纪初叶的人物照片装帧样式，加椭圆线框，突出了民国初年的时代感。何香凝先生是廖仲恺先生革命生涯中的患难知己和亲密战友，也是一位画家，背景所绘梅花，象征着他们不畏强暴的高风亮节。这枚温馨的邮票表现了在乱云飞渡的严酷形势下，革命伉俪齐心报国的感人情态。

· 廖仲恺像

· 廖仲恺与何香凝

从 19 世纪末到 20 世纪初，中国一批爱国志士以辛亥革命改变了中国历史。这次革命给予中国封建势力和外国列强以沉重打击，结束了在中国延续了一千多年的封建帝制专制制度，建立了造福广大民众的“三民主义”共和政体。冲破封建樊篱的社会变革，推动了中国民族资本主义经济的发展，促进了民主精神的普遍高涨。

这是 20 世纪初叶中国人民在思想上的一次大的解放。已经打开了的中国进步潮流，鼓舞和激励了中国的先进分子为探索救国救民的真理和道路而奋斗。辛亥革命作为中国近代第一次历史性巨变，是中国人民为改变自己命运奋起革命的一个伟大的里程碑。正是在这样的时代背景下，以孙中山为代表的一批志士仁人，以深邃的思想和果断的行动，成为中国民主主义革命的“先行者”。他们已朦胧意识到中国应有新的出路。

辛亥革命作为中国历史上一个伟大的转折，孙中山先生作为中国民主革命的先行者，在中华民国和中华人民共和国发行的邮票上，成为一个重大题材而多有表现。

2011 年，正值辛亥革命百年纪念时刻。中国邮政、中国香港邮政、中国澳门邮政相继发行纪念邮票，做隆重纪念。三地邮政在为这一主题发行的纪念邮票中，留下了这场伟大革命的壮阔场面。

·辛亥革命一百周年

在中国香港邮政发行的纪念邮票上，刻画了辛亥革命的重要事件。4 枚邮票分别是“黄花岗七十二烈士”“武昌起义”“革命重要人物”以及“孙中山先生就任临时大总统”。

· 辛亥革命一百周年

在中国澳门邮政发行的纪念邮票上，可见辛亥革命的主要人物及革命遗址。4枚邮票分别是“孙文和南京临时总统府”“黄兴和黄花岗七十二烈士墓”“熊秉坤和武昌起义门”以及“高剑父和同盟会澳门分会”。

辛亥革命之后，中国处于北洋军阀专制统治之下。北洋军阀是清朝末年由袁世凯建立起来的封建买办的反动政治武装集团。他们对内依靠地主阶级和买办资产阶级，对外以外国帝国主义为靠山。虽袁世凯称帝失败，但中国已然陷入军阀割据局面。军阀的专制、纷争乃至混战，给中国人民带来巨大灾难，使国家经济遭到极大破坏。孙中山先生沉痛地说当时的中国，“政治上、社会上种种黑暗腐败比前清更甚，人民困苦日甚一日”。此刻，中国社会正面临着深刻的变动。

· 辛亥革命一百周年

1911 年，辛亥革命将中国最后一个封建王朝的顶戴花翎抛到了历史的垃圾堆中。这个腐朽王朝殿堂的坍塌，在当时许多有为的中国青年心中，筑起了憧憬光明的期冀。但革命以后的种种挫折，却让他们所追求的民主还是那么可望而不可即的遥远。于是，从痛苦的经验中，他们觉悟到还要再寻新的道路。

这时，一个新生的政治力量正在中华暗暗沉陆中蕴聚地火。九州在沉默，也在等待；人民在忍耐，也在祈望……

就在这个“长夜难明”的时刻，湖南的一位青年站在湘江之滨，望着“东方欲晓”的曙色，发出了振聋发聩的诘问——“问苍茫大地，谁主沉浮？”

第二篇

东方欲晓

长夜难明的湘江侧畔，一位热血青年瞩目着他所尊崇的革命先行者，他就是毛泽东。

1956 年，为这位先行者的百年诞辰，他撰写了《纪念孙中山先生》。文中写道:“我听过他多次讲演，感到他有一种宏伟的气魄”，孙中山“是中国革命民主派的旗帜”。那时，毛泽东预言:“一九一一年的革命，即辛亥革命，到今年，不过四十五年，中国的面目完全变了。再过四十五年，就是二千零一年，也就是进到二十一世纪的时候，中国的面目更要大变。中国将变为一个强大的社会主义工业国……”

历史事实正是：从孙中山到一个新生政治力量的接踵而来，中国在苦难辉煌的历程中，走到了 21 世纪的中华盛世。

辛亥革命之后，毛泽东瞩望东方。在战地硝烟中，他写下“东方欲晓，莫道君行早”。这阕词的豪放草书手迹，曾留在邮票的寸幅画面中。一句“东方欲晓”，道出了 1911 年之后中国大地即将发生巨变的深刻而形象的寓意。

启蒙：新文化运动的兴起

在毛泽东不满 24 岁的时候，一篇力透纸背的《心之力》，解析了 20 世纪初叶中国现状，一诉救国倡兴之道。他写下气度万钧的寄望：“愿与志同道合、追求济世、救世真理者携手共进，发此宏愿，世世不辍，贡献身心，护持正义道德。……创中华新纪之强国，造国民千秋之福祉；兴神州万代之盛世，开全球永久之太平！”

这篇文章写于民国六年，即 1917 年，正是俄国十月社会主义革命酝酿和爆发的年代。思潮可以穿越时空的阻隔而相通。《心之力》正是毛泽东应和世界革命思潮而涌出的激扬文字。

辛亥革命之后，中国出路在哪里？这个叩问，写在中华大地上。新的社会力量正在萌生。中国反帝反封建的资产阶级民主革命大潮中，一个由工人阶级、学生群众和新兴民族资产阶级组成的壮大阵营正在兴起。当时，一些先进的中国知识分子认为，少数先觉者的救国斗争之成效甚少，是因中国国民对之“若观对岸之火，熟视而无所容心”。他们认为，“欲图根本之救亡，必须改造中国的国民性”。一场新

·伟大的十月社会主义革命四十五周年

·毛泽东同志诞生一百二十周年

的启蒙运动开始了。他们号召人们“冲决过去历史之网罗，破坏陈腐学说之囹圄”，以求得“思想的解放”。这个运动，就是“新文化运动”。

·蔡元培诞生一百二十周年

1915年9月，参加过辛亥革命的陈独秀，在上海创办《青年杂志》，后改名《新青年》。1917年1月，蔡元培就任北京大学校长。他邀聘陈独秀为文科学长，《新青年》也北上迁京。当年，李大钊、鲁迅、胡适、钱玄同、刘半农等进步知识分子都参与了《新青年》编辑工作，并为主要撰稿人。北京大学和《新青年》编辑部成为“新文化运动”的主要阵地。

“新文化运动”初期的口号是拥护“德先生”（Democracy）和“赛先生”（Science），即提倡民主和科学；追求个人解放，“建设西洋式之新国家，组织西洋式之新社会”，也就是建立资产阶级共和国。这个运动把矛头指向封建的正统思想——孔学，猛烈抨击以孔子为代表的“往圣前贤”，提倡新道德，反对旧道德；提倡新文学，反对旧文学；提倡白话文，反对文言文。通过批判孔学，新思想涌流而出，掀起一股思想解放的新潮。

当时，一些思想深邃目光尖锐的鼎新人物，开始怀疑西方资产阶级民主主义。1916年5月，李大钊说：“代议政治虽今犹在实验之中，其良其否，难以确知，其存其易，亦未可测。”毛泽东在1917年8月也说过，东方思想固不切于实际生活，“西方思想亦未必尽是，几多之部分，亦应与东方思想同时改造”。

新思潮澎湃激扬，新青年热血喷张。在“长夜难明”的暗夜中，求索中国出路，探寻一条透现曙光的正确方向，中国正在摸索中走向“东方欲晓”的那一刻。

五四运动：中国革命途程的求索

20 世纪初叶，在中国知识界兴起的“新文化运动”推动中国社会前进。在进步思潮的影响下，1919 年成为中国有志青年救国奋斗的一个重要年头。这一年的 5 月 4 日，是一个书写在中国史册上的不平凡的日子。当年，就职于北京大学的毛泽东就说过：俄罗斯以民众大联合打倒贵族、驱逐富人这个事实，使“全世界为之震动”，革命浪潮由此风起云涌，“异军特起，更有中华长城渤海之间，发生了‘五四’运动”。此后，陈独秀也指出，十月革命以后“中国人也受了两个教训：一是无论南北，凡军阀都不应当存在；一是人民有直接行动的希望。五四运动遂应运而生”。

1919 年初，协约国在巴黎举行“和平会议”（即巴黎和会）。中国代表在会上提出废除外国在中国的势力范围、撤退外国在中国的军队和巡警等七项要求，并提出取消 1915 年的中日协约。这些提案遭到拒绝。会议做出德国在中国山东获得的一切特权转交给日本的决定。屈服于帝国主义列强的压力，北洋政府居然准备在合约上签字。消息传到国内，激起各阶层人民的强烈愤慨，以学生为先导的五四爱国运动如火山爆发一般地开始了。

五四运动从北京大学肇始。创建于 1898 年的北京大学是中国近代第一所国立综合性大学。这座著名学府始终保持“爱国、进步、民主、科学”的传统和“勤奋、严谨、求实、创新”的学风。百余年来，人文渊薮，英才辈出，为民族复兴、国家强盛做出巨大贡献。20 世纪初叶，北京大学是五四运动的发祥地和传播民主、科学以及马克思主义的基地。

1919 年 5 月 4 日，北大学生从沙滩红楼出发，汇同北京十几所学校 3000 余名学生，齐聚天安门前举行示威。如今，天安门广场上矗立着的人民英雄纪念碑，在横陈碑座的巨幅浮雕上，继“辛亥革命”之后又刻画了发生在天安门前的“五四运动”。雕塑再现了当年示威潮流浩荡前行的壮大气势。在中国邮政为五四运动 60 周年发行的纪念邮票上，就采用了这幅镌刻在历史上的壮阔场面为图案。

这一天，学生们提出“外争主权、内除国贼”“废除二十一条”“还我青

·“五四运动七十周年纪念”首日封

岛”“诛卖国贼曹汝霖、章宗祥、陆宗舆”等口号。在散发的宣言中，写道：“中国的土地可以征服而不可以断送！中国的人民可以杀戮而不可以低头！”随后，示威的浪潮波及全国。天津、上海和其他一些城市的学生纷纷响应北京学生，连续举行抗议行动。

此刻，中国工人阶级以独立姿态开始登上政治舞台。上海工人举行了声援学生的罢工，随后北京、唐山、汉口、南京、长沙等地工人也相继罢工。救国斗争如燎原之火蔓延全国。五四运动从一开始就突破了知识分子的狭小范围，成为有工人阶级、小资产阶级和资产阶级参加的全国性的群众运动。

·纪念五四运动六十周年

·瞿秋白同志诞生九十周年

在一枚邮票上，一位文雅沉静文化人的内心燃烧着炽热火焰，他就是中国早期马克思主义学说的传播者、革命家瞿秋白。当年，他对于五四运动曾做过深刻评价：“帝国主义压迫的彻骨的痛苦，触醒了空泛的民主主义的噩梦”，“所以学生运动倏然一变而倾向于社会主义”。研究和宣传社会主义逐渐成为进步思想界的主流，这是五四以后“新文化运动”的突出特点。在中国邮政为瞿秋白诞生 90 周年发行的纪念邮票上，就以《新青年》《热血日报》等报刊为背景烘衬了他青年时代的肖像。

作为近代中国史上具有划时代意义的事件，五四运动彻

· 纪念五四运动

· 五四青年节纪念

底地不妥协地反对帝国主义和封建主义，启导了广大人民的觉悟，促进了马克思主义在中国的传播，为中国共产党的成立在思想上、人员上做了准备，它是中国新民主主义革命的伟大开端。

早在1947年，中国共产党领导的红色区域东北解放区的邮政部门就为五四运动发行了邮票。在质朴简洁的构图中，一柄利斧斩断锁链。充满力量的象征性画图，契合了邮票两侧口号的意旨：“打破专制枷锁，争取民主自由”。接着，1948年又发行了以“五四青年节纪念”为题的纪念邮票。图案是“五四”旗帜下的青年高举火炬奋勇前进。

多年来，中国邮政多次为五四运动发行纪念邮票。1959年，为五四运动40周年发行的邮票，远景以当年学生示威的壮阔场面向伟大的历史致敬，近景则以当代学生、科技工作者以及工农大众再赴征程的情景体现了“五四”精神的现实意义。在五四运动60周年、70周年、80周年和100周年的纪念邮票和纪念邮资明信片上，依然将人民英雄纪念碑上的经典雕塑运用到邮图上，并以犹如朝旭一般的金红色调

· 五四运动四十周年

· 五四运动七十周年

· 五四运动一百周年

·“五四运动八十周年”明信片

和潮水一般的赤色巨澜为衬，揭示出五四运动在中国历史进程中的深远意义。

在以1917年十月革命为标志的社会主义思潮影响下，在以1919年五四运动为标志的“新文化运动”和反帝反封建爱国运动的冲击下，20世纪初叶的中国，正站在求索与抉择出路的历史转折点上。

十月革命给中国送来了马克思主义

1917 年 11 月 7 日，俄国爆发十月社会主义革命，建立苏维埃政权，成为人类历史上的划时代事件。

俄国工农兵群众在布尔什维克党领袖列宁和斯大林的领导下，在圣彼得堡举行武装起义，推翻资产阶级临时政府，成立了苏维埃政府。世界上第一个社会主义国家诞生了。

中华人民共和国成立前夕，尚未撤销的东北旅大解放区邮政，就为这个重大历史事件发行了纪念邮票。1948 年 11 月 7 日，正值十月革命 31 周年，在留存下来的伪满第四版普通邮票上，加盖了隶属旅大解放区的“关东邮政”，以及“纪念卅一周年十月革命节”字样，以流通邮资面值，成为中国第一套为十月革命发行的纪念邮票。

1949 年 11 月 7 日，时值十月社会主义革命 32 周年，旅大解放区邮电局发行纪念邮票，以革命领袖列宁和斯大林的肖像为图案。此后，中国邮政为十月革命发行多套多枚纪念邮票。1957 年，正值十月革命 40 周年，5 枚一套的纪念邮票，以精致的单色雕刻版式，对这一历史事件的发生和重大意义，做了全面表达。

1952 年，正值十月革命 35 周年，中国邮政发行一套纪念邮票。其中“十月革

・纪念卅一周年十月革命节

・列宁和斯大林

命”1枚，图案是苏联画家维·谢洛夫所作油画《政权属于苏维埃——和平属于人民》，描绘了列宁在1917年11月7日晚10时45分召开的全苏第二次代表大会上演讲的情景。一枚苏联邮票上也采用了这个图案，这是苏联诸多纪念十月革命的邮票中，为中国集邮者所珍藏的一枚宝贵藏品。两枚邮票以单色和彩色，将十月革命的伟大场面留存在了“国家名片”上，成为几代人对于十月革命和苏维埃人民政权的深刻记忆。

中国邮政最初设计这套纪念十月革命的邮票时，标题误为“伟大的苏联十月革命三十五周年”。十月革命之刻，苏维埃社会主义共和国联盟，亦即“苏联”还没有成立，邮票错将1922年12月成立的“苏联”与1917年11月的十月革命混淆。这套错票虽被收回，但有少量流入社会，成为新中国第一套珍邮。图中这枚错票颜色为褐色，几个月后，纠错正版邮票再次发行，为红色。

俄国的十月革命给正在苦闷中摸索、在黑暗里苦斗的中国先进分子展示了一条新的出路。十月革命第一次把社会主义从学说变成现实。当时，中国出现了一批拥

· 伟大的十月革命三十五周年纪念

· 伟大的十月革命三十五周年纪念（错版）

·《政权属于苏维埃——和平属于人民》（苏联邮票）

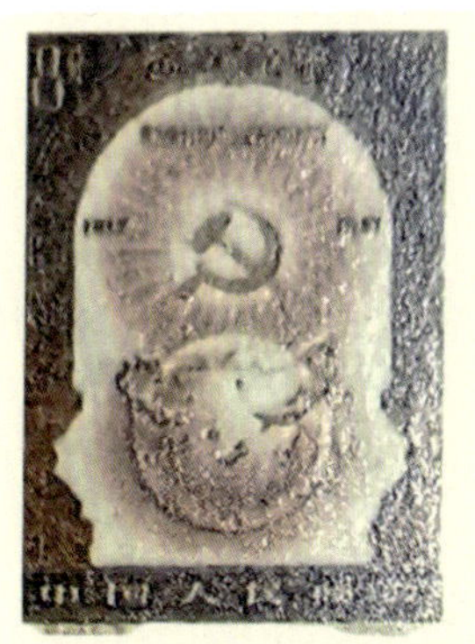

· 十月革命四十周年纪念

· 李大钊（苏联邮票）

戴十月革命、具有初步共产主义思想的知识分子。

李大钊是在中国举起十月社会主义革命旗帜的第一人。从1918年7月始，他先后发表《法俄革命之比较观》《庶民的胜利》等文章，指出：十月革命是“立于社会主义上之革命”；十月革命的胜利乃是“劳工主义的战胜”，是“二十世纪中世界革命的先声”，是“世界人类全体的新曙光”。李大钊预言，十月革命所掀动的潮流是不可阻挡的：“试看将来的环球，必是赤旗的世界！”它将“带来新生活、新文明、新世界”，中国人民应当走十月革命的道路。

作为曾经撰写《布尔什维克的胜利》等文章的作者，李大钊最早响应十月社会主义革命，传布马克思列宁主义。在社会主义国家，他享有崇高威望。苏联曾经在1989年为李大钊发行了纪念邮票，马克思列宁主义的主要策源地对这位中国革命家寄予了深切的缅怀和敬意。

20世纪初期的十月社会主义革命，对于世界和中国的前进道路有着重大的现实意义。

十月革命的一大特征，就是唤起工农发动革命和建立以工农为主体的革命政权。早在1917年11月7日之前，1870年7月，在拿破仑三世发动的普鲁士战争失败后，法国资产阶级趁机夺取政权，成立了“国防政府”。1871年3月17日夜，法国政府军向巴黎工人区进攻。3月18日，巴黎工人起义，夺取了政权，继而进行选举，3月28日宣布巴黎公社成立。

巴黎公社宣布建立以无产阶级民主原则为基础的新型国家政权，将企业交给工人管理，颁布了一系列保护劳工利益的法令。同年5月28日，巴黎公社终在内外敌人联合进攻下失败了。但在历史上，巴黎公社是无产者建立的第一个革命政府，也是世界上第一个无产阶级政权。

在巴黎公社90周年之际，中国邮政发行了第一套巴黎公社纪念邮票。第一枚为“在哲人堂升起红旗”，哲人堂是巴黎工人起义期间召开群众大会的地方。第二枚邮图为“宣布公社成立”。画面上革命者的枪刺如林，红旗似火，表现了群众欢呼、庆贺新政权建立的壮观场景。

此后，中国邮政还多次为巴黎公社发行纪念邮票。1971年发行的“纪念巴黎公社100周年”邮票共4枚。包括了“巴黎公社的一面旗帜”“巴黎无产阶级和其

· 在哲人堂升起红旗

· 宣布公社成立

· 巴黎公社的一面旗帜

· 巴黎公社社员在国际广场上

· 巴黎公社一百二十周年

他劳动人民举行武装起义”“巴黎公社宣告成立时情景”和“巴黎公社社员在国际广场上”。

在巴黎公社 120 周年之际，中国邮政发行纪念邮票。在一枚一套的邮票上，“公社墙”记载了百余年前那段浴血的历史，常青的花圈则寓意了“公社精神”千古不朽。形象的语言、简洁的构图蕴涵了深刻的思想，传递了丰富的信息。

十月革命对于 20 世纪初叶中国的深刻影响，不仅在思潮上而且在行动上，为日后中国革命新生的政治力量奠定了引领性的方向和道路。

1919 年 7 月，青年毛泽东在《湘江评论》第 2 期，署名“泽东”发表《民众的大联合》一文，介绍了俄国十月革命的经验，指

· 十月革命与马列主义

出：改造中国社会的根本办法在于民众的大联合。

30 年后，在中国建立人民政权的 1949 年，毛泽东精辟指出：“十月革命一声炮响，给我们送来了马克思列宁主义。……走俄国人的路——这就是结论。”发出十月革命第一声炮击的“阿芙乐尔”巡洋舰，其名意为“曙光”。十月革命也是中国“东方欲晓”的第一缕“曙光”。

五四运动前后，北有李大钊、陈独秀等革命家，南有毛泽东、蔡和森等革命青年，他们虽相隔千里，少有晤面，但走的却是同一条道路，那就是从苏俄传播到中国的马克思主义。

在中国早期马克思主义思想传播中，李大钊起着主要作用。他早年受西方教育熏陶，并受孙中山民主革命的影响。俄国十月社会主义革命后，李大钊积极传播马克思列宁主义，从事反对军阀的民主运动。五四运动之后，1919 年 9 月，他在《我

• “李大钊”明信片

• 马克思和恩格斯

•《共产党宣言》

的马克思主义观》一文中，肯定马克思主义为“世界改造原动的学说”。他指出，马克思主义是它的历史论、经济论和政策论，即唯物史观、经济学说和社会主义理论的统一，“而阶级竞争说恰如一条金线，把这三大原理从根本上联络起来”。李大钊还帮助北京《晨报》副刊开辟了“马克思研究”专栏。他轮值编辑《新青年》时，将第六卷第五号编为“马克思主义研究”专号。

在中国邮政为纪念李大钊百年诞辰发行的纪念邮票上，这位中国最早的马克思主义者洞察世界的敏睿目光，犹似透看了中国的“东方欲晓”。

在南方，毛泽东作为湖南学生运动领袖，他曾说道：“我第二次到北京期间，读了许多关于俄国情况的书。我热心地搜寻那时候能找到的为数不多的用中文写的共产主义书籍。有三本书特别深地铭刻在我的心中，建立起我对马克思主义的信仰。”这三本书是：《共产党宣言》（马克思、恩格斯著）、《阶级斗争》（考茨基著）和《社会主义史》（柯卡普著）。

1958 年，中国邮政第一次为《共产党宣言》出版 110 周年发行了纪念邮票。两枚一套的邮票上，一枚是马克思和恩格斯的形象，另一枚是这部经典著作的初版版本。

湖南的蔡和森以及天津的周恩来，作为五四运动后赴法勤工俭学的革命青年，也在接受马克思主义思想。1920 年 8 月，蔡和森写信给毛泽东：“我近对各种主义综合审谛，觉社会主义真为改造现世界对症之方，中国也不能外此。”周恩来说，自己到欧洲以后，“对于一切主义开始推求比较”，终于“定妥了我的目标”，即共产主义。他表示，“我认的主义一定是不变了，并且很坚决地要为他宣传奔走”。

1919 年 7 月 14 日，毛泽东在长沙创办了“以宣传最新思潮为主旨”的《湘江评论》。创刊号上刊登了他撰写的创刊宣言，指出：“世界什么问题最大？吃饭问题最大。什么力量最强？民众联合的力量最强。”文中主张以平民主义来打倒强权；主张彻底研究学术，努力追求真理；主张群众联合，实行“呼声革命”，亦即大造革命舆论。

在一枚邮票上，绘有青年毛泽东立于湘江岸畔的形象。在那指点江山的气势中，我们仿佛看到他正在为后世留下拯救中华的“激扬文字”。

《湘江评论》创刊号寄到北京，李大钊认为，这是全国最有分量、见解最深的一份刊物。北京的《晨报》也论及《湘江评论》，认为其“内容完备”，“魄力非常充足”。

1918 年春天，毛泽东同蔡和森一起沿洞庭湖南岸和东岸，经湘阴、岳阳、平

· "毛泽东童年读书处"明信片

江、浏阳几县，历时半个多月，做社会调查。这一行动被他们称为读"无字书"。路上，他们详细商谈了组织新民学会的问题。4 月 14 日，毛泽东与湖南一群学子聚会，决定成立"新民学会"。

新民学会取义于"大学之道……在新民……苟日新，日日新，又日新"。经过讨论，新民学会确定以"革新学术，砥励品行，改良人心风俗"为宗旨。毛泽东、何叔衡等一批新民学会骨干分子，还创办了文化书社，优先采购和销售马克思主义书刊。其中，就有最早介绍到中国来的马克思和恩格斯的经典著作《共产党宣言》。

1921 年 1 月 1 日至 3 日，毛泽东、何叔衡等人邀集长沙"新民学会"会员召开新年大会。会上，毛泽东指出，应采用"激烈方法的共产主义"即阶级专政的方法，达到"改造中国和世界"的目的。毛泽东还主张建立一个布尔什维克式的党。

1920 年 11 月，受上海共产主义小组陈独秀的委托，毛泽东与何叔衡、彭璜等在长沙以"新民学会"为基础，创建了共产主义小组，毛泽东为主要负责人，为第一批中国共产党党员提供了组织上的准备。

毛泽东说："1920 年冬天，我第一次在政治上把工人们组织起来了，在这项工

·"青年毛泽东"明信片

作中我开始受到马克思主义理论和俄国革命历史影响的指引。"从宣传进步思想学说到从事革命活动，并着手创建共产主义组织，在故乡的红土地上，毛泽东实现了由青年学生到职业革命家的转变，由激进的民主主义者到马克思主义者的转变。

"长夜难明赤县天"。在旧中国沉陆暗日的重压之下，李大钊、陈独秀以及毛泽东等社会主义革命的先驱者，有如点燃星星之火的勇士"普罗米修斯"，他们思考和践行的坚实步履，为中国的光明前景照亮了一条注定艰苦却必定胜利的道路。特别是毛泽东在传播与奉行马克思主义的过程中，一直在思考如何将马克思主义与中国现实及革命现状相结合。

在中国早期马克思主义者的队伍中，李大钊、陈独秀属于先驱者和擎旗人，毛泽东、蔡和森、邓中夏、瞿秋白、周恩来等五四运动中年轻的左翼骨干是其主体部分。五四运动后不久，随着马克思主义在中国的传播及其与中国工人运动的初步结合，建立以马克思主义为指导思想的工人阶级政党，提上了日程。

在中国邮政发行的一枚"五一"国际劳动节纪念邮票上，这个全世界无产者节日的最强音，就是呼唤"起来，饥寒交迫的人们"。

“英特纳雄耐尔就一定要实现！”这枚邮票上印上了无产阶级战歌《国际歌》的曲谱。在这个高亢战歌的伴和中，中国共产党正在走向中国的地平线。

蔡和森曾在《中国共产党史的发展》一文中回忆：当时，北京、上海的学生派代表找过国民党，其领导人“竟以无力参加拒绝”。这个趋势说明国民党已“不能领导革命了，客观的革命势力发展已超过他的主观力量了”。成立新的革命政党来领导中国人民的斗争，已成为近代中国社会发展和革命发展的客观要求。

1920 年 1 月，一篇题为《劳动团体与政党》的文章，呼吁“劳动团体应当自己起来做一个大政党”。3 月，李大钊同邓中夏等人多次商议后，在北京大学组织了马克思学说研究会，这是中国最早的一个学习和研究马克思主义的团体。

蔡和森、邓中夏是中国共产主义运动的早期领导人，中国邮政曾在 2011 年发行的“中国共产党早期领导人”邮票上，为他们做了隆重纪念，以彰其绩。

• 纪念“五一”国际劳动节九十周年

• 蔡和森

• 邓中夏

中国共产主义组织最早在中国工人阶级最密集的中心城市上海建立。1920 年 5 月，陈独秀发起组织马克思主义研究会。6 月，他同李汉俊、俞秀松、施存统等人商议，决定成立党的组织，并起草了党的纲领。“党纲”草案共十条，包括运用劳工专政、生产合作等手段，达到社会革命目的。

关于党的名称，李大钊主张定名为“共产党”，陈独秀表示同意。1920 年 8 月，共产党的早期组织在上海法租界老渔阳里 2 号《新青年》编辑部成立，陈独秀担任书记。11 月，共产党早期组织拟定了《中国共产党宣言》，指出“共产主义者的目的是要按照共产主义者的理想，创造一个新社会”，为此，要通过革命的阶级斗争，推翻资产阶级政权，建立无产阶级专政。

1920 年 10 月，李大钊、张国焘等在“新文化运动”发祥地北京成立共产党早期组织，时称“共产党小组”，同年年底决定成立共产党北京支部，李大钊为书记。

在上海以及北京党组织的联络和推动下，1920 年秋至 1921 年春，董必武、陈潭秋、包惠僧等人在武汉，毛泽东、何叔衡等人在长沙，王尽美、邓恩铭等人在济南，谭平山、谭植棠等人在广州，也成立了党的早期组织。各地共产党早期组织成立以后，有计划、有组织地研究和宣传马克思主义活动。

在追溯中国共产党诞生的百年背景时，我们会想起毛泽东的一句话：“指导我们思想的理论基础是马克思列宁主义。”

中华人民共和国成立之后，马克思、恩格斯以及列宁等革命导师形象，成为邮票发行的一个重要主题。因为，百年以来是马克思主义伟大学说造就了中国共产主义政党，指导了中国革命。

德国革命家、社会学家和经济学家马克思（1818—1883），是中国人民敬仰的马克思主义创始人。他虽不曾与东方中国有过交往，但他是中国革命的向导。马克思受法国启蒙思想影响，树立起了改变人类命运的崇高理想。他在《青年在选择职业时的考虑》一文中说道：“一个人只有立志为人类劳动，才能成为真正的伟人。”马克思一生的著作指导了全世界无产者的斗争方向。

·马克思的一生（德国邮票）

· 马克思诞生一百三十五周年纪念

1953 年 5 月 20 日，为纪念马克思诞生 135 周年，中国邮政发行了“马克思诞生一三五周年纪念”邮票，这是新中国为革命导师发行的第一套纪念邮票。邮票主图是马克思肖像及德文签名，四周是简洁庄重的民族风范的饰纹。精湛的单色雕刻版线条，细腻地刻画了这位伟人的生动形貌，在新中国无产阶级政权成立之初，表达了对于这位革命导师的尊崇和景仰。

马克思和恩格斯是马克思主义的共同创立者，同为世界共产主义运动的革命导师。

恩格斯（1820—1895），出生于德国莱茵省。1844 年，恩格斯在巴黎会见了马克思。此后，两人开始了毕生合作。他们合写了科学共产主义的纲领性文件《共产党宣言》。恩格斯还写了《反杜林论》《自然辩证法》《家庭、私有制和国家的起源》《费尔巴哈和古典哲学的终结》等重要著作，对创立马克思主义理论发挥了重要作用。马克思逝世后，他整理和出版了马克思未完成的著作《资本论》第二、三卷并继续领导工人运动。

1956 年，在恩格斯诞生 135 周年之际，中国邮政第一次为这位革命导师发行纪念邮票 2 枚，图案均为恩格斯肖像。

1954 年，正值列宁逝世 30 周年、斯大林逝世 1 周年。中国邮政发行 2 套纪念邮票。这是中国发行的第一套纪念列宁、斯大林的邮票。

· 马克思诞生一百四十周年纪念

· 恩格斯诞生一百三十五周年纪念

· 马克思逝世一百周年

· 恩格斯诞生一百四十周年

· 乌 · 伊 · 列宁逝世三十周年纪念

· 斯大林逝世一周年纪念

此后，中国邮政多次为革命导师马克思、恩格斯及其继承者发行纪念邮票。

1964 年为“共产国际”发行的纪念邮票上，以及 2018 年在马克思诞生 200 周年之际发行的纪念邮票上，更将马克思和恩格斯两位革命战友的形象在一枚邮票中表现出来，并将在中国广泛传布、影响巨大的《共产党宣言》这一光辉著作的原文和中文版本展示出来。

在中国共产党成立之前，上海和北京的共产主义早期组织，就进行了马克思主义著作的译介工作。1920 年 8 月，陈望道译的《共产党宣言》中文全译本出版。2020 年是中文版《共产党宣言》出版百周年之时，中国邮政发行了纪念邮票。

《共产党宣言》等马克思主义书刊，深刻地影响了 20 世纪初叶的中国。“全世界无产者联合起来”的惊天动地口号，从那时开始，在“东方欲晓”的中国大地上

· 马克思和恩格斯

· 马克思诞生二百周年

·《共产党宣言》发表一百一十周年

·《共产党宣言》中文全译本出版一百周年

· 五一国际劳动节纪念

呼唤开来，成为成立一个伟大的无产阶级组织的思想力量。1948 年，在东北解放区发行的纪念“五一国际劳动节纪念”邮票上，第一次出现了“全世界无产者联合起来”的口号。在 1949 年以后发行的许多邮票上，也多次回荡着这个改变中国的口号。

当时，中国马克思主义者已经认识到，在中国实现社会主义，必须与中国的国情和革命形势相结合，实行中国的马克思主义。李大钊指出：社会主义的理想，“因各地、各时之情况不同，务求其适合者行之”。

在思想、理论、纲领、组织、领导等基本准备已经就绪的情况下，中国共产党诞生的日子来到了！

· 全世界无产者联合起来

1921 开天辟地的建党伟业

1921 年 6 月初，共产国际代表马林和共产国际远东书记处代表尼克尔斯基到达上海，与沪上共产主义组织成员李达、李汉俊建立联系。据当时一份档案记载：“代表大会定于 6 月 20 日召开，可是来自北京、汉口、广州、长沙、济南和日本的代表，直到 7 月 23 日才到达上海，于是代表大会开幕了。”

中国各地共产主义组织犹如烛火汇成烈焰。1921 年 7 月下旬的一个炎热夏日，一批担当救拯中国大业的革命者，聚首上海。在这个带有殖民色彩的东方都市，商讨和决定建立一个旨在推翻封建和殖民统治的共产主义政党。

多年来，中国邮政发行各类邮票，多次出现一所普通的石库门房子，这房子位于上海望志路。中国共产党从这个小小空间中走来。

1921 年 7 月 23 日，中国共产党第一次全国代表大会在上海法租界望志路 106 号（今兴业路 76 号）开幕。全国各地党组织和旅日的党组织，共派出代表全国 50 多名党员的 13 位同志出席大会。他们是：上海的李达、李汉俊；北京的张国焘、刘仁静；长沙的毛泽东、何叔衡；武汉的董必武、陈潭秋；济南的王尽美、邓恩铭；广州的陈公博；旅日的周佛海，以及受陈独秀派遣的包惠僧。

· 中国共产党成立四十周年

· 庆祝中国共产党成立五十周年

· 中共一大会址

· “毛泽东同志诞生九十周年”明信片

· 董必武

· 王尽美

· 何叔衡

· 邓恩铭

· 中共一大会议上的毛泽东（朝鲜邮票）

当时，对中国共产党创建做出重要贡献的李大钊、陈独秀，因工作不可脱身，没有出席这次重要会议。出席党的第一次代表会议的代表，平均年龄仅 28 岁。

7 月 30 日晚，有陌生人闯入会场，又匆匆离去。具有长期秘密工作经验的马林断定此人是敌探，建议中止会议。上海代表李达的夫人王会悟是浙江嘉兴人，她建议会议可以转移到嘉兴南湖的一条游船上继续举行。经她周详安排，会议转移至南湖继续召开。

代表们迅速离开上海，来到嘉兴。王会悟带领大家登上开会的游船。这船，长约16米，宽约3米。会议在中舱举行。当天，阴有小雨，湖面上游船不多。船泊在离南湖烟雨楼200米左右的僻静水域，王会悟坐在船头为会议望风。

因安全问题，转到南湖船上的会议，决定缩短会期，一天结束。据回忆，上午11点会议开始，讨论中少有长篇大论，集中议决重要问题。党的第一次代表会议通过了建党《纲领》，明确宣称“我党定名为‘中国共产党’”；规定“中国共产党的奋斗目标是以无产阶级革命军队推翻资产阶级，由劳动阶级重建国家，直至消灭阶级差别；采取无产阶级专政，以达到阶级斗争的目的——消灭阶级；废除资本私有制，没收一切生产资料归社会所有”。

经过无记名投票，选举陈独秀、张国焘、李达三人组成中国共产党的全国领导机构——中央局。陈独秀任中央局书记。下午6点时许，党的一大完成全部议程，胜利闭幕。

在上海，在南湖，中国共产党第一次全国代表大会庄严宣告中国共产党成立！全体代表在波光潋滟的湖面上，瞩望着朝旭的升起，深情地轻声呼出了时代的最强音——“中国共产党万岁！第三国际万岁！共产主义万岁！”

中国的和世界的共产主义运动历史，在这只船上掀开了崭新一页。因此，这只嘉兴南湖上的小船，被人们尊为“红船”。在中国邮政发行的邮票和邮政用品上，多次以这只意义深远的“红船”为图案，象征性地表现“红船”为中国革命指引了航程。

中国共产党是在半殖民地半封建中国诞生的。中国无产者深受帝国主义、资产阶级和封建势力三重压迫，具有坚强的革命性。中国共产党成立于俄国十月革命取得胜利的形势下，从诞生的那一刻开始，就是一个以马克思列宁主义理论为基础的党。中国共产党的创建，是中华民族发展史上的一个伟大事件。它给灾难深重的中国人民带来了希望。近代以来，中国人民的

• 陈独秀（几内亚比绍邮票）

• 中国共产党第十七次全国代表大会

• 中国共产党成立七十周年

• 红船

斗争屡遭挫折和失败，最重要原因，就是没有一个先进的坚强的政党作为领导核心。中国共产党的诞生，让中国革命有了正确方向，使中国命运有了光明的前景，中国历史上开天辟地的伟业，从 1921 年 7 月开始了。

1921 年 7 月，这个具有历史转折意义的时间，以及上海望志路石库门房和嘉兴南湖船这两个并不宽阔的空间，已成为近一个世纪以来让中国和世界瞩目的革命圣地。

1938 年 5 月，毛泽东在《论持久战》一文中提出：“今年七月一日，是中国共产党建立的十七周年纪念日。”毛泽东代表党中央第一次明确提出“七一”是党的诞生纪念日。

“七一”作为党的诞生纪念日，最早见诸党的文件是在 1941 年 6 月。当时，中共中央发出《关于中国共产党诞生二十周年、抗战四周年纪念指示》。指示说：“今年七一是中国共产党诞生的二十周年。”这是以中共中央名义提出把“七一”作为党的诞生日的第一个文件。

每年的 7 月 1 日，全党全民都要热烈庆祝党的诞生纪念日。正如刘少奇同志所说：“这是我们党最重要的纪念日，也是中国人民、中国民族最重要的纪念日。”

为建党纪念日所发行的纪念邮票，从新中国成立之前就已开始。1947 年 7 月 1 日，东北解放区的东北邮电管理局发行了“中国共产党二十六周年纪念”邮票，4 枚大票幅邮票以红色为基调，又分出红、玫红、紫红和橘红 4 色，以迎风招展的党旗为背景，绘画上了人民解放战争年代毛泽东头戴八角帽的英武肖像。这套邮票是 1921 年建党以来，中国第一次为建党发行的纪念邮票。

此后，各解放区相继发行了多套建党纪念邮票：华北解放区华北邮政总局、

· 中国共产党二十六周年纪念

· 中国共产党二十八周年纪念

· 中国共产党二十八周年纪念

·“中国共产党三十周年纪念”邮资封

东北邮电管理局、旅大邮电管理局为建党 28 周年，发行了印有毛泽东主席肖像和劳动大众高擎党旗奋勇前进图案等十几枚纪念邮票。

1951 年 7 月 1 日，中国邮政为中国共产党建党三十周年发行了新中国第一套纪念建党邮票。这套邮票共 3 枚，均以毛泽东主席浮雕侧像为图案。单色雕版印制的邮图，形象鲜明，端庄大气，沿袭了开国初期新中国邮票朴实无华的风范。在一枚当年当日寄出的信封上，邮票以及盖销的日戳和纪念邮戳，都展示出了建党纪念这一天的盛况。

在中国共产党成立期间，1921 年 6 月至 7 月，张太雷先后出席共产国际第三次代表大会和青年国际第二次代表大会。根据青年国际的指示和中共中央局的决定，1922 年 5 月，中国社会主义青年团第一次全国代表大会在广州召开，中国社会主义青年团宣告成立。作为中国共产党后备的骨干力量，社会主义青年团正是后来中国共产主义青年团的前身。

·中国共产主义青年团第十一次全国代表大会

·“中国共青团建团八十周年”明信片

·中国共产主义青年团成立九十周年

·中国共产党成立六十周年

多年来，中国邮政为共青团的建立以及中华人民共和国成立以后中国共产主义青年团全国代表大会的召开，多次发行纪念邮票。这些邮票上大都以朝气蓬勃的青年形象为主要图案，并伴以火炬和各个时期革命和建设的象征性标志。2012 年，在纪念共青团成立 90 周年的 2 枚纪念邮票上，就以“胸怀理想”和“朝气蓬勃”为主题设计图案，表明了共青团作为党的助手和后备军，在革命、建设、改革开放年代中的先进作用和贡献。邮图背景中还可见 1922 年 5 月在广州东园召开第一次全国代表大会的旧址。

1921 年 7 月，中国共产党的旗帜飘扬在中国大地上。在为党的华诞发行的纪念邮票中，鲜红的党旗是主要意象。百年来，这面旗帜为中国革命胜利引领着前进的道路。这旗帜，犹如喷薄欲出的红日，正在照亮“长夜难明”的旧国暗路，在穹苍之涯现出“东方欲晓”的曙光。

唤起工农千百万

中国共产党成立之后，中国出现了同旧民主主义革命不同的新的革命方式、方法和革命本质。

1921 年 7 月，出席党的一大的湖南代表毛泽东，回到三湘大地开始了“唤起工农千百万”的革命活动。这正是中国共产党这一新兴革命力量，在大革命时期以及土地革命战争时期所做出的贡献。

长沙城东，一条小路上密密绿绿的梧桐树，遮天蔽日。几间简朴房舍伴有菜圃、瓜棚。在一座青瓦平房前，两口池塘池水清澈，故名清水塘。1921 年 10 月，毛泽东和何叔衡出席党的一大后回到家乡，在这里成立了中共湖南支部。毛泽东出任中共湖南湘区委员会书记、中国劳动组合书记部湖南分部主任和湖南省工团联合会总干事，开始领导和组织湖南长沙、江西安源等地的工人运动。

1922 年 7 月，在上海召开了中国共产党第二次全国代表大会。大会正式制定了中国反帝反封建的民主革命纲领，提出目前历史条件下的党的奋斗目标：消除内乱，打倒军阀，建设国内和平；推翻国际帝国主义的压迫，达到中华民族完全独立，统一中国为真正的民主共和国。宣言又指出：党的目的是要“组织无产阶级，用阶级斗争的手段，建立劳农专政的政治，铲除私有财产制度，渐次达到一个共产主义的社会”。这个纲领很快传播开来。“打倒列强，除军阀”成了广大群众的共同呼声。

党的二大指出，“党的一切运动都必须深入到广大的群众里面去”，都“必须是不离开群众的”。党在工人中和整个社会上的政治影响日益扩大。

· 毛泽东
（多米尼克邮票）

1922 年 9 月初，粤汉铁路工人掀起罢工风潮。毛泽东来到江西萍乡的安源，进行革命活

• 毛泽东诞生一百二十周年（尼日尔邮票）

动。46 年后，1968 年 8 月 1 日，中国邮政发行 1 枚邮票，印量高达 5000 万枚。很快，这枚票幅超过常规邮票的大型邮票，在信件流通中，传遍大江南北。当时，邮政部门规定，不准在这枚邮票上盖销邮政戳记，以避免污损画面。这枚邮票就是“毛主席去安源”。邮票所呈现的这幅油画，还出现在非洲国家尼日尔以桦树皮印制的大型邮票小型张上。

在这幅题为《毛主席去安源》的油画中，青年毛泽东占据画面中心位置。他身穿长布衫，手拿油纸伞，山风吹拂，云霭漫卷，沉降的地平线以及显得低矮的群山，反衬出毛泽东高大伟岸的形象。

建党之后第一年，毛泽东来到安源煤矿。他下矿干活，结识受尽欺凌、怨声载道的路矿工人，启发工人觉悟。经过考察，毛泽东认为，安源路矿工人中蕴藏着无限革命潜力。他分析了罢工条件，并进一步探求与粤汉铁路工人罢工遥相呼应的可能性。

• 毛主席去安源

当时，工人运动和农民运动如火如荼。南方有共产党人苏兆征领导的省港工人大罢工，北方有共产党人王荷波领导的津浦路沿线工人大罢工。毛泽东相信，众人拾柴火焰高，应当把“安源这锅冷水烧热”。毛泽东以兴办平民教育为由，开办安源路矿工人夜校，很快就发展了几名党员和 200 多名积极分子，火红的党旗在沉暗的路矿井下，冉冉升起。

当时，安源党支部书记、工人俱乐部主任李立三不在安源。毛泽东主持召开党支部会议，分析形势，讨论对策。会议确认，当时工人境遇，已然有若地火在运行，怒潮欲裂岸，罢工条件已成熟。毛泽东要求党支部领导工人坚持斗争，并根据安源实际情况，提出了“哀而动人”的策

· 苏兆征

· 王荷波

· 李立三

略思想。

会后，毛泽东写信给在湖南醴陵的李立三，嘱其速回安源领导罢工。接着，又调在粤汉铁路工作的共产党员刘少奇来安源。在 1983 年发行的邮票上，有刘少奇与中国工人代表亲切握手的照片，那情景不禁让人回望当年他在安源与路矿工人共同斗争的坚毅神采。

三位年轻的无产阶级革命者，凭着信仰和信念，在安源开始了最初的革命活动。

1922 年 9 月 14 日，安源 17000 多名路矿工人举行罢工。随后，长沙、湘北、湘南等地工人罢工运动也如火如荼地展开了。这是中国无产者波澜壮阔的革命怒潮在"三座大山"重压之下的一次大爆发。

在湖南省省长办公室，毛泽东义正词严为工人争取劳动保障等权利。在安源，刘少奇带着 17 条复工条件与路矿当局谈判。9 月 18 日，安源路矿罢工取得胜利，显示了中国工人阶级的战斗力量。中国共产党成立初期组织的这次大罢工，在中国工人运动史上具有里程碑意义。

自此，中国工人运动风起云涌。1923 年 2 月 4 日，在"沉沉一线穿南北"的京汉铁路上，铁路工人罢工震动全国。大罢工使京汉铁路陷入瘫痪。2 月 7 日，军阀吴佩孚令湖北督军镇压罢工工潮，向工人举起了屠刀。江岸分工会委员长林祥谦，被捆绑在江岸车站电线杆上，宁死不屈，献出了宝贵生命。同时，多年参加工人运动、抨击军阀暴行、被工人誉为"劳工律师"的施洋，也在汉口遭非法逮捕，被秘密杀害于武昌洪山。这次京汉铁路工人大罢工，有 52 人被杀害，军阀政府制造了震惊中外的"二七"惨案。京汉铁路工人大罢工是中国共产党领导的一次工人运动，罢工虽然失败，但工人的生命和鲜血警醒了国民，也扩大了中国共产党在全国的影响。

·“二七”二十四周年纪念

1947 年，在京汉铁路工人大罢工 24 周年之际，东北解放区邮电管理局发行邮票 4 枚。邮票图案是奋起抗争的工人形象，背景的“火车头”，象征着工人阶级在革命中的引领地位。邮票两侧书有“工人阶级解放万岁”和“中华民族解放万岁”的口号。

1983 年，为纪念京汉铁路工人大罢工 60 周年，中国邮政发行 2 枚纪念邮票。一枚图案为“二七”死难烈士纪念碑，碑体有毛泽东题写的“二七烈士纪念碑”碑名。遒劲奔放的字体融入了毛泽东早年从事工人运动的深切情感。另一枚邮票则以京汉铁路枢纽郑州的“二七”纪念塔为图案。

·江岸“二七”纪念碑

历史的发展往往有这样的情形：一个小小火种，有时会引发一团熊熊烈焰。1925 年 5 月 15 日，上海棉纺七厂的日本资本家枪杀要求复工的工人领袖、共产党员顾正红。5 月 28 日，中共中央和上海党组织召开紧急会议，决定发动学生和工人到租界举行大规模的反帝示威活动。5 月 30 日，上海工人和学生举行援助纱厂工人的示威游行。租界的英国巡捕在南京路上开枪，打死学生、工人共 13 人，伤者众多。这就是震惊全国的五卅惨案。惨案激起上海以至全国人民极大愤怒。多年来深埋在中国大众心中的反帝怒火喷发出来，形成工人罢工、学生罢课、商人罢市的局面。

·郑州“二七”纪念塔

6 月 1 日，上海总工会成立，李立三任委员长。同时还成立联合战线性质的上海工商学联合委员会。6 月 11 日，上海举行群众大会，“打倒帝国主义”“废除不平等条约”等口号震天。反对帝国主义的民族运动浪潮，以不可遏制的浩大声势迅速席卷全国，史称“五卅运动”。

·五卅廿二周年纪念

6 月 3 日，广州各界群众举行声势浩大示威游行，声援五卅运动。6 月 19 日，香港工人举行罢工，人数达到 25 万人。6 月 23 日，香港罢工工人和广州各界群众 10 万余人在广州举行大会和示威游行。租界英国军警排枪射击，沙基惨案发生。广州革命政府立刻宣布同英国经济绝交，封锁出海口，对罢工给予有力支持；并成立由苏兆征担任委员长的省港罢工委员会，对香港实行封锁。

1947 年，正值五卅运动 22 周年，解放区东北邮电管理总局发行了大套邮票隆重纪念。这套邮票包括了有齿孔和无齿孔邮票共 7 枚，另外还发行了将 7 枚邮票囊括在一起的小全张。这套邮票的图案以“反对帝国主义侵略”的鲜明的红色旗帜为主图，旗帜之下是潮涌激愤的工人大众。小全张的上端，还书写了“全中国人民团结起来”的口号。

工人斗争运动，为新成立的中国共产党提供了重要的革命经验。最重要的，就是看到了中国革命的敌人异常强大。没有革命的武装斗争，仅仅依靠罢工这个武器进行合法斗争，要取得革命胜利是不可能的。中国劳动组合书记部在“二七”惨案发生以后发表的文告中指出:“劳动者能有武器，岂能任他们如此杀戮？”

• 五卅廿二周年纪念

· “纪念海陆丰苏维埃政权成立六十五周年”纪念封

中国共产党集中力量领导工人运动的同时，也开展了农民运动。1922 年 7 月，彭湃在家乡海丰县成立了第一个秘密农会。到 1923 年 5 月，海丰、陆丰、惠阳三县多地建立了农会，会员达到 20 多万人。同年 9 月，湖南水口山工人同农民联合在衡山县白果地区成立岳北农工会并开展斗争，竖起了湖南农民运动的第一面旗帜。

建党初期，共产党员融汇到工农革命潮流中，工人和农民成为中国共产党进行革命的生力军。当时，在轰轰烈烈的工农运动中，也进行革命舆论的宣传与教育，并以马克思主义的阶级斗争理论开展了联系实际的研究。

· 彭湃

为了迎接北伐战争，推动全国农民运动，1924 年 6 月 30 日，国民党中央执委会第 39 次会议通过农民运动实施方案。根据彭湃的建议，在广州创办了农民运动讲习所。名义上，讲习所由国民党中央农民部主办，实际上由中国共产党领导。彭湃曾担任讲习所第一届主任。农民运动讲习所从 1924 年 7 月创立，到 1926 年 9 月结束，共举办六届，培养了 772 名毕业生

·庆祝中国共产党成立五十周年

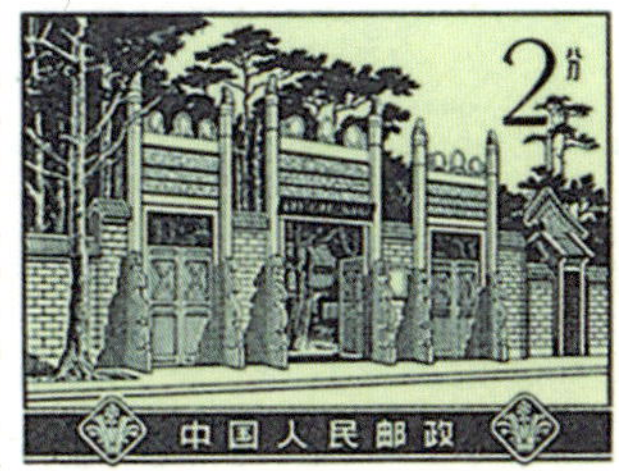

·广州农民运动讲习所

·“广州农民运动讲习所”明信片

和25名旁听生。

广州农民运动讲习所旧址，坐落在广州市中山四路的孔庙中，原址为明代建造的番禺学宫。这座宏伟的古建筑从南到北由棂星门、泮池拱桥、大成门、崇圣殿和东西两侧走廊等组成。当年，讲习所条件艰苦，大成门左右两侧用杉木板隔成教务部、值星室、庶务部，东耳房曾是毛泽东的办公室兼卧室，西耳房是图书室，大成殿是课堂，崇圣殿正间为膳堂，东面为军事训练部，前院和后院两廊均是学员宿舍。

1926年5至9月，毛泽东主持第六届农民运动讲习所并亲任所长，高语罕任政治训练主任，萧楚女任教务主任，共设25门课程。周恩来、彭湃、恽代英、李立三等共产党人先后担任教师授课。

著名湖南籍集邮家姜治方先生当年曾投考讲习班，并亲聆毛泽东和许多革命家的授课。他在回忆录中写道：“讲习班学员约有六七百人，都穿军装，住校课读。”因集邮，姜治方向时任所长的毛泽东索要邮票。“我把军装穿扎整齐，走进办公室。毛泽东正在一张大办公桌上伏案工作。”说明来意后，“毛泽东笑了笑说：‘你要邮票可到楼下图书资料室去找张先生，就说是我要你去找的。’我退出办公室，随即按毛泽东的指示，到楼下找了张先生。”爱好集邮的年轻的姜治方，在农民讲习所学习课余收集到了一些邮票。

这一届农民讲习所，在教学工作中坚持理论联系实际的学风，引导学员参加社会活动，进行调查研究。学员按地区组织十多个农民问题研究会，到各地调查农村状况，总结农民运动经验。毕业之前还到素有革命传统的广东海丰进行参观和实习。

毛泽东在主办了第六届广州农民运动讲习所之后，1926 年 11 月他又在上海担任中共中央农民运动委员会书记；1927 年，到武汉任全国农民协会总干事，主持武汉中央农民运动讲习所。

1923 年 6 月，党的第三次全国代表大会在广州召开。党的三大正确估计了孙中山先生的革命立场和对国民党改组的可能性，决定让共产党员以个人身份加入国民党，用这种形式实现国共合作，这也是孙中山和国民党当时所能接受的唯一形式。孙中山说：“国民党正在堕落中死亡，因此要救活它就需要新鲜血液。”党的三大明确规定，共产党员加入国民党，必须在政治上、思想上、组织上保持党的独立性。

1924 年 1 月，中国国民党第一次全国代表大会在广州举行，由孙中山主持。代表 165 人中，有共产党员 20 多人，包括李大钊、谭平山、林伯渠、张国焘、瞿秋白、毛泽东等。

大会审议并通过国民党“一大”宣言，对“三民主义”做出顺应时代的新解释。在“民族主义”中突出反对帝国主义，“民权主义”中强调民主权利为“一般平民所共有”，“民生主义”则以“平均地权”“节制资本”为两大原则。会后不久，孙中山先生又提出“耕者有其田”的口号。

孙中山先生“适乎世界之潮流，合乎人群之需要”，提出联俄、联共、扶助农工“三大政策”，树立了“新三民主义”。这是孙中山留给后人的“最中心最本质最伟大的遗产”。

·“孙中山诞生一百五十周年”明信片

大会选举中国国民党中央执行委员会。共产党员李大钊、谭平山、毛泽东等十人当选为中央执行委员或候补执行委员。

·李大钊同志诞生一百周年

1989 年，正值李大钊百年诞辰，中国邮政发行的纪念邮票中，有一枚为李大钊肖像。肖像背景是一幅历史照片：在国民党第一次全国代表大会上，国民党创始人和领袖孙中山与共产党创始人和领袖李大钊并肩走向礼堂的情景。其身后，有国共代表廖仲恺、胡汉民、毛泽东、谭平山等人。

为了造就革命武装的骨干力量，在共产党人建议下，在苏联顾问帮助下，国民党“一大”决定创办一所陆军军官学校。1924 年 6 月，这所学校在广州黄埔岛创办，名为“中国国民党陆军军官学校”，后更名为“中华民国陆军军官学校”，通称“黄埔军校”。

许多共产党人参加了国民党并在黄埔军校担任要职。当年，周恩来就任军校政治部主任，恽代英任主任政治总教官。黄埔军校成为民主革命和北伐战争的策源地。

1994 年，黄埔军校建校 70 周年，中国邮政发行中国第一套纪念黄埔军校的

· 周恩来（利比里亚邮票）

· 纪念黄埔军校建校七十周年

· 纪念黄埔军校建校九十周年

邮票，邮图为黄埔军校大门。当年，军校的洁白粉墙连着尖顶校门，挂上一块由清末才子谭廷锴先生书的“陆军军官学校”校名横匾，简朴务实，不事铺张。在黄埔军校建校 90 周年之际，也有一枚纪念邮票以当年黄埔军校为背景，并以军列行进场面表现出革命武装投入北伐的英武气概。

国共两党的第一次合作，推动了反帝反封建的大革命高潮，为北伐战争做了准备。1924 至 1927 年，中国的大地上爆发了一场席卷全国的革命运动。这场在中国近代历史上前所未有的革命，被通称为“大革命”。这场革命的宗旨是“打倒列强，除军阀”。

· 恽代英

1925 年 1 月，党的第四次全国代表大会在上海召开。大会指出：“中国的民族革命运动，必须最革命的无产阶级有力的参加，并且取得领导的地位，才能够得到胜利。”提出革命要有“工人农民及城市中小资产阶级普遍的参加”，其中农民是“重要成分”，他们“天然是工人阶级之同盟者”。

在革命关头，中国社会各阶级对待革命持不同态度。1926 年，毛泽东发表了《中国社会各阶级的分析》。接着，1927 年 1 至 2 月，毛泽东考察了湖南湘潭、湘乡、衡山、醴陵、长沙 5 个县的农民运动，写成《湖南农民运动考察报告》，提出了中国革命的中心问题是农民问题的理论和方针。毛泽东正确分析了中国社会各阶级的状况，明确了中国民主革命的敌、我、友阵营，提出无产阶级领导权和依靠农民进行革命的主张。

在格林纳达发行的一枚小型张上，以英文醒目地节录了毛泽东一段有名的论述——“很短的时间内，将有几万万农民从中国中部、南部

· 毛泽东（格林纳达邮票）

· 李维汉同志诞生九十周年

和北部各省起来，其势如暴风骤雨，迅猛异常，无论什么大的力量都将压抑不住”。

毛泽东经过 32 天实地考察写出来的这篇报告，党内右倾机会主义者并不同意。他们迁就国民党，抛弃“农民”这个重要的同盟军，使工人阶级和共产党处于孤立。但对于毛泽东的《湖南农民运动考察报告》，中共湖南省委和李维汉则完全同意“报告”的观点，并首先在湖南省委机关刊物《战士》上全文发表。

1925 年的五卅运动，标志着大革命高潮的到来。中国共产党在领导五卅运动的过程中得到很大发展，党员从这年年初的不足 1000 人，到年底已发展到 10000 人，增加了十倍。1926 年初，建立了由共产党员叶挺指挥的国民革命军第四军独立团，成为中国共产党直接领导的一支武装力量。

叶挺是中国共产党领导的革命军队的卓越军事家。从大革命时期开始，始终为中国人民的解放和中华民族的独立英勇战斗，直到献出了自己的生命。在 1996 年叶挺百年诞辰之时，中国邮政发行纪念邮票以他肖像为图案；2016 年正值叶挺诞辰 120 周年，将军以戎装身姿，出现在中国澳门邮政发行的纪念邮票上。

· 叶挺同志诞生一百周年

· 叶挺将军诞辰一百二十周年

1926 年 7 月 9 日，国民革命军在广州誓师北伐。北伐战争是在共产党提出的反对帝国主义、反对军阀的口号下进行的。从一开始，就得到战区和后方民众的热烈支持。当北伐军直逼武汉时，革命军第四军、第七军主力等部，浴血苦战，击溃吴佩孚主力。叶挺独立团在这场鏖战中英勇搏杀，建立重大功勋。独立团所在的国民革命军第四军，赢得了“铁军”称号。

在北伐胜利进军和工农运动高涨的形势下，1926 年 10 月，中共中央领导了上海工人的武装起义。在上海，中共中央和上海区委联合组成起义最高指挥机关——特别委员会，由陈独秀、罗亦农、赵世炎、周恩来等任委员，周恩来任起义总指挥。

在中国邮政为“中国共产党早期领导人”发行的纪念邮票中，就有参与上海起义的党的领导人物罗亦农和赵世炎。在邮票小小的寸幅天地中，人们可见共产党人为拯救中国而奋斗的顶天立地形象。

1927 年 3 月 21 日，在成功发动第三次上海武装起义后，上海市民政府成立。虽然这个临时市政府只存在了 24 天，但这是在党的领导下最早由民众在大城市建立起来的革命政权。

· 罗亦农

· 赵世炎

揩干血迹，继续战斗

革命形势迅速发展，国民党右派加紧了反共活动。蒋介石掌握军事指挥权，大量收编北洋军阀部队，扩充和控制军事力量。在北伐战争开始不到半年时间内，发生了中山舰事件、整理党务案等严重事件。以蒋介石为代表的国民党右派势力开始猖狂反共。毛泽东、周恩来、陈延年等人主张坚决回击，但中共中央总书记陈独秀担心国共合作破裂，主张妥协退让，缓和矛盾。在这个关键时刻，蒋介石接连发动进攻，共产党节节退让，致使国民党右派逐个夺取阵地，集中权力，为日后发动反共政变做了准备。

1927 年 2 月 21 日，蒋介石在南昌演讲中称“我是中国革命的领袖”，“所以共产党员有不对的地方，有强横的行动，我有干涉和制裁的责任及其权力”。3 月 23 日，他指使暴徒在安庆捣毁国民党左派的安徽省党部和总工会、农民协会，并打伤多人。暴徒得意地说：“我们要走一路打一路，专门打倒赤化分子。”

了解暴行真相的国民革命军总政治部副主任郭沫若，于 1927 年 3 月底发表《请看今日之蒋介石》长文，写道：“蒋介石已经不是我们国民革命军的总司令，蒋介石是流氓地痞、土豪劣绅、贪官污吏、卖国军阀、所有一切反动派——反革命势力的中心力量了。”

1927 年 3 月 26 日，蒋介石乘军舰到上海，同帝国主义列强、江浙财阀和帮会头目等举行了一系列秘密会谈。蒋介石决定用暴力手段实行“清党”，对中国共产党发动突然袭击。

1927 年 4 月 12 日，蒋介石在上海发动反革命政变。

当天凌晨，大批青帮武装流氓冒充工人，向上海总工会等处的工人纠察队发动袭击。13 日上午，上海工人和市民召开 10 万人群众大会，会后整队游行。当队伍行进到宝山路时，国民党第二十六军从埋伏处冲出，向密集人群开枪，当场打死百余人，伤者不计其数。

·郭沫若诞生九十周年

上海“四一二”反革命政变后，蒋介石和国民党右派在江苏、

·“李大钊墓”明信片

·陈延年

·向警予

浙江、安徽、福建、广东、广西等地相继以“清党”为名，大规模搜捕共产党员和革命群众；单广东一地，就杀害2000多人。北方奉系军阀张作霖也残杀了大批共产党员和革命群众。

1927年4月6日，党的创始人李大钊被奉系军阀张作霖逮捕，4月28日在北京英勇就义。在他诞辰百年的1989年，中国邮政发行纪念邮票，其中一枚为“大义凛然”。邮票图案是李大钊临刑前的一幅照片，背景是北京万安公墓李大钊墓的碑文。作为中国新文化运动的启蒙者、马克思主义传布者和中国建立无产阶级政党的缔造者，李大钊倒在了反动军阀镇压革命的血泊中。纪念邮票上革命家风采跃然方寸天地间，寄托了百年之后人们对这位革命先驱的尊仰和崇敬。

在1927的反革命政变中，中国共产党付出巨大代价。其中，汪寿华、萧楚女、熊雄、陈延年、赵世炎、夏明翰、郭亮、罗亦农、向警予、陈乔年、周文雍等党的活动家和领导人英勇牺牲。在中国邮政历年来所发行的纪念邮票上，陈延年、向警予等烈士留下了英勇不屈的身影。

“四一二”反革命政变后，中共中央发表宣言揭露“蒋介石业已变为国民革命公开的敌人”。为挽救革命，以张太雷为书记的中共湖北省委明确提出武装农民“上山”和争取地方武装等策略。毛泽东也提出农民武装可以“上山”或加入同党有联系的军队中去，以保存革命力量。

·“宋庆龄”明信片

1927年7月13日，中共中央发表宣言，强烈谴责国民党中央和国民政府的反动行为，决定撤回共产党员并声明将继续进行反帝反封建的革命斗争。7月14日，国民党左派的杰出代表、孙中山夫人宋庆龄发表《为抗议违反孙中山的革命原则和政策的声明》，严正指出，党内领袖不能贯彻孙中山的政策，他们便不再是孙中山的真实信徒，而不过是这个或那个军阀的工具。

从大革命时期开始，宋庆龄先生就坚持孙中山先生“联俄联共扶助农工”政策，反对以蒋介石为代表的国民党右派以及军阀势力。多年来，中国邮政为宋庆龄先生发行过多套纪念邮票，展现了她作为中国革命先驱者的坚强形象。

中国共产党建党之后，1924至1927年的中国大革命是一场以工农群众为主体的，包括民族资产阶级和上层小资产阶级参加的人民革命运动。

由于陈独秀等党的领导人缺乏对中国社会和中国革命的深刻认识，不善于将马克思列宁主义基本原理同中国革命实践结合，导致中国共产党犯了右倾机会主义的错误，使革命遭到失败。

这场革命是未来胜利的一次伟大演习。党从正反两方面积累了深刻的经验教训，在实践中提出了无产阶级领导的、人民大众的反帝反封建的新民主主义革命的基本思想，为把中国革命推进一个新的阶段——土地革命战争时期准备了条件。

党旗飘举，前仆后继。正如毛泽东所说："中国共产党和中国人民并没有被吓倒，被征服，被杀绝。他们从地下爬起来，揩干净身上的血迹，掩埋好同伴的尸首，他们又继续战斗了。"

第三篇

长缨在手

大型革命音乐舞蹈史诗《东方红》中，以悲愤填膺的词句，刻画了大革命低潮情状："工农兵奋勇前进，大革命汹涌澎湃。突然间，天空出现了乌云，大地卷起了狂风——蒋介石背叛了革命，大屠杀开始了，大革命失败了。中国共产党人和革命群众的鲜血染红了黄浦滩头，珠江两岸，湘江堤畔，直到大河上下，长城内外。"

在共产党人血染历史时刻，革命在呼唤："人民是杀不绝的，革命是扑不灭的，共产党人是吓不倒的。他们从地下爬起来，揩干净身上的血迹，掩埋好同伴的尸首，他们又继续战斗了。听，南昌起义的枪声，响起了第一声春雷。"

这一天，党和人民大众举起了枪杆子。

"今日长缨在手，何时缚住苍龙？"

南昌的第一声春雷

“四一二”反革命政变3个月后，1927年7月中旬，新组成的中共中央临时政治局常委会毅然决定，将党所掌握的和影响的部队向南昌集中，准备发动武装起义。在以周恩来为书记的中共前敌委员会领导下，贺龙、叶挺、朱德、刘伯承等人率军两万余人，于1927年8月1日凌晨，从江西南昌城中的一座小楼出发，打响了武装反抗国民党反动派的第一枪。

国共合作年代，在国民党军中虽也建立了共产党支部，但实际上没有掌握军队。南昌起义宣告了中国共产党人不畏强暴、坚持革命的坚强决心，标志着中国共产党独立地领导革命战争、创建人民军队和武装夺取政权的开始。

南昌，一座普通楼房。从这里，人民军队迈出了武装革命的第一步。这座孕育了人民武装力量的楼宇，是南昌刚刚竣工3年的一座灰色五层大楼：江西大旅行社。

1927年7月下旬，起义的主要负责人到达南昌，包租下这个旅社。他们在“喜庆厅”召开会议，成立了中共前敌委员会。这里，成为领导起义的指挥中心。

具有重大历史意义的南昌起义，由周恩来、朱德、贺龙、叶挺、刘伯承等共产党人领导。

八一南昌起义正是人民军队萌生的辉煌起点。留下这个伟大瞬间的最早形象表达，是画家莫朴的一幅油画。

· 南昌起义旧址

· 南昌“八一”大楼

那个夜晚，起义官兵聚集总指挥部前。时任中共前敌委员会书记的周恩来，带领佩有标志的40余位革命志士，高呼口号，挥舞红旗，举起枪杆子。这情景，表达了中国共产党人创建自己武装力量的坚定信念和奔赴革命的浩然之气。画面上，从军官到士兵，从动作到表情，群情激愤，悲壮豪迈，再现了起义前夜的庄重气氛。画家笔下的这个历史性夜晚，聚焦在指挥部楼前的局部照明，映衬出夜空中云层低垂的风雨欲来之势。同时，以鲜艳的红旗为中心，错落布局了40余位革命志士形象，形成有起有伏的动势，体现出革命潮涌的大气度。这个黎明前夜的寓意性氛围，为人民军队的横空出世做了艺术上的铺垫。

1957年8月10日，中国邮政发行“中国人民解放军建军三十周年”纪念邮票。4枚一套邮票中的第一枚，就采用了油画《南昌起义》。不同的是，邮票运用中国传统艺术中的单色雕刻版印制，独以线条力量富于立体感地再现了油画神采。这枚票幅不大的邮票，再现了原画艺术意境，也烙印上了中国传统艺术的精湛。

南昌起义像一声春雷，让人民大众在黑暗中看到了火炬。从“八一”这一天开始，以创建人民军队和武装夺取政权为标志，中国共产党领导的革命战争走向了一个新的阶段。

・南昌起义（古巴邮票）

・中国人民解放军建军三十周年

・“南昌起义”明信片

位于南昌城内那栋指挥起义的楼舍，风雨近百年，依然巍然矗立，已成为万世瞩目的一个令人敬仰的革命圣地。

“八一军旗红”。1927 年 8 月 1 日这一天，中国共产党的武装力量举起了第一面鲜红的军旗。从此，“八一”这个具有历史意义的日子，成为人民军队诞生的神圣时刻。这一天，党和人民大众有了枪杆子，这是“长缨在手”的开始。

1945 年 10 月，山东战时邮政总局发行“中共八一建军节”邮票。这是第一次为“八一”建军这个历史性事件发行纪念邮票。这枚以普通报纸印刷的无齿孔邮票，以当年抗战时期八路军总司令朱德同志的肖像为主图，背景是军旗下前进的人民军队。

1927 年 8 月 1 日南昌起义之后，革命到了关键时刻，历史走向转折关头。血的现实和武装的起义，让共产党人探寻、求索：中国革命道路如何前行？ 1927 年的风雨之秋，党中央和毛泽东进行了深刻的思考。

南昌起义后的第六天，1927 年 8 月 7 日，中共中央在汉口召开紧急会议，即八七会议。这次会议是在环境极其险恶的白色恐怖气氛中秘密召开的。日程只有一天，出席会议的代表共 22 人。会议由李维汉主持，瞿秋白是主要报告人。

会议批评了大革命后期以陈独秀为首的党中央所犯的右倾机会主义错误。毛泽东在发言中指出：“以后要非常注意军事。须知政权是由枪杆子中取得的。”这是中国共产党第一次响亮地提出“枪杆子里面出政权”的伟大思想。会议确立了实行土地革命和武装起义方针，选出以瞿秋白为首的新的中共中央临时政治局。

一枚邮票选择了以油画《八七会议》为图案。画家笔下，再现了汉口一间普通房子里举行的党的紧急会议。青年毛泽东身着长衫，立于画面正中，在论述“枪杆子里面出政权”的思想。瞿秋白等领导人和与会者聆听的神态表明这一思想正为众望所归。

• 中共八一建军节纪念

•《八七会议》（吉布提邮票）

八七会议及时制定的武装革命新方针，使中国革命历史性地走向土地革命战争阶段。八七会议确定了实行土地革命和武装起义的总方针，并把当年领导农民进行的秋收起义，作为当前党的最主要任务。8月9日，中共中央临时政治局第一次会议决定毛泽东以中央特派员身份到湖南传达八七会议精神，改组省委，领导秋收起义。

1997年，在为纪念八七会议召开70周年发行的一枚纪念封上，有纪念邮戳、当年会议座席图案，以及邓小平题写的“八七会议会址”字样。

“四一二”反革命政变后南昌起义打响武装革命的第一枪，中国革命的一条新的道路，摆在了中国共产党人面前……

·“八七会议”七十周年纪念封

枪杆子里面出政权

如果说，1927 年的 8 月的南昌起义是在城市里一场声势浩大的武装斗争；那么，1927 年的 9 月，毛泽东在农村领导了同样声势浩大的湘赣边界“秋收起义”。

1927 年 8 月 18 日，湖南省委在长沙市郊的沈家大屋召开会议，制订秋收起义计划。会上，毛泽东着重阐述了“枪杆子里面出政权”思想。会议决定，要与国民党彻底划清界限，旗帜鲜明地以中国共产党名义号召群众，在湘东赣西发动以长沙为中心的武装起义。国民革命军第四集团军的警卫团、平江工农义勇队，以及崇阳农民自卫军等部，各路武装 5000 余人统一编组，成立了工农革命军第一军第一师，毛泽东任前敌委员会书记，卢德铭任总指挥。当年，谭政随警卫团参加“秋收起义”，并任前委秘书，协助誊正毛泽东起草的写给中共中央的报告。

· 谭政

9 月初的一个晚上，在灯火通明的师部一张宽大的八仙桌上，参谋处在设计和制作军旗。经过争论、比较和推敲，最后确定军旗衬底为红色，象征革命；旗帜中央的五星代表中国共产党，斧头镰刀代表工农。旗左白色套管上有“工农革命军第一军第一师”字样。军旗整体含义是：工农革命军第一军第一师，是中国共产党领导下的工农武装。

在吉布提共和国为纪念中国人民解放军建军 85 周年发行的一枚小型张上，以油画《秋收起义》作为图案。画面上有飘扬的军旗和同仇敌忾的起义大军。他们高擎军旗，举起刀枪，终在 1927 年 9 月 9 日，庄严宣布起义。誓师起义的口号是：“红色领带系在颈，只顾死来不顾生！”

· 中国人民解放军建军八十五周年（吉布提邮票）

当年，毛泽东也为秋收起义写下了诗词，文字中充溢着浓烈的战斗气氛和必胜的信念：

军叫工农革命，
旗号镰刀斧头。
匡庐一带不停留，
要向潇湘直进。
地主重重压迫，
农民个个同仇。
秋收时节暮云愁，
霹雳一声暴动。

秋收起义部队浩浩荡荡分成几路向长沙挺进，攻克了敌人盘踞的诸多据点，战斗有胜利，也有失利。但大军挥师勇进，终在浏阳的文家市会合。

· 文家市山地

· 井冈山（三湾村）

1974 年，中国邮政发行“革命纪念地”通用普通邮票，第六枚就以文家市山地风貌为图案。在广泛的通信流通中，这枚小小的普通邮票传播着这段革命历史的业绩。

在文家市，毛泽东主持召开前敌委员会会议，否定“取浏阳直攻长沙”的主张，把起义军转移到敌人统治力量薄弱的农村山区，以保存革命力量。从进攻大城市转到向农村进军，这是中国革命发展史上一个重要的起点。

当部队走到萍乡县芦溪镇时，遭遇敌军和地主反动武装偷袭，“秋收起义”部队伤亡近三分之一。当时，战斗惨烈，环境艰苦，士气低落，思想混乱。革命队伍得不到必要教育和及时整训，产生了极端民主化、重军事轻政治、流寇思想和军阀主义等不良倾向。因战斗失利，一些人动摇，时有士兵逃亡。这个情状，皆因当时红军没有建立基层党组织，党还不能掌握部队。面对如此混乱局势，毛泽东力纠这些错误倾向。

1927 年 9 月 25 日下午，部队翻越了大山口，来到一个群山环抱的山坳。这里，摆脱了敌军追击和地方武装袭扰，部队得以暂时休整。这里就是井冈山近旁的江西永新三湾村。当地人说，山窝子里的三湾村有三条路蜿蜒入村，因此名叫“三湾”。

· 三湾改编（朝鲜邮票）

为了巩固和发展这支新生的革命军队，在到达三湾的当天晚上，毛泽东主持召开前敌委员会会议，决定对起义部队进行整顿和改编。

从一枚邮票上，可远望井冈的苍翠山景，一个静谧的村野突兀生出两棵茂密的老枫树。这就是三湾村村头的枫树坪。当年，在这棵枫树下，“秋收起义”队伍在思索、在争论，也在选择。在这棵枫树下，改变了一些人的命运，也改变了历史进程。

· 三湾改编（古巴邮票）

毛泽东主持的三湾改编，确立了“党指挥枪”“支部建在连上”“官兵平等”等一整套崭新的治军方略。这些措施改变了旧军队习气和不良作风，从组织上确立了党对军队的领导，是建设无产阶级领导的新型人民军队的重要开端，也是中国共产党建设新型人民军队最早的一次成功探索和实践。

三湾改编的历史性场景，在一幅油画中做了真实而生动的刻画：工农军队的简朴乐观，革命领路人的睿智沉稳，在林立的红旗掩映之下，一派革命热潮汹涌而来，所向披靡的铁军就要出发了。

一位连长在写给妻子的信中说：“我们天天行军打仗，钱也没有，衣也没有穿，但是精神非常愉快，较之从前好多了，因为这是自由的，绝不受任何人压迫；同志之间亦同心同德，团结一致。”

继南昌起义和秋收起义之后，中国共产党在 1927 年 12 月 11 日发动了广州起义。因敌众我寡，起义第三天即告失败。张太雷和许多革命者英勇牺牲。广州起义是对国民党反动派屠杀政策的一次英勇反击。实践再次证明：面对国民党拥有的强大武装，通过城市武装起义或攻占大城市的方法夺取革命胜利行不通。

经过南昌起义、秋收起义、广州起义，以及在各地举行的一系列革命斗争，中国共产党进入了创建红军的新的时期。

井冈山上军旗红

毛泽东曾经说过："我是一个知识分子，当过一个小学教员，也没有学过军事，怎么知道打仗呢？就是由于国民党搞白色恐怖，把工会、农会都打掉了，把五万共产党员杀了一大批，抓了一大批，我们才拿起枪来，上山打游击。"

当时，罗霄山脉的井冈山有袁文才、王佐两支农民武装，他们凭借险要地理位置，劫富济贫，伸张正义。毛泽东认为，这是可以联合的武装力量，于是把目光瞄向了井冈山。有人说：这不是去当"山大王"吗？毛泽东理直气壮地说：我们就是去做革命的"山大王"。

经过缜密思考，1927 年 10 月上旬，毛泽东率领起义军从三湾经宁冈茅坪的山路，到达井冈山北麓的宁冈县，开始创建井冈山革命根据地的斗争。此刻，才有了"跟着毛委员上井冈"的这一历史壮举。

在一枚邮资明信片上，茨坪山峦起落，云霭苍茫。微露的曙光，预示着新的一天的到来。在井冈山，党和人民军队为中国的黎明破晓做出了伟大奉献。

· 井冈山主峰

· "茨坪晨曦"明信片

• 井冈山主峰

大革命失败后，在全党寻找中国革命出路的探索中，毛泽东率领秋收起义部队上井冈山，创建革命根据地，开展工农武装割据的斗争，走出了中国革命发展的正确方向。

1928 年 6 月，党的六大在莫斯科召开。大会明确指出，党的中心工作不是千方百计地组织暴动，而是积蓄力量，目前“最主要的危险倾向就是盲动主义和命令主义，他们都是使党脱离群众的”。这是党的工作方针的一次重要转变。

在“跟着毛委员上井冈”的这支队伍中，罗荣桓在 1927 年 7 月率武昌国民革命军第二方面军警卫团特务连参加秋收起义，经三湾改编，率部进入井冈山。

在井冈山，毛泽东和工农武装力量创立了中国第一个农村革命根据地，开辟了一条以农村包围城市、最后夺取城市的道路。

五百里井冈位于湘赣边界，点缀着跌宕起伏的罗霄山脉。井冈山沟壑纵横，重峦叠嶂，山势高峻。其主峰林立，多在千米以上。远望山脉最南端的南风屏峰，海拔高达 2120 米，为井冈最高峰。

1927 年秋，这座大山迎来了在革命低潮坚持革命的一支队伍。他们登上井冈，顿时红旗猎猎，呼啸山头。

38 年过去，1965 年毛泽东重上井冈山。回顾戎马征战岁月，他写下壮美诗词：

犹记当时烽火里，
九死一生如昨。
独有豪情，
天际悬明月，
风雷磅礴。

“三十八年过去，弹指一挥间。”在回望往岁的感慨中，犹见当年党和领袖在构想井冈山急风暴雨式的革命“蓝图”。

在毛泽东重上井冈山之后，这一年的 7 月 1 日，中国邮政发行了“革命摇篮——井冈山”特种邮票 8 枚。这套精美的邮票，既刻画了井冈山革命圣地的优美风光，也引述出井冈山革命根据地一段段非凡的战斗历程。

这套邮票中有一枚是“茨坪”。茨坪位于井冈山主峰的北山麓，是一块面积 20

平方千米的高山盆地。从邮票上可以看到，群峦围绕的一块绿洲，正是三湾改编后毛泽东率领部队向井冈山进发到达的第一个地点。

从 1927 年 10 月到 1929 年 1 月，茨坪成为红军常驻之地。茨坪作为井冈山革命根据地的中心，是党、政、军领导机关和后方单位的所在地。湘赣边界党的前敌委员会、特委湘赣边界工农兵政府、防务委员会、中国工农革命军第四军军部、军官教导队等机关先后迁来这里。毛泽东在茨坪写下了《井冈山的斗争》等著作。这些著作有如朝旭，照亮了中国革命的道路。

· 井冈山（茨坪）

南昌起义之后，在韶关犁铺头，朱德、陈毅率领湘南起义军余部，从敌人报纸上看到了井冈山消息，获悉毛泽东率秋收起义部队上井冈，高兴地说：好极了，我们跑来跑去，也没有一个地方站脚，正要找毛泽东同志呢！

1928 年 4 月下旬，朱德、陈毅率部陆续转移到井冈山，与毛泽东领导的部队在井冈砻市会师。两双巨手握住中国命运，革命洪流澎湃而起，井冈山抖开一幅历史画卷。

· 井冈山（砻市）

在“革命圣地——井冈山”邮票图案上，可见“会师”的砻市风貌。井冈砻市是一个山清水秀的小山镇，坐落在井冈山北麓莽莽丛林之中，其东北隅就是哨口黄洋界，距工农红军进入井冈的茨坪有 50 千米。如今，这里的会师桥，文星阁，红四军军部旧址，毛泽东、朱德、陈毅等人旧居，见证了当年毛泽东和朱德两支部队会师的盛况。

这个会师的历史场面还在一些纪念邮票的画幅上，做了精彩的再现。1957 年，为纪念中国人民解放军建军 30 周年，中国邮政发行纪念邮票。其中一枚以油画《井冈山会师》为图案，单色雕刻版线条勾勒出两支劲旅、两大领袖会师握手的历史性场景。另一枚邮票，以另一幅油画作为邮图，刻画了史称“朱毛会师”的这一时刻的历史性场面。

会师部队合编为中国工农红军第四军，简称红四军。朱德任军长，毛泽东任党代表，陈毅任政治部主任，黄克诚任中国工农红军团长、师政委、军政治部主任。中国革命武装力量的壮大，令国民党军队闻风丧胆。工农红军的精锐之师，被称为“朱毛红军”。自此，毛泽东和朱德的名字便紧紧地连在了一起。

在毛泽东和朱德、陈毅等人领导的井冈山队伍中，还有一位和毛泽东渊源久远

· 中国人民解放军建军三十周年

·《井冈山会师》(吉布提邮票)

· 陈毅

· 黄克诚

的革命先驱，那就是彭德怀。他在大革命失败的革命低潮时期，毅然加入中国共产党，并与黄公略等人领导平江起义，组建中国工农红军第五军。他率部在湘鄂赣边转战，建立三省边界革命根据地，后率红五军主力到达井冈山，与毛泽东、朱德领导的红四军会师。

八角楼在井冈山的茅坪村，这里是当年毛泽东居住的地方。因房上有一个八角形的天窗，当地群众称它为“八角楼”。这套邮票上有一个图案就是毛泽东的旧居：八角楼。

· “彭德怀”明信片

· 井冈山（茅坪八角楼）

·《星星之火，可以燎原》（吉布提邮票）

人们耳熟能详的一首歌曲叫作《八角楼的灯光》。歌中唱到："天上的北斗星最明亮，茅坪河的水闪银光。井冈山人抬头望，八角楼的灯光照四方。我们的毛委员，在灯光下写文章。"

在茅坪这座旧屋里，只有一张床、一张小桌子和一盏煤油灯。在这里，毛泽东运筹帷幄，布局井冈山的斗争。屋舍门前枫树下的巨石，是毛泽东当年读书之地。老乡亲切称之为"读书石"。当年，毛泽东在这里读书思考，他想到了"中国的红色政权为什么能够存在"，并在八角楼的灯下命笔成文。此外，他还写出了阐述"在农村建立革命根据地"和"农村包围城市"观点的《星星之火，可以燎原》等名篇。

1930 年 1 月，毛泽东在《星星之火，可以燎原》一文中指出：红军、游击队和"红色区域"的建立和发展，是半殖民地中国在无产阶级领导之下的农民斗争的最高形式和发展的必然结果，并且无疑义的是促进全国革命高潮的最重要因素。毛泽东预言，中国革命的"星星之火，可以燎原"。

一位画家曾经以这个主题创作了油画，并被用作邮票图案。这幅油画表现了革命危机时刻毛泽东洞察时代大势的高度预见。画面上，星火一般的油灯微微光照，透过毛泽东的瞩望，汇入一派光明之中。这个氛围寓意深刻地体现了毛泽东对于中国革命前瞻性的思考——"星星之火，可以燎原！"井冈青山四围，挡不住毛泽东放眼天下的深邃目光。

黄洋界位于井冈主峰之北，扼山衔崖，为五大哨口之一。当年，黄洋界只有一条草木掩映的崎岖小路。深不可测的峭壁林立，俨然一个易守难攻的关隘。井冈山时期，若无战事，仅一个排兵力，足担守口重任，真是"过了黄洋界，险处不须看"。在黄洋界保卫战中，毛泽东于枪林弹雨中，写出"敌军围困万千重，我自岿然不动"的无畏词句。

邮票上的黄洋界，群山环抱，险崖壁立，远处如一线挂在山谷上的小径，隐在万山丛中。当年，"黄洋界上炮声隆"，从这条小路上走出了彭德怀、林彪、罗荣桓、杨得志、肖克等一批人民军队的骨干力量。

在“革命摇篮——井冈山”邮票中，“龙源口”这枚邮图上有一座古桥。让人难忘的是，1928年6月23日，在这座建于清道光十七年（1837）的单孔拱桥边，红四军围歼了进剿井冈山革命根据地的敌军三个团，取得了七溪岭战斗的胜利，红四军在桥头举行盛大庆功会。透过这枚邮票静谧的画面，似见当年龙源口古桥畔红旗蔽天、军歌嘹亮的热烈场面。

• 井冈山（龙源口）

“革命摇篮——井冈山”特种邮票，以“茨坪”“三湾村”“茅坪八角楼”“砻市”“大井村”“龙源口”“黄洋界”“井冈山主峰”八处圣地胜境作为邮票图案，展现了井冈山革命遗址的绚丽风光。在设计上，邮图色彩绚丽，虚实相映，意境深远，并以墨色浓淡的变化与渲染，虚实双融，蔚然一体，显现出国画的风格和韵味。

• 井冈山（黄洋界）

井冈山的“主峰”是井冈象征，因五座山峰并列，酷似五指，故又名“五指峰”，殊不知这五指如掌，为暗夜中的中国革命指出了方向。在为中国共产党成立50周年发行的一套纪念邮票上，以革命圣地井冈山为图案的一枚，在峰峦横陈的主峰间，若“星火”一般的一面红旗正在招展，象征着党和红军必会让胜利在中国大地上“燎原”。

在井冈山根据地，党和红军重视军队建设。1927年底，红军规定部队必须执行打仗消灭敌人、打土豪筹款子、做群众工作三项任务。1928年4月，部队规定必须执行三条纪律、六项注意，后来发展成为三大纪律、八项注意，确立了人民军队为人民的性质。

• 井冈山主峰

• 庆祝中国共产党成立五十周年

此刻，“敌军围困万千重”，不容红军有立足之地。国民党军队向井冈山革命根据地发动进剿。毛泽东、朱德以御敌经验概括出“敌进我退，敌驻我扰，敌疲我打，敌退我追”的十六字诀，连续打破敌军多次进剿。这些胜利使井冈山革命根据地达到全盛时期。

1928 年 5 月，湘赣边区党的第一次代表大会在茅坪召开。接着，湘赣边区工农兵苏维埃政权成立。

从 1929 年 1 月起，红军向赣南、闽西进军，开创了赣南、闽西革命根据地，为后来建立中央革命根据地奠定了基础。1977 年，在中国人民解放军建军 50 周年的日子里，中国邮政发行纪念邮票，其中一枚为“井冈山军旗红”，再现了当年红四军战士英武的风貌和高扬的神圣军旗。

在战斗的日子里，红军重视党的建设。毛泽东指出：“无产阶级思想领导的问题，是一个非常重要的问题。”1929 年 9 月 28 日，中共中央发出了给红四军前委的指示信，即“九月来信”。这封信是陈毅到中央开会期间按照周恩来多次谈话和中共中央会议精神代中央起草并经周恩来审定的。“九月来信”指出：“先有农村红军，后有城市政权，这是中国革命的特征，这是中国经济基础的产物”。明确规定红军的基本任务是：一、发动群众斗争，实行土地革命，建立苏维埃政权；二、实行游击战争，武装农民，并扩大本身组织；三、扩大游击区域及政治影响于全国。信中着重指出：“加强无产阶级意识的领导”，“减少农民意识”。

· 井冈山军旗红

1929 年 12 月，红四军党的第九次代表大会召开。毛泽东提出了中国革命斗争的方针和策略。这次会议在福建省上杭县古田村召开，史称古田会议。在中国邮政发行数量最大的普通邮票上，以革命纪念地古田会议旧址为图案的邮票就发行了 2 枚。2009 年，在古田会议召开 80 周年之际发行的一枚纪念邮票上，刻画了带有福建古建筑风格的古田会议旧址风貌。

这次会议传达了中共中央指示信，一致通过了毛泽东起草的“古田会议”决议。其中最核心的，是毛泽东在《关于纠

· 古田会议旧址

正党内的错误思想》中所阐述的内容。决议指出，要用无产阶级思想进行军队和党的建设。这个决议是中国共产党及其领导的人民军队在建设上的纲领性文献。“古田会议”选举产生中共红四军前敌委员会，毛泽东当选为书记。

一幅油画再现了当年会议场景：毛泽东在给红军官兵讲话，背景悬挂着以“镰刀斧头”为标志的红军第四军军旗，以及马克思和列宁的画像，表现了“党指挥枪”的深刻思想。“古田会议”是党和人民军队建设史上的重要里程碑。在一枚邮资纪念封的图案上，展示出一句口号：“古田会议永放光芒”。

在全国革命处于低潮的时候，正如毛泽东所指出的：“边界红旗子始终不倒，不但表示了共产党的力量，而且表示了统治阶级的破产，在全国政治上有重大的意义。”

中国共产党在经历了 1927 年那个血腥春天之后，直面国民党反动派残酷镇压革命的严峻现实，直面自己政党还没有自己武装的严酷现状，直面工农群众手无寸

· 古田会议八十周年

·《古田会议》（吉布提邮票）

铁任人宰割的严重局面，毛泽东将中国革命斗争的实际与马克思主义学说相结合，提出了“枪杆子里面出政权”这一符合中国国情的革命战略。

·“古田会议会址”纪念封

瑞金：人民的红色政权

1930 年初，赣南革命根据地和闽西革命根据地形成，先后成立赣西南苏维埃政府和闽西苏维埃政府，为中央革命根据地的建立奠定了基础。这些由中国共产党领导的红色区域所建立的工农政权，已经有了初步的国家形态，设立了政治、经济、军事等方面的主权性机构。邮政，便是代表人民政权存在的一个重要载体。与国民党政府的“中华民国”邮政并行，这些红色区域的人民政权开始按照中国邮政方式发行了邮票。

• 1930 年赣西南赤色邮政邮票

1930 年，赣西南赤色邮政总局发行邮票 3 枚，以银元 1 分、3 分、5 分为面值，邮票同图，将“赣西南赤色邮政”字样饰以简洁纹路为图案。在战争年代和红色政权初奠之刻，艰苦条件下的邮票，只以单色石印版和普通白纸印制，这枚邮票是中国近代历史上由人民政权发行的第一套邮票。

留存至今的一封实寄的信件，从江西宁都寄往湖南平江，上面贴有 1930 年 3 月赣西南根据地赤色邮政发行的邮票。这是迄今为止所能见到的最早的苏区邮票，以及留存下贴有这枚邮票的流通实寄封。这票这封已成为珍贵的革命文物。

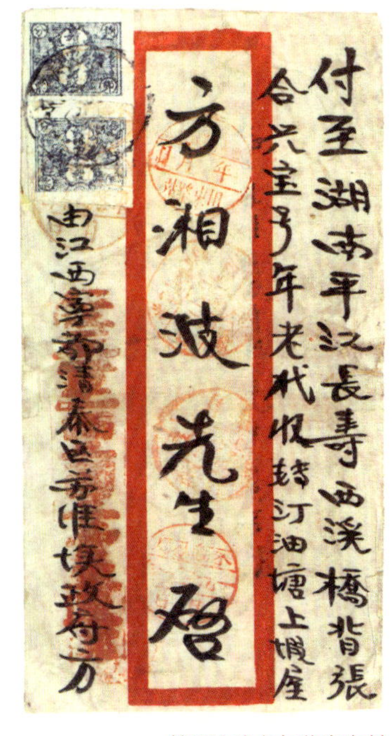

• 赣西南赤色邮花实寄封

1930 年，闽西交通总局发行赤色邮花邮票。第一组有 2 枚邮票，面值分别是 2 片、4 片。“片”为当地方言，即铜元。这套邮票以白纸石印，据记载，设计者是张廷竹。第二组邮票在 1930 年底发行，全套 1 枚，以白纸石印，面值为 4 片。邮票主图是五星图中的党的徽志。

据说，这枚邮票的数十枚版票还有一个曲折的故事。在工农红军撤退之后，当地百姓对这些革命遗物不舍丢弃，便糊在了抽屉的底板上。直到1949年以后，后人才发现这些珍贵遗存，并珍藏在革命博物馆里。

1990年，中国邮政为“中国人民革命战争时期邮票发行六十周年”发行纪念邮票，采用了闽西交通总局赤色邮花作为图案，以“票中票”方式，再次向世人讲述了这一段革命故事。这是一枚以邮票制作的极限明信片，除了可以看到清晰的邮图外，所销邮戳也是当时的地名：福建龙岩。这些邮票正是当时分散在湘赣闽地域革命根据地作为革命政权的一个重要标志。

· 1930年闽西赤色邮政邮票

· 中国人民革命战争时期邮票发行六十周年

· 1930年闽西赤色邮政邮票

1930年8月，湖南“清乡”司令部司令何键，组织“铲共义勇队”和“清乡队”，大肆捕杀共产党人和革命群众。他悬赏1000大洋捉拿“毛泽东的妻子杨氏”。10月24日，杨开慧被捕。狱中，杨开慧坚定地说，“牺牲我小，成功我大”，“要我和毛泽东脱离夫妻关系，除非海枯石烂！”1930年11月14日，在浏阳门外识字岭，杨开慧英勇就义，年仅29岁。当年，在江西指挥红军反进剿的毛泽东，得知杨开慧牺牲的消息，悲痛陈言：“开慧之死，百身莫赎。”1957年，在杨开慧烈士牺牲27周年之际，毛泽东赋词深情咏颂：“我失骄杨”。

1978年3月8日，在“国际妇女节”之刻，中国邮政发行纪念邮票，其中一枚就以杨开慧烈士的庄严肖像为图案。观看着这枚邮票，宛如又回到了她与毛泽东一起在长沙清水塘从事革命活动的年代。

就在革命烈士杨开慧壮烈牺牲之后，远离故土的毛泽东在湘赣闽“红色区域”，提出了“农村包围城市、武装夺取政权”的党的革命战略。在为湘赣边界党的第二次

· 杨开慧

· 毛泽东和杨开慧（朝鲜邮票）

代表大会起草的《政治问题和边界党的任务》决议中，毛泽东提出“工农武装割据”思想。从《星星之火，可以燎原》到这篇重要历史文献，毛泽东明确地提出“农村工作是第一步，城市工作是第二步”，即“农村包围城市、武装夺取政权”的思想。

这是对 1927 年大革命失败后中国共产党领导的红军和根据地斗争经验的科学概括，也是马克思主义在中国的创造性的运用和发展。这一战略思想标志着中国马克思主义暨毛泽东思想的初步形成。

党的六大以后，各地党组织在国民党军阀混战中，发动农民，建立红军，开辟和发展“红色区域”。到 1930 年夏，全国已建立大小十几块农村革命根据地。

除了毛泽东、朱德开辟的赣南、闽西革命根据地外，党开辟的主要根据地还有赣东北、湘鄂西、鄂豫皖、湘赣、湘鄂赣、闽浙赣、广西左右江、广东东江和琼崖等。

1929 年 12 月和 1930 年 2 月，在广西西部，中共中央代表邓小平和张云逸、韦拔群等，先后领导百色起义和龙州起义，创立了左右江革命根据地。在中国邮政发行的纪念邮票中，可见邓小平、张云逸、韦拔群等革命家和军事家形象。

· 邓小平

· 张云逸

· 韦拔群

在党所开创的“红色区域”，作为人民政权的一些革命根据地也正式发行邮票。1930 年，江西东北邮政发行了 2 枚邮票，以党的徽志“斧镰”为图案。至今，仅见一枚 1 分已经用过的残破的红色邮票，另一枚 2 分邮票则未见存留。在残酷的战争年代，得以传至后世的这些邮票已是极为珍贵的革命文物了。1931 年，江西东北根据地，已易名“赣东北”，其邮政总局发行了红色“花卉图”邮票。在盛开之花上方，庄严印上了“赤色邮政”四字。1931 年 9 月，湘赣革命根据地的中华赤色湘赣边省总局发行邮票 3 枚，依然用白纸和报纸石印，图案则以文字为主，印有“湘赣边省赤色邮票”以及 1 分、2 分、8 分面值，中间置有五星和党的徽志“镰刀斧头”图。1931 年，湘鄂西省赤色邮务总局发行 1 枚邮票，以地球与党旗为主图。

• 1930 年江西东北邮政邮票

• 1931 年赣东北赤色邮政邮票

• 1931 年湘赣边省赤色邮票

• 1931 年湘鄂西省赤色邮务总局邮票

在中国共产党领导的“红色区域”以星火燎原之势席卷中国南方大地之刻，蒋介石的国民党军开始了军事“围剿”。1930 年 10 月，十万敌军采取“长驱直入，分进合击”战术，发动第一次“围剿”。

红一方面军针锋相对，确定了“诱敌深入”的作战方针。12 月 30 日在龙冈地区，全歼国民党军十八师近 1 万人，活捉敌师长张辉瓒。毛泽东有《渔家傲・反第一次大“围剿”》词曰:“万木霜天红烂漫，天兵怒气冲霄汉。雾满龙冈千嶂暗，齐声唤，前头捉了张辉瓒。”胜利打破国民党军第一次“围剿”。

1931 年 5 月，“二十万军重入赣，风烟滚滚来天半”，蒋介石又发动第二次“围剿”。红一方面军“诱敌深入”，接连五胜，横扫 700 里，歼敌 3 万余人，打破国民党军第二次“围剿”。

一个月后，蒋介石自任“围剿”军总司令，调集 30 万人，发动第三次“围剿”。红军历时三个月激战，粉碎了第三次“围剿”。

在战火纷飞的日子里，适逢重阳。毛泽东以革命乐观主义情怀和蔑视顽敌的豪迈气概，写下了“今又重阳，战地黄花分外香”的诗句。

当时，革命根据地贫苦农民在土地革命中分得土地，踊跃参军。在广大人民支持下，在毛泽东、朱德等红军领导者正确战略战术指挥下，战胜了国民党军队的三次“围剿”。自此，赣南、闽西两块根据地连成一片，形成了以瑞金为中心的拥有21座县城、5万平方千米、250万人口的全国最大的革命根据地——中央革命根据地。这为中华苏维埃共和国的成立奠定了坚实的基础。

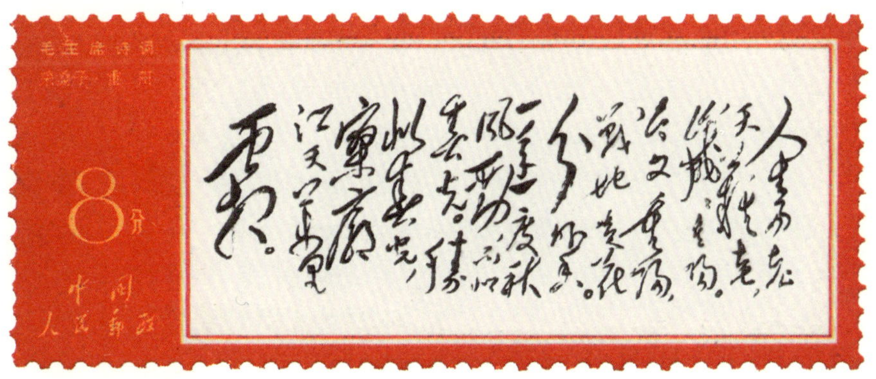

·《采桑子·重阳》

“马背上的共和国”

• 1932 中华苏维埃邮政邮票

1927年10月，毛泽东和工农红军开创了井冈山革命根据地。到1931年10月，中国共产党领导的红军和当地的工农大众创建了十多块“工农武装割据”的革命根据地，掀起了土地革命高潮。在当年苏区邮政发行的一枚邮票上，就绘有工农联盟的图案，虽用笔直白，印刷简陋，却是那个年代存留下来的一份历史见证。

由于国民党反动派政府和军队的严密封锁和多次“围剿”，加上交通阻隔，通讯不便，各根据地和红军基本上各自为政，难以形成强大的合力，革命形势迫切需要建立一个全国性的政权来加强党的领导、统一步调、汇聚力量。

此刻，中共中央将视线瞄向了一个地名，那就是瑞金。

瑞金位于江西省南部，东临八闽之秀武夷山。据记载，瑞金古时盛产黄金，并设有淘金场，于是，有“地生瑞气，掘地得金”之说，这便是“瑞金”地名的由来。

地处江西福建两省交界的瑞金，山势险要，远离中心城市，敌军重兵不易集聚围困，这有利于革命根据地和新生政权的建立和巩固。以瑞

• 武夷山

• 瑞金中华苏维埃共和国临时中央政府旧址

金为中心，以井冈山革命根据地为基础，以闽赣等诸多革命根据地为依托，中国近代历史上第一个红色革命政权——中华苏维埃共和国诞生了。从此，“赣水那边红一角”，星星之火，正在燎原。

1931 年 11 月 7 日，中华苏维埃第一次全国代表大会在瑞金临时中央政府大礼堂召开。毛泽东代表苏区中央局向大会做《政治问题报告》。大会通过了《中华苏维埃共和国宪法大纲》（简称《宪法大纲》），以及《中华苏维埃共和国土地法》《中华苏维埃共和国劳动法》《中华苏维埃共和国关于经济政策的决定》等法律文件。

大会通过的《宪法大纲》第一页就写道：“中华苏维埃第一次全国代表大会谨向全世界与全中国的劳动群众宣布他在中国所要实现的基本任务……中国苏维埃政权所建设的，是工人和农民的民主专政国家。苏维埃政权是属于工人农民红色战士及一切劳苦民众的，在苏维埃政权下，所有工人、农民、红色战士及一切劳苦民众都有权选派代表掌握政权的管理。”在第十七条中，还写道：“中国苏维埃政权宣告世界无产阶级与被压迫民族是与他站在一条革命战线上，无产阶级专政国家——苏联，是他的巩固的联盟者。”

· 列宁和斯大林在哥尔克

列宁、斯大林认为，苏维埃的共和国

· 中华苏维埃共和国临时中央政府旧址纪念封

体制是最适合从资本主义到社会主义过渡的社会政治组织形式。中华苏维埃共和国的诞生，得到了苏联的帮助。“莫斯科不顾外交受损，坚决支持中共按照俄国革命的模式发动苏维埃革命，从政治方针一直到具体政策文件的制定，从决定中共领导人到选派代表亲临上海，甚至直至苏区，就近帮助工作和指导作战，可以说是事无巨细，几乎一包到底。”（《中苏关系史纲》，新华出版社，2007 年版）

在中华苏维埃共和国建立前后，党内和国际共产主义运动中存在着把马克思主义教条化、把共产国际决议和苏联经验神化的倾向。针对这种倾向，毛泽东写下《反对本本主义》等著作，旗帜鲜明地提出“马克思主义的‘本本’是要学习的，但是必须同我国的实际情况相结合”。

1931 年 11 月 7 日，正是俄国十月社会主义革命 14 周年的纪念日。这一天在瑞金开幕的大会，向世界庄严宣告：中国共产党创建的第一个全国性红色政权——中华苏维埃共和国临时中央政府正式成立。自此，我们党领导的“红色区域”正式以国家形态出现。代表大会决定中华苏维埃共和国的首都为瑞金，随之更名“瑞京”。

中华苏维埃共和国第一届中央人民委员会的构成为：主席毛泽东，副主席项英、张国焘；第一届内阁有军事人民委员朱德，教育人民委员瞿秋白，外交人民委员王稼祥等人。

在瑞金，毛泽东当选为临时中央政府主席，“毛主席”的称谓从这个历史时刻开始出现。在一枚邮票上，可以看到当年鏖战归来的毛泽东虽然消瘦但却如战士一般的英武肖像。

在出任红色政权领导职务之后，毛主席在瑞金的沙洲坝办公。多少个夜晚，毛泽东在灯下，思考着中国革命的前途，书写了一篇篇著作。他认为，瑞金的

· 毛泽东（圭亚那邮票）

· 项英

· 王稼祥同志诞生八十周年

新生人民政权揭开了“创造中国新社会的序幕”。毛泽东将马列主义普遍真理与中国实际情况相结合，以对敌斗争和治国安民的历史经验，初步形成毛泽东思想的基本架构和活的灵魂，开拓了中国革命走向胜利的道路。这个静僻却又火热的绿荫掩映的办公地，作为“革命圣地”两次出现在流通的普通邮票上。

·瑞金沙洲坝

在新中国邮政发行的邮票以及纪念封上，被称为“红都瑞金”的革命圣地，多次成为辉耀天地的主要邮图。1961 年，中国邮政发行“中国共产党成立四十周年”纪念邮票，其中就有瑞金沙洲坝的中央政府大礼堂的图案。在这座大礼堂中，以人民代表大会的方式讨论、通过并颁布了宪法，发行了货币，设计了国旗。瑞金中央大礼堂是中央苏维埃政权的象征：三角形门檐上十分醒目地镶嵌着五星和党徽“斧镰”标志。

中华苏维埃共和国是中国历史上第一个工农民主政权，是中国共产党在局部地区执政的重要尝试。1934 年 1 月，第二次全国苏维埃代表大会召开，去掉“临时”二字，正式成立了中华苏维埃共和国中央政府。“瑞金”则为瞿秋白称之“赤都”，亦即红色首都。自此，“瑞金”成为全国苏区政治、经济、军事和文化的中心。中国共产党领导苏区军民，在这块红土地上，进行长达三年的建立人民政权的最初探索和尝试，为中华人民共和国的建立奠定了坚实的基础。因此，“瑞金”又有“共和国摇篮”的称谓。

毛泽东在中华苏维埃共和国成立时说：“党开辟了人民政权的道路，因此也就学会了治国安民的艺术。”

中华苏维埃共和国诞生在闽赣交界的崇山峻岭之中。因此，有“山坳里的

·中国共产党成立四十周年

·“瑞金中华苏维埃临时中央政府旧址”明信片

· 中华苏维埃共和国货币

中国”“马背上的共和国”“山林里的国度”等称谓。那时，共和国的中央政府，有国家形态的全部构成，“国体”非常健全：有政府机构、独立货币、银行、邮政以及通讯社等。瑞金中央政府以一个新兴国家的形态，全面进行了政治、军事、经济、文化等方面的建设。

中华苏维埃共和国政府不承认中华民国货币，遂发行独立货币。纸币的设计，以苏联领袖列宁的肖像为图案。1932 年 2 月 1 日，在瑞金叶坪，中华苏维埃共和国国家银行成立，行长毛泽民。银行隶属中央政府财政人民委员会。

在邮票上可以看到瑞金新华通讯社旧址。在战争年代，宣传工作是唤起民

· “中华苏维埃邮政总局”纪念封

众和宣示党的斗争目标和各项政策的重要手段。1931 年 11 月 7 日，新华社的前身——红色中华通讯社，和苏维埃共和国临时中央政府在同一天宣告成立。这一天，“红中社”的新闻采编人员克服重重困难，在闽赣边界樟树林中，以“CSR”（中华苏维埃无线电广播）为呼号，播发第一条电讯，向全世界宣告“红色苏维埃政权通讯社成立”这一振奋人心的消息。

邮政，作为国家象征，是不可或缺的一个与外界联系与沟通的重要机构。中华苏维埃政府在瑞金叶坪正式设立邮政总局。1996 年发行的“中国邮政开办一百周年”纪念邮票中，就将中华苏维埃共和国邮政总局旧址作为图案设计在邮票上。在邮资纪念封上，也有这个红色邮局留下的旧址况貌。

战争年代，尽管有了邮政机构，但通邮还很困难。朱德和毛泽东为邮政寄递的畅通，亲自签发手令。在规整的“红军第四军司令部用笺”上，书写“保护邮局，照常传递”，并签名为“军长朱”和“政治委员毛”。这是一件珍贵的邮政历史文物，也是一个革命政权职能健全的真实见证。

从 1932 年 5 月起，中华苏维埃共和国邮政开始发行邮票。第一套邮票由黄亚光等人设计。当时，他在毛泽民领导的印钞部门担任美术设计，并在受到“左”倾路线陷害之际被拯救出来。他和大家一起以饱满的革命热情设计了 7 幅图案，发行了 7 枚邮票。

在这套邮票中，流传至今的是一枚“战士图”。另一枚邮票以“票中票”形式将这枚“战士图”苏区票，展现在 60 年以后中国邮政发行的一套纪念邮票中。

• 中华苏维埃共和国邮政总局旧址

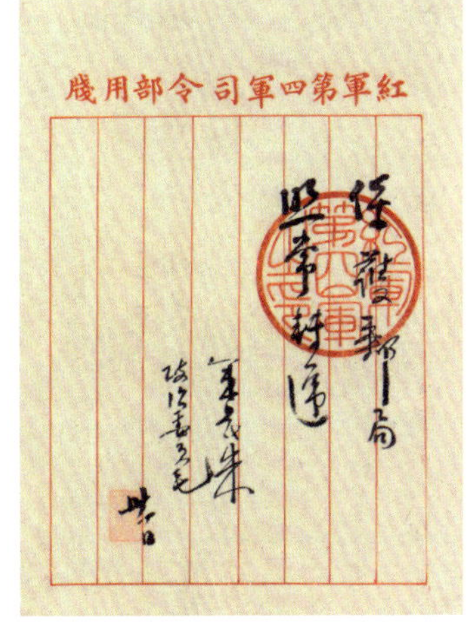
紅軍第四軍司令部用箋

保護郵局
照常傳遞

軍長朱
政治委員毛

• “保护邮局，照常传递”

• 战士图

• 中国人民革命战争时期邮票发行六十周年

这套邮票中的“红旗地球图”邮票，绘画了红星与“斧镰”党的旗帜和光芒四射的地球。在“中国人民革命战争时期邮票发行 70 周年”之际，中国邮政发行纪念邮资封，也以这枚邮图作为邮资图案。

· 红旗地球图

邮政编码

·“中国人民革命战争时期邮票发行七十周年”纪念封

此外，还有“旗帜图”“冲锋图”“宣传图”“工农联盟图”“前进图”。这 5 枚邮票以简朴而有力度的构图，表现了工农政权初创之时的蓬勃气象。

中央苏维埃政权建立之后，地方苏维埃政权仍继续发行邮票。如 1932 年闽浙赣省邮政管理局发行邮票，以稻禾为图印出绿红 2 枚邮票。

中华苏维埃政府注重廉政建设，颁布法规，建立审计监督制度。1933 年，中华苏维埃共和国成立中央审计委员会；1934 年，颁布红色政权第一部审计法规《中华苏维埃共和国中央政府执行委员会审计条例》。审计结果在《红色中华》报上公布。

· 旗帜图

· 冲锋图

· 宣传图

· 工农联盟图

· 1932 年闽浙赣省邮政邮票

2012 年，中国邮政发行“中国审计”邮票，其中一枚以“红色审计”命名，邮票以“审计条例”文本为主图，背景衬五星与斧镰标志以及中华苏维埃审计部门旧址。

·红色审计

1933 年 3 月 13 日，为纪念马克思逝世 50 周年，“马克思共产主义学校”在瑞金叶坪洋溪村隆重举行开学典礼，这标志着中共中央党校的成立。从艰苦战争年代创办开始，中央党校为党和国家培养了一批又一批在革命和建设中救国治国的领导干部。在一枚邮票上，出现了新中国在北京建立的党校校址。“实事求是”四个大字深深刻镂在巨石之上，表明了中国共产党百年风雨历程所秉承的崇高理念。党校，正是党的思想建设和干部教育的革命课堂。

·中共中央党校建校八十周年

党在领导“红色区域”和革命政权的实践中，培养了执政能力，积累了执政经验，造就一批治党、治国、治军的领导干部和骨干力量。

在中华苏维埃共和国鼎盛时期，党政军群干部有五万余人。这支干部队伍是苏维埃政权和红军时期的一代精英，是共产党所领导的人民政权的开创者。中国共产党第一代中央领导集体成员毛泽东、周恩来、刘少奇、朱德、任弼时，以及邓小平、陈云、叶剑英、胡耀邦、杨尚昆等人，作为中华苏维埃共和国党政军的骨干，日后成为中国共产党最有经验、最有威信、最为成熟的领导人和新中国的奠基人。

·任弼时同志诞生八十周年

·陈云

·杨尚昆同志诞生一百周年

从反“围剿”到战略转移

20 世纪 30 年代，以中华苏维埃共和国为代表的中国共产党领导的“红色区域”，震动了国民党反动派的独裁统治。接踵而至的 1931 年“九一八”事变，激起了全国抗日救亡大潮。在国民党军事围剿苏区之时，国统区的党组织和人民大众推动民族救亡运动，反对蒋介石独裁统治。特别是在文化领域，以传播马克思主义、宣传革命思想，开展和进行着文化战线上的“反围剿”斗争。

1930 年 3 月，在中共中央领导下，中国左翼作家联盟（简称“左联”）在上海成立。随后，中国社会科学家、戏剧家、美术家、教育家联盟以及电影、音乐左翼文化团体相继成立。同年 10 月，各左翼文化团体又共同组成“中国左翼文化总同盟”。这支左翼文化队伍在马克思主义指导下，以文艺创作等活动形成有声势有实力的左翼文化运动。

·“宋庆龄”明信片

1931 年 6 月，宋庆龄公开宣布：“当作一个政治力量来说，国民党已经不复存在了。”她先后发起成立了“国民御侮自救会”“中国民权保障同盟”“中华民族武装自卫委员会”，在国内外产生很大反响。

著名作家鲁迅先生同中国共产党保持密切关系。他写了大量杂文，无情揭穿地主买办集团的媚外独裁面目和残酷的文化“围剿”。他也尖锐批评了当时文化界存在的种种“左”的倾向。1930 年 3 月，他在“左联”成立大会上说：“我们战线不能统一，就证明我们的目的不能一致，如果目的都在工农大众，那当然战线也就统一了。”

·鲁迅逝世十五周年

1951 年，正值鲁迅先生逝世 15 周年。国家邮政第一次发行了纪念鲁迅先生的邮票。2 枚一套的纪念邮票图案相同，皆为鲁迅肖像和他的言志名句“横眉冷对千夫指，俯首甘为孺子牛”。简洁的画面和单色雕版线条，刻画出鲁迅先生的外在形象与内在品格。

此后，在鲁迅先生诞辰和忌辰纪念日，中国邮政多次发行邮票以缅怀与敬仰这位伟大的文化战士。1966 年，中国邮政发行 3 枚一套的“纪念我们的文化革命先驱鲁迅”逝世 30 周年邮票。一枚为鲁迅的肖像，一枚是鲁迅言志诗句的手迹，还有一枚印上了毛泽东对于鲁迅的高度评价：“鲁迅是中国文化革命的主将，他不但是伟大的文学家，而且是伟大的思想家和伟大的革命家。鲁迅的骨头是最硬的。他没有丝毫的奴颜和媚骨，这是殖民地半殖民地人民最可宝贵的性格。鲁迅是在文化战线上，代表全民族的大多数，向着敌人冲锋陷阵的最正确、最勇敢、最坚决、最忠实、最热忱的空前的民族英雄。鲁迅的方向，就是中华民族新文化的方向。”在为鲁迅先生发行的纪念邮票中，还采用了各种

·纪念我们的文化革命先驱——鲁迅

· 鲁迅诞生八十周年

· 纪念中国文化革命的主将——鲁迅

造型艺术作品为图案，其中有刻画鲁迅形象的雕塑，也有题为《永不休战》的油画；这些作品表现了鲁迅“向着敌人冲锋陷阵”的战士风骨。

1981年，为纪念鲁迅百年诞辰发行的邮票，以两幅木刻肖像为图案，再现了鲁迅青年与晚年的风貌。邮票以文学大师茅盾先生题字的绿色衬底，烘托出了晚年鲁迅在袅袅烟气中的凝思情状，从多个侧面刻画了这位文学家、思想家和革命家的形象。

在教育战线，中国近代教育家陶行知先生毕生从事平民教育，百折不挠“为中国教育寻觅曙光”。他深刻提出教育必须为民族革命和民主革命服务。这位教育家逝世之后，毛泽东写悼词“痛悼伟大的人民教育家陶行知先生千古”。

为纪念“陶行知诞生一百周年”，中国邮政发行2枚纪念邮票，一为“陶行知肖像”，一为“求真与做人”。邮票图案为陶行知先生20世纪30年代所摄全身像，并以他的著名格言为背景：“千教万教教人求真，千学万学学做真人。”邮票以蓝色基调，象征着知识生生不息的力量。

· 鲁迅诞辰一百周年

· 陶行知诞生一百周年

在上海，共产党员夏衍、杨翰笙、田汉等人通过明星、联华等电影公司拍摄大批进步影片，在国民党统治区拥有大量观众。聂耳作曲、田汉作词的《义勇军进行曲》是夏衍编剧的电影《风云儿女》主题歌。电影一上映，这首歌迅速传遍祖国大地，对动员人民抗日救亡起了巨大作用。在中国邮政为纪念“人民音乐家聂耳诞生七十周年”发行的邮票上，他的肖像侧畔，就是《义勇军进行曲》手迹。

·人民音乐家聂耳诞生七十周年

大革命失败后，郭沫若流亡日本。这位时时牵系祖国安危的爱国者撰写了《中国古代社会研究》。这是第一部用马克思主义观点研究中国历史的著作，与当时国内左翼社会科学工作者一起，用易于接受的多种形式进行马克思主义的宣传。

郭沫若才华横溢，在诸多领域有所建树，为中国革命和文化建设做出卓著贡献。郭沫若早年写有体现“新文化运动”思潮、具有重大影响的诗集《女神》。其中，长诗《凤凰涅槃》借生死循环、不断升华的观念，抒写凤凰衔草自焚，以求新生与完美。凤凰是郭沫若对于祖国的美好比喻，也是他的理想的象征。在郭沫若诞辰 90 周年所发行的纪念邮票上，邮图下沿边框均绘上了寓意深远的凤凰图案。

在党的领导下，敌后和国统区组成了民族和民主斗争的战线，向着侵略者和国民党反动统治进行了文化上的“反围剿”。

20 世纪 30 年代初期，中共临时中央还留在上海。当时，他们的“左”倾教条主义方针还没有推行到红军和革命根据地。到了 1931 年 11 月，中央代表团在瑞金主持召开了中央苏区第一次代表大会，会议把毛泽东的正确战略思想指斥为“狭隘的经验论”“富农路线”和“极严重的一贯右倾机会主义”，致使毛泽东处境日渐困难。

1932 年 5 月，蒋介石发动第四次“围剿”。

·“郭沫若”明信片

· 许继慎

30 万军队向鄂豫皖革命根据地进攻。担任中共鄂豫皖中央分局书记兼军事委员会主席的张国焘，排除异己，在“肃反”中错误杀害了许继慎等大批优秀干部。国民党军队大举进攻时，他又盲目轻敌，结果使红军数战不利，处于被动地位。

在中国邮政发行的“人民军队早期将领”邮票中，就有许继慎烈士的肖像。许继慎是中国工农红军早期杰出将领，曾参加黄埔军校两次东征，并历任工农红军叶挺独立团团参谋长等职。在任中国工农红军第一军军长、鄂豫皖特委委员、红 11 师师长时，取得双桥镇大捷等多次战役胜利。1931 年 11 月，在“白雀园大肃反”中被诬陷“第三党”“反革命”等罪名遭杀害，时年 30 岁。邮票上展现出烈士坚毅果敢的战士英姿。2009 年，在国庆 60 周年之际，许继慎烈士被评为“100 位为新中国成立作出突出贡献的英雄模范人物”。

此外，在“人民军队早期将领”纪念邮票中，还将土地革命战争中以及在党的“左”倾错误路线中牺牲的 5 位烈士赵博生、段德昌、谢子长、曾中生、董振堂的遗像，刻镂在了新中国的“国家名片”上。从“红色足迹”到英烈英名，这些邮票是对于过往革命历史和为之献出生命的革命烈士的一个隆重纪念。

· 赵博生

· 段德昌

· 谢子长

· 曾中生

· 董振堂

早在 1930 年 1 月，红六军军长黄公略在赣西南地区发动群众，发展革命武装，将分散的游击区连成片，形成大块革命根据地。毛泽东在一阕词中所写的“赣水那边红一角，偏师借重黄公略”，正是记叙了井冈山外革命军队配合山上战斗，为革命根据地的创立、巩固和扩大而协同作战的事迹。

在第四次反“围剿”的激烈战斗中，毛泽东领导的红军取得胜利，使革命根据地犹若井冈群峦，“我自岿然不动”。

1933 年下半年，蒋介石调集百万军队，自任总司令，发动对革命根据地的第五次“围剿”。敌军对革命根据地实行经济上封锁、军事上“堡垒主义”的新战略。这时，中央根据地主力红军八万多人的指挥大权，被交给了共产国际派来的德国人李德。他实行军事冒险主义方针，强令装备很差的红军同装备精良的国民党军打阵地战、堡垒战，同敌人拼消耗。

1934 年 4 月下旬，在闽赣交界经过 18 天血战，红军遭受重创，广昌失守。在敌强我弱、指挥失误的形势下，第五次“反围剿”失败了。5 月，中共中央、中央军委提出了留守苏区坚持游击战争和将红军主力撤出苏区的方案。

1934 年 10 月，主力红军离开中央苏区和各革命根据地，开始了战略转移。

为牵制敌人，减轻中央根据地压力，方志敏领导新组建的红十军团，与堵追的国民党重兵交战。1935 年 1 月底，红十军团遭受严重损失，方志敏被俘。在狱中，他写下《可爱的中国》《狱中纪实》等文，抒发了爱国主义情怀和对共产主义的坚定信念。8 月，方志敏在南昌英勇牺牲。

1999 年，在方志敏烈士诞辰百年之际，中国邮政发行纪念邮票 2 枚。一枚是方志敏的肖像，刻画了这位卓越的无产阶级革命家、人民军队早期将领的威严形象；另一枚邮票题为“坚贞不屈”，邮图是烈士就义前的全身肖像，绛红背景中有他的《可爱的中国》手稿笔迹。

同一时期，在敌人重兵围困之中坚持斗争的另一名共产党员，也为中国革命事业英勇捐躯。他是中国共产党早期领导人，伟大的马克思主义者，卓越的无产阶级革命家、理论家和宣传家，中国革命文学事业的奠基者——瞿秋白。

瞿秋白出生在没落官僚士绅家庭。1919 年，他满腔热情投入

· 黄公略

· 方志敏同志诞生一百周年

· 坚贞不屈

·“瞿秋白”明信片

·瞿秋白同志诞生九十周年

“五四”运动，并参加李大钊等人组织的“马克思学说研究会”。他又以北京《晨报》记者身份前往苏联，写了大量通讯报道，汇编成宣传马克思列宁主义和记述第一个社会主义国家苏联的《俄乡纪程》和《赤都心史》。瞿秋白曾当选中共四大、五大、六大中央委员，并主持过党中央工作。

瞿秋白被俘后，以坚定的信仰面对敌人。1935 年 6 月 18 日，他在福建长汀英勇就义。临刑时他镇静从容，高唱《国际歌》，高呼“共产主义万岁”的口号。

1989 年，正值瞿秋白同志诞生 90 周年，中国邮政发行纪念邮票。一枚是瞿秋白早年肖像。肖像以《新青年》《热血日报》等报刊为背景，让人们感受到一介书生文雅气息的背后燃烧着革命与奋斗的烈焰。第二枚邮票题为“江南第一燕”。瞿秋白潇洒的半身形象，犹现他在 1924 年寄情言志的诗句：“我是江南第一燕，为衔春色上云梢。”

1934 年，中央革命根据地在第五次反“围剿”失利中丢失了。在方志敏和瞿秋白等坚守和撤出苏区根据地之刻，中共中央、中革军委率中央红军主力 86000 余人，在 1934 年 10 月中旬，踏上了战略转移的漫漫路程。

第四篇

万水千山

在一枚犹如一卷宣纸展开的横长形邮票上，红框白底印有毛泽东奔放不羁的草书手迹。那是他在中国革命的一个重要历史时刻，命笔写下的《七律·长征》诗一首：

红军不怕远征难，万水千山只等闲。
五岭逶迤腾细浪，乌蒙磅礴走泥丸。
金沙水拍云崖暖，大渡桥横铁索寒。
更喜岷山千里雪，三军过后尽开颜。

这首诗所写的，就是红军踏过“万水千山”所经历的举世瞩目的“远征”。这征程，从1934年10月中共中央和红军主力军的战略大转移开始。

1931年11月7日，在江西瑞金升起了神州暗夜中的第一颗红色星辰。在万马齐喑、风雨如磐的岁月里，燃起的燎原之火，让中国大众看到了光明和前途。尽管国民党反动派的军队妄图扑灭革命烈焰，但中国共产党所领导的工农红军粉碎了敌军四次“围剿”，让红色政权屹立数度春秋。但，革命也从这时开始了挫折与曲折之路。

于都河畔别“红都”

蒋介石在四次“围剿”苏区失败之后，又集结百万大军，发起第五次大规模“围剿”。从 1933 年 9 月开始，敌以重兵六路，采取“步步为营、堡垒推进”的新战略，修筑 3000 多个碉堡，实行层层包围，企图消灭红军、摧毁苏区。

当时，王明等人从上海来到中央革命根据地，反对“诱敌深入”的战略方针，攻击毛泽东正确的战略战术是过时的“游击主义”。共产国际军事顾问李德，支持王明、博古的“两条道路决战”和“速胜论”观点。他们搬用苏联红军正规的阵地战经验，主张“御敌于国门之外”“不让敌人蹂躏一寸苏区”，命令红军“以革命的进攻来粉碎反革命的进攻”，推行了一条“左”倾冒险主义的进攻路线。毛泽东的正确路线遭到排斥。

1934 年 4 月，敌军占领中央根据地“北大门”隘口。接着又以重兵攻打根据地的“南大门”，妄图克取瑞金。数月鏖战，损失惨重，红军和中央革命根据地陷入极其危险的境地。在中国邮政发行的一枚个性化邮票的附票上，就留下了红都瑞金南门渡口的图景。

受到排挤被剥夺兵权的毛泽东，在前方战事紧急的情状下，没有实权，无法纵马沙场。博古、李德建议他去上海或莫斯科休养。毛泽东说：“我不去，我不离开苏区，不离开中国。”

战事连连失利，苏区日见缩小。到 1934 年 9 月下旬，中央苏区 34 县仅剩下赣南和闽西八县及周边狭小地区。第五次反“围剿”失败了。敌军重兵压境，红军被迫战略转移。1934 年 10 月，红军踏上艰苦卓绝、万里行军的途程。

2006 年，中国邮政发行“中国工农红军长征胜利七十周年”纪念邮票。其中，第一枚以画家靳尚宜的油画《送别》为图案。画面刻画了红军踏上一座浮桥，乡亲们送行依依不舍的情景。

这个场景表现了这样一段历史史实：

1934 年 9 月，坚持与红军在一起的毛泽东从瑞金来到于都。在一间叫“何屋”的清末建造的旧舍中，参与运筹中央红军的战略转移，并与红军一起踏上了长征之路。在一枚个性化邮票上，附票就是“何屋”旧址，而邮图上的天安门则表达了毛泽东坚信革命必胜的信仰。

· 送别

1934 年 10 月 18 日傍晚，中共中央、中央苏维埃共和国政府和红军开始战略转移。那是深秋时节，中央红军从于都河的八个渡口渡河，踏上征程。“十月里来秋风凉，中央红军远征忙。星夜渡过于都河，古陂新田打胜仗。”这是陆定一撰写的《长征歌》词句，也是当年红军夜渡于都河、踏上长征路的真实写照。

于都河地处赣南于都县内，有山峰坝、东门、南门、西门、孟口、鲤鱼、石尾、渔翁埠八处主要渡口。毛泽东、周恩来、朱德等人就从东门浮桥渡河，离开中央苏区，随军西进。在西门渡口和南门渡口，以及其他五个渡口上，红军西进的铁流陆续涉过于都河。

那些天，于都乡亲们在河上搭起浮桥，摇起渡船，送别红军。这里留下的，是长征的“第一渡”“第一桥”。在一枚贴有“送别”邮票的明信片上，可见当年

· 何屋

· 东门渡口

· 西门渡口

·“送别”明信片

·“中央红军长征第一渡”邮戳

河上浮桥旧貌。在江西于都邮政使用的一个纪念邮戳上，就将长征“第一渡”的历史镜头，镌刻在了这个邮政用品的图案上。另一枚明信片则将今日于都河新貌展现了出来。

“男女老少来相送，热泪沾衣叙情长。紧紧握住红军的手，亲人何时返故乡？”（《长征组歌》）此前，9 月 30 日上午，在观寿公祠大坪前，红九军团挥泪向乡亲们告别，那个场面大有“风萧萧兮易水寒，壮士一去兮不复还”的悲壮和惨烈，但，人民子弟兵郑重宣告：“红军一定会打回来的！”

·“于都河”明信片

在中国邮政发行的本册票中，将“送别”这枚邮票置于一个浓烈氛围之中：群山莽莽、云霭茫茫的背景，大有“山雨欲来风满楼”之势。这个画面烘托出了悲壮气氛和红军气壮山河的气势，深刻地反映了红军告别乡亲，踏上征程将面临怎样的难险和危重，又有着何等沉重的重托和期冀。

·“送别”本册票

1934 年 10 月 22 日，中央党政军机关和红军主力 86000 余人，突破敌人第一道封锁线，告别了这块红色的土地。

在一枚邮票上，就有处于逆境的毛泽东慨然步入长征铁流的壮观场面，这幅油画题曰“而今迈步从头越”，显示工农红军以革命信心面对征途之艰。

撤出革命根据地后，推行“左”倾错误方针的中共中央领导人在退却中又犯了“逃跑主义”的错误。部队辎重负载，行军缓慢，致使敌军得以调集兵力，实行围追堵截。在红军西进路上，国民党军围起四道封锁线，第四道封锁线是湖南湘江。

·《而今迈步从头越》（朝鲜邮票）

·长征出发

·“长征足迹——湘江”纪念封

“路迢迢，秋风凉。敌重重，军情忙。红军夜渡于都河，跨过五岭抢湘江。”（《长征组歌》）

在战略转移的最初时日，最悲壮、最惨烈的长征首战“湘江战役”打响了。在突破敌军重兵把守的第四道封锁线时，为掩护党中央、中革军委和中央红军大部队渡过湘江，红34师处境最险、战斗最烈、结局最惨。这支被称为“钢铁之师”的部队，以一师兵力阻击数倍于我的敌人，坚守到弹尽粮绝，全师将士大部战死，幸存者不足500人。年仅29岁的师长陈树湘，身中数弹，肠子流出体外，被敌俘获，毅然将肠绞断壮烈牺牲，实现了“为苏维埃流尽最后一滴血”的铮铮誓言。

生死决战时刻，红军心中装着苏区人民和革命根据地的山山水水。一幅邮票上的图画，绘有红军长征初征这场鏖战的场面。

长征途中第一役湘江之战，红军付出极大牺牲。血战到1934年12月1日凌晨，中共中央、中革军委直属机关才渡过湘江。长征出发时，中央红军有八万六千余人，激战之后，锐减到三万多人，工农子弟兵血染湘江。在一枚雕刻版纪念封上，镌刻下了汩汩流淌的湘江。从那里开始，红军在血与火的洗礼中，以坚定的革命信念和崇高的理想信仰，踏上了人类历史上史无前例的漫漫征途。

1934年10月，中央红军主力撤出瑞金革命根据地，在项英和陈毅率领下，留守部队在策应掩护了主力红军战略转移之后，分散突围，开展游击战争。他们出没于崇山峻岭和茂密丛林之间，昼伏夜行，备尝艰苦。部队曾被困在赣粤两省交界的梅岭多日，面临着生死考验。当时，陈毅写下了感人诗句：“断头今日意如何？创业艰难百战多。此去泉台招旧部，旌旗十万斩阎罗。”表现出对党对人民对革命的无限忠诚。在中国邮政为陈毅诞辰 90 周年发行的纪念邮票上，一幅英气勃发的肖像，刻画了这位革命家的坚毅情怀。

• 陈毅同志诞生九十周年

在南方留守红军的游击战中，坚持斗争的党和红军领导人何叔衡、贺昌、毛泽覃、万永诚、古柏、阮啸仙等和许多干部、战士英勇牺牲。方志敏、瞿秋白、刘伯坚等人被俘后，坚贞不屈，慷慨就义，表现了崇高气节。他们是在沦陷的“红色区域”弘扬革命信仰和长征精神的一批人民英雄和革命先烈，他们是令人敬仰的一批优秀的共产党人。

自惨烈的湘江之役后，仅剩三万余人的红军，继续踏上征程。

遵义会议开拓新的航向

在残酷的事实面前，党和红军内部对错误领导的错误路线产生了怀疑和不满，要求改换现有局面的情绪迅速增长。

当时，已经失去党、政、军领导权的毛泽东，随中央红军即第一方面军，开始长征。在长征途中，毛泽东以“山”为诗词之比兴形象，寄托了自己面对挫折的坚定志向和面对征程的坚强意志：“山，刺破青天锷未残。天欲堕，赖以柱其间！”有一枚邮票以标题为“万里长征诗不尽”的油画作为图案，展现了在历史转折关头，毛泽东从容淡定的神态。

·《万里长征诗不尽》（吉布提邮票）

1934年12月，红军抵达湘黔边界。危急关头，尚未恢复军事领导权的毛泽东以军事战略家的智慧，力主放弃进军湘西，挥师直向敌军薄弱的贵州，以摆脱追兵，争取主动，并建立川黔革命根据地。12月12日，党中央负责人举行紧急会议。张闻天、王稼祥、周恩来等多数同志赞成毛泽东的主张，但李德等人拒不接受，坚持去向湘西。一枚邮票上，刻画了毛泽东在长征紧要关头力挽狂澜的情状。

·毛泽东力挽狂澜（圣文森特和格林纳丁斯邮票）

12月14日，红军占领黎平，打开通向贵州的通道。12月28日，中共中央政治局召开黎平会议。经过激烈争论，会议接受

・遵义会议会址

并批准毛泽东这个高瞻远瞩的策略，使红军避免覆亡危险。红军挥师向贵州北部进军。1935年1月7日，中央红军攻克黔北重镇遵义。

遵义城里，有一座首屈一指的漂亮洋楼，它曾是国民党黔军师长柏辉章的官邸。1935年1月，这里成了红军司令部所在地。这幢两层柱廊式中西合璧建筑，位于遵义城子尹路94号。如今，这座小楼成为人们纷至沓来瞻仰的革命圣地。因为，在岁月峥嵘的20世纪30年代，正是在遵义的这座小楼中，扭转了中国革命的方向和航程。

1935年1月15至17日，中共中央在遵义召开政治局扩大会议。张闻天、毛泽东、王稼祥尖锐地批评了博古、李德在第五次反"围剿"中的错误。与会多数同志同意张闻天、毛泽东等人意见。

这次会议总结了第五次反"围剿"失败的经验教训，纠正了王明"左"倾冒险主义在军事上的错误，重新肯定了毛泽东的正确的军事路线，通过了《中共中央关于反对敌人第五次"围剿"的总结决议》。1984年9月，中共中央党史资料研究委员会公布了《关于遵义政治局扩大会议若干情况的调查报告》。在中国邮政发行的一枚纪念邮票上，描绘了红军战士喜迎毛泽东、周恩来、张闻天等党中央新的领导人步出会场，表达了遵义会议扭转中国革命航向的历史意义。

在长征途中，陈云担负全军后卫任务，并兼任军委纵队政委。在遵义会议上，他支持毛泽东的正确主张。与会期间，他做了记录，并撰写了《遵义政治局扩大会议传

・中国工农红军长征胜利七十周年

・陈云

达提纲》。这些珍贵的文件日后被寻到，成为遵义会议真实历史状况的有力佐证。

遵义会议取消了博古、李德的最高军事指挥权，选举了张闻天、毛泽东、周恩来组成的中共中央领导机构，并组建了由毛泽东、周恩来、王稼祥组成的军事领导小组。在中国邮政为张闻天诞生 90 周年发行的邮票上，他的形象伫立在遵义会议会址前。

征程途中，党和红军进行了深刻思考：是谁将革命推向了失败的深渊，让党失去了革命根据地和红色政权；又是谁在革命武装力量战略大转移中以精湛的战略战术屡屡取胜。实践证明，以毛泽东所代表的正确路线是挽救革命的生命线。

•“张闻天遵义会议”明信片

1985 年和 2015 年，中国邮政为遵义会议 50 周年和 80 周年发行纪念邮票。邮票图案以全景图形式，把遵义会议与会者刻画在横幅画面上。特别是画家沈尧伊创作的那幅油画，将参加遵义会议的 20 位历史人物再现于方寸天地间，彰显出人物各自特征，充满了浓厚的历史气息。

遵义会议确立了以毛泽东为代表的中共中央的正确领导，制定了红军新的战略方针。这是中国共产党和工农红军历史上一个生死攸关的转折点，是党和军队从幼稚走向成熟的标志。此后，以毛泽东为首的三人军事指挥小组，以中共中央、中央军委的名义指挥了红军长征的军事行动。

· 遵义会议五十周年

· 遵义会议八十周年

遵义会议确立了以毛泽东为主要代表的马克思主义正确路线在中共中央的领导地位，从而在极其危急的情况下挽救了党，挽救了红军，挽救了中国革命。

1960 年，中国邮政为遵义会议 25 周年发行纪念邮票。其中一枚，以明丽的蓝色和细腻的雕刻线条，为遵义会议会址这座具有伟大历史意义的建筑物“造像”；另一枚以“在毛泽东的旗帜下永远胜利地前进”为标题，运用鲜红的色调和毛泽东主席挥手向前的图案，表现了中国革命领路人的历史功绩。

在纪念中国共产党成立 50 周年的时刻，遵义会议作为党史上一个重要的转折点，遵义作为中国共产党和领袖毛泽东留下不朽足迹的革命圣地，也在党庆这个庄

· 遵义会议二十五周年

· 在毛泽东的旗帜下永远胜利地前进

· 庆祝中国共产党成立五十周年

· “中国共产党成立九十周年”纪念封

· 遵义会议会址

严主题中，再次走到素有“国家名片”之称的方寸画幅之中。

在带有“邮资凭证”功能流通广泛的普通邮票中，也曾多次将遵义会议会址作为图案，在寄递使用中得到广泛的传播。

在一枚邮资纪念封上，流畅的线条、清新的色彩，勾勒出遵义会议会址风貌。这景境表现了从错误路线压抑中走出来的党和红军，在遵义会议之后看到和感到的一派新气象。

正像亲历长征的肖华将军所写：“苗岭秀，旭日升。百鸟啼，报新春。遵义会议放光辉，全党全军齐欢庆。万众欢呼毛主席，马列路线指航程。英明领袖来掌舵，革命磅礴向前进。”

红军不怕远征难

遵义会议后，中央红军在中共中央新的领导机构指挥下，根据实际战况，灵活变换作战方向，处处取得主动。从 1935 年 1 月末到 3 月下旬，红军四次渡过赤水河。

在为中国工农红军长征胜利 70 周年发行的纪念邮票上，“四渡赤水”的战斗场面在设计家笔下，以战士激战剪影的深暗色调和有张力的斜角构图，刻画了这一神奇战役的辉煌胜利。

3 月下旬，红军南渡乌江，佯攻贵阳；奔袭云南，兵锋直逼昆明，后又猝然掉头向北，于 5 月上旬渡过金沙江。至此，中央红军摆脱了几十万国民党军队的围追堵截，取得了战略转移中具有决定意义的胜利。

· 四渡赤水

· “长征足迹——赤水”纪念封

· 娄山关大捷

· 强渡金沙江

肖华将军以长征亲历者的身份，创作了闻名遐迩的《长征组歌》，艺术地再现了遵义会议后的战斗历程。循此字字珠玑的诗句，可回望长征的步履艰辛——“横断山，路难行。敌重兵，压黔境。战士双脚走天下，四渡赤水出奇兵。乌江天险重飞渡，兵临贵阳逼昆明。敌人弃甲丢烟枪，我军乘胜赶路程。调虎离山袭金沙，毛主席用兵真如神。”

赤水河汩汩流淌。当年，这里是毛泽东“出奇兵”浴血鏖战的战场。一枚纪念封上，展现了赤水河风貌。

在毛泽东的正确指挥下，中央红军在“四渡赤水”战役中，以运动战术仅用 5 天时间就速取桐梓、夺娄山关、重占遵义城，歼敌 20 个团，取得了红军长征以来最大的一次胜利。在这个迂回机动的作战节节取胜过程中，充分显示了毛泽东高超的军事指挥艺术。

在中国邮政为纪念长征发行的邮票上，采用了一幅题为《娄山关大捷》的油画，画面中毛泽东和红军登上峻岭隘口，显示出大捷铁军镇定自若、挥师前行的场面。

在娄山关雄浑的山势中，毛泽东为这壮观的气象和红军将士的战绩所感动，于是，赋词述怀：

西风烈，长空雁叫霜晨月。
霜晨月，马蹄声碎，喇叭声咽。
雄关漫道真如铁，而今迈步从头越。
从头越，苍山如海，残阳如血。

过了娄山关，一条激流横亘在红军面前，那就是金沙江。此时，后有数十万追兵，前有金沙天险，许多人担心部队过不了江，但毛泽东却风趣地说：“朱德同志说过，四川称刘伯承是一条龙下凡，江水怎么会挡得住龙呢？他会把我们带过去的！”

果然，这条“龙”不负众望。1935 年 5 月 3 日晚，在总参谋长刘伯承指挥下，红军占领金沙江南岸渡口，用江上的两条渡船，偷渡北岸，歼灭国民党防军，占领渡口，并依托有利地形节节抵抗，迟滞敌军行动，保障了主力红军迅速过江。一枚邮票以沉郁的绿色雕刻出了红军“强渡金沙江”的激战场面。毛泽东运用“以少胜多，变被动为主动”的军事指挥艺术，渡江北上，使中央红军摆脱数十万敌军重兵的围追堵截，取得战略转移中的一次重大胜利。

·飞夺泸定桥

金沙过后，大渡桥横。再上征程的红军又站在另一条大河边，那就是大渡河。“水湍急，山峭耸，雄关险，豺狼凶。……昼夜兼程二百四，猛打穷追夺泸定。铁索桥上显威风，勇士万代留英名。”（《长征组歌》）

1935 年 5 月 25 日，红军在贵州安顺过大渡河，仅有的几只小船无法摆渡几万大军。大河挡路，敌军紧追，形势极其严峻。次日上午，毛泽东、周恩来、朱德等人决定夺取泸定桥。

当时，百余米的泸定桥已被敌人拆去 80 余米桥板，并以密集火力封锁桥面。邮票上的图案表现了红军战士攀爬铁索，在无板之桥上开始了“冲锋”。

那天中午，在战斗动员中红军组织了突击队。下午 4 点，22 名勇士冒着枪林弹雨爬着光溜的铁索链向对岸桥头猛扑过去。

他们一手抱木板，一手抓铁链，边前进边铺桥板。刚到桥中，敌人放火，妄图以烈火阻击红军夺桥。勇士们高喊：“同志们，这是胜利的最后关头，鼓足勇气，冲过去！”勇士们冲上去，占据桥头，与敌人展开白刃战。仅用两个小时，红军 22 勇士飞夺泸定桥，取得胜利。

敌军南追北堵，欲借大渡河天险将红军变成走上绝路的第二个石达开。但飞夺泸定桥的胜利，粉碎了蒋介石的美梦，这也成为红军长征时期的重要里程碑。在为“飞夺泸定桥”邮票发行的本册票中，大型的边纸以清晰真实的画面，再现了铁索桥原貌，让人们想见当年泸定天险的细节，衬映出红军所创伟绩的艰辛与危难。

当年，刘伯承在桥板上重重连跺三脚，感慨地说：“泸定桥，泸定桥，我们为你花了多少精力，费了多少心血，现在我们胜利了，我们胜利了！”朱德曾有“万里长征，犹忆泸关险”的诗句。在新中国的十大开国元帅中，有七位元帅从泸定桥走过。因此，飞夺泸定桥又有“十三根铁链劈开了通往共和国之路”的美誉。

中央红军渡过金沙江后，继续北上。经过大凉山彝族聚居区时，红军总参谋长刘伯承同彝族果基部落首领小叶丹歃血为盟，使红军顺利通过了这个地区。

党和红军的万里长征，踏过万水千山，与横阻征程的大自然进行搏斗的过程，就与同围追堵截敌军的鏖战一样，也充满了艰辛、危难与牺牲。其中，最令人难忘的就是“雪皑皑，野茫茫”的雪山和草地了。

有资料称：红军三大主力在过雪山过草地期间，非战斗减员在万人以上。然而，

·“飞夺泸定桥”本册票

“红军都是钢铁汉，千锤百炼不怕难。雪山低头迎远客，草毯泥毡扎营盘。风雨侵衣骨更硬，野菜充饥志越坚。官兵一致同甘苦，革命理想高于天。”（《长征组歌》）

飞夺泸定桥，涉过大渡河，中央红军来到四川夹金山、梦笔山、亚克夏雪山等高寒山区。红二方面军也面对着玉龙雪山、德格雀儿山等崇山峻岭。长征路上，红军要征服十几座雪山。在海拔 4800 米的亚克夏山北坡垭口上，一座红军烈士墓深卧在积雪与云雾之中。1936 年，12 名红军战士在长征胜利前夕，长眠在这座雪山之巅；直到 16 年后，他们的尸骨才被发现。于是，便有了这座世界上最高的红军墓。

而主峰海拔 4950 多米的夹金山，被当地藏族同胞视为连鸟儿也难以飞过的神山。1935 年 6 月 12 日，红军来到雪山夹金山下，又一场长征路上征服大自然险阻的悲壮战斗开始了。

雪山白茫茫，六月若严冬。红军穿着草鞋和短裤，迈开过大雪山的第一步。雪山无路，一条条羊肠小道也被积雪覆盖。雪深过膝，前面人踏路行进，后边人紧跟随走。坡陡路滑，常有人跌入万丈深谷。雪山海拔高、空气稀薄，行进中的红军呼吸困难，胸口似压千斤石，每挪一步都要使尽全身力气。坐下休息，就可能站不起来了。军团领导把马让给病号，一人骑马，一人拽着马尾巴走。毛泽东在艰难跋涉的雪山行军中，乐观道出：“更喜岷山千里雪，三军过后尽开颜。”

在新中国为长征发行的第一套纪念邮票中，就选择了人人皆知的“强夺泸定桥”与“过雪山”这两个战胜敌人与战胜自然险阻的情景作为邮票图案。那是1955 年，正是“中国工农红军胜利完成二万五千里长征二十周年”的日子。中国邮政发行两枚纪念邮票，一横一竖，先以强烈的橙紫色烘托出红军 22 勇士强渡铁索桥的壮举，又运用银白色调刻画了红一方面军爬越雪山的惊心动魄场面。邮票上绘有雪山上毛泽东的形象。

1935 年 6 月，中央红军先头部队到达懋公东南的达维镇，与前来迎接的红四方面军第三十军李先念部会师。两大主力红军会师，使集结在这个地区的兵力达到十多万人，红军实力大大增强。

· 强夺泸定桥

1935 年 8 月初，红一、红四方面军混合编成左、右两路军北上。8 月 21 日，中共中央机关和右路军指挥部率领红军进入川西北若尔盖地区的草地。这块草地位于阿坝藏族羌族自治州东北部、青藏高原东部的边缘地带，平均海拔 3400 米以上。茫茫草地，荒无人烟，到处是野草丛生的沼泽和散出腐味的黑淤泥潭。

· 过雪山

1996 年，中国邮政发行“中国工农红军长征胜利六十周年”纪念邮票，其中一枚采用了一尊雕塑作品作为图案，这个雕塑刻画了“红军过草地”步履维艰的跋涉。

进入草地前，红军筹粮，将青稞脱壳成粒，碾粉炒熟，做成炒面。在藏民带领下寻认野菜，准备烧酒、辣椒以御寒。虽尽最大努力，却仍不够全军之需，人均仅携带五至十斤粮食。遍是水草沼泽泥潭的若尔盖草地，人马无路可走，只能踏着草甸迂回前进。粮食不足，靠吃野菜草根树皮充饥，中毒现象时有发生。实在没有能吃的东西了，就将皮带皮鞋，甚至皮毛坎肩马鞍子煮着吃。晚上露宿，掉队同志三五人背靠背休息。第二天，收容队去叫，身体完全冰冷僵硬，一些红军就以这样的睡姿离开了这个世界。

· 中国工农红军长征胜利六十周年

张闻天的夫人刘英在回忆录中说：红

军过草地的牺牲最大，这六七个昼夜是长征中最艰难的日子。走出草地后，“我觉得是从死亡世界回到了人间”。走过六天六夜，在第七个黎明到来之刻，由毛泽东、周恩来指挥的右路军也就是红一方面军，才走出了草地。

在 2006 年为纪念长征胜利七十周年的纪念邮票上，油画《过草地》的图案以及本册票的边纸，绘画出草地的艰险，表现了红军踏过自然险阻勇往直前的英雄气概。

在极端恶劣的长征路上，红军官兵怀着革命理想，保持乐观精神，同甘共苦，前仆后继，战胜了自然界所带来的超越人体所能承受的生存极限，终于夺路而出，写下了“革命理想高于天”的不朽篇章。

· “过草地”本册票

六盘山，位于宁夏南部和甘肃东部，呈南北走向，北接贺兰山，南与陇山相衔，自古以来就是兵家必争之地。1935 年初秋时节，党中央率红军在这里打了一个胜仗。此役之后，红军翻越了六盘山。沉浸在胜利情绪中的毛泽东，边走边讲六盘山历史上的战争故事。中途歇脚，他仰望天上雁阵，诗兴大发：“这真是个好地方，以后可以好好写一写啊。”那首著名的辞章《清平乐·六盘山》，就是在这时开始酝酿的。

1935 年 10 月 5 日晚，红军队伍到达六盘山，借宿在宁夏兴隆镇单家集村。毛泽东和张闻天等同志拜访了村中清真寺的阿訇，介绍了党的民族政策和宗教政

·《清平乐·六盘山》

策。10 月 6 日拂晓，毛泽东率部队急行军，夜宿张易堡。10 月 7 日，在一个小山头上，毛泽东亲自指挥一纵三个大队，歼灭了国民党军两个骑兵军连，缴获战马百余匹。以这批战马为基础，红军建立起第一支骑兵连。

当红军在莽莽六盘望到长征胜利曙色时，苦难历程中血与火的场景又一一浮现：浴血战湘江、娄山关大捷、强渡金沙江、飞夺泸定桥、越雪山、过草地、上六盘……毛泽东豪迈诘问世界与人寰："自从盘古开天地，三皇五帝到于今，历史上曾经有过我们这样的长征吗？！"

当以红军一方面军组编的右路军等待与左路军会合之时，左路军也就是红四方面军领军人张国焘提出种种借口，不愿移师，并要右路军南下。中共中央多次致电张国焘，催其率部立即北上，张国焘置之不理。1936 年 9 月 12 日，中共中央政治局在甘肃迭部县俄界（今高吉村）召开扩大会议，作出《关于张国焘同志错误的决定》，并将北上红军改称陕甘支队。

在中华苏维埃共和国成立时期以及红军长征期间，刘志丹、谢子长、习仲勋等共产党人在陕北和西北地域组建红军，开展武装斗争，经过几年艰苦奋斗，创建了北方革命的"红色区域"。1932 年开辟的陕甘革命根据地和 1935 年开辟的陕北革命根据地，对中国革命产生了重要影响。

1935 年 12 月，中华苏维埃西北邮政就发行了邮票。4 枚一套的邮票以锤镰五星图、五星图、战士图、镰锤图组成。这套以革命符号设计、印刷的无齿孔邮票，简单简陋，留下了战争年代艰苦环境的印记。

· 锤镰五星图

· 五星图

· 战士图

· 锤镰图

· 刘志丹

· 习仲勋同志诞生一百周年

刘志丹、习仲勋等人一方面和国民党军队艰苦搏战，另一方面还受到党内“左”倾错误路线的迫害。1935 年 10 月 20 日，毛泽东等人了解到西北苏区错误肃反的严重形势，指示“刀下留人，停止捕人”。当时，担任 15 军团副军团长兼参谋长的刘志丹受到诬陷关押，直到毛主席到达陕北，刘志丹才被释放。

1936 年 4 月，刘志丹率队东征，在战斗中光荣牺牲。毛泽东为他题碑：“群众领袖，民族英雄。”保安县是刘志丹故乡，后更名为“志丹县”。在中国邮政发行的纪念邮票上，留下了刘志丹、谢子长等革命志士的英雄形象。为中国革命和建立新中国做出卓越贡献的无产阶级革命家习仲勋，在他百年诞辰之时发行的纪念邮票上，也留下了这位革命先辈战争年代的形象。

1935 年 9 月 17 日，北上红军陕甘支队先头部队一举突破川甘边界天险腊子口，第二天 9 月 18 日，长征部队占领甘肃宕昌县的哈达铺，并进行休整。在路边的一个邮局里，红军发现了一些旧报纸，上面登有阎锡山进攻陕北红军的消息。至此，党中央和红军才获悉陕北也有一块革命根据地，也有一支红军队伍。毛泽东在团级干部会上明确指出：“到陕北去，去找那个刘志丹。”9 月 28 日，红军到了榜罗镇，又了解到更多情况。中央政治局会议决定率部到陕北落脚。

中央红军翻越六盘山，经过行军和英勇作战，从甘肃进入陕北。1935 年 10 月 19 日，到达陕北吴起镇，与陕北 15 军团胜利会师。至此，中央红军主力行程两万五千里、纵横 11 个省的长征胜利结束。

到达吴起镇的当天，毛泽东致电彭德怀：“吴起镇已是苏区边境，此地以东即有红色政权，保安城闻有红色部队，但吴起镇、金汤镇之间之金佛坪有地主武装百余守堡，拟派队消灭之。”电报还要彭德怀次日到吴起镇商讨行动方针。1935 年 11 月下旬，红军取得了直罗镇战役的胜利，给“党

· 中国工农红军长征胜利六十周年

· 遵义会议五十周年

中央把全国革命大本营放在西北的任务，举行了一个奠基礼”。

·《走向胜利》(吉布提邮票)

红军来到地处陕、甘、宁三省交界处的铁边城镇，党中央召开政治局会议，张闻天主持会议。毛泽东、王稼祥、博古、林彪、聂荣臻、杨尚昆等参加会议。会上，张闻天指出：关于在陕北建立苏区问题，政治局同志无一异议；毛泽东在榜罗镇曾经做出决定，大家是同意的，应批准。在会上，毛泽东还指出，红军已到陕西，接下来要到前面的保安县，要把保安变为苏区。

1935 年冬，党中央率领红军到达保安县。这个小县全城不到 400 人，房屋也不多。保安县小石山的一个窑洞，窑洞破旧，窑顶滴水，地上潮湿，没有炉灶，只盘个土炕，在洞外用三块砖头支起水壶烧水。这里，是党中央和红军进入延安前在陕北苏区的第一个中央机关所在地。

·伟大的领袖和导师毛泽东主席逝世一周年

在保安，毛泽东留下了一张著名的照片：他身着红军军服，头戴红星八角帽，深沉的目光中，对于中国革命前途充满了期冀和坚信。这幅由美国记者埃德加·斯诺拍摄的照片，曾多次出现在中外发行的纪念邮票上。

这是一个历史时刻。党中央和红军主力军终于找到了长征的终点和继续革命的立足点：陕北革命根据地。

·毛主席在陕北保安（塞拉利昂邮票）

在湘鄂川黔根据地由任弼时、贺龙等领导的红二、红六军团，1935 年 11 月从湘西北桑植出发，历经艰险，在 1936 年 7 月初同红四方面军在甘孜会师。中共中央指定红二、红六军团加上红三十二军合编为红二方面军。经过朱德、刘伯承、任弼时、贺龙等将领力争，红四方面军许多干部、战士也要求北上与党中央和红一方面军会师；在徐向前等红四方面军干部、战士支持下，红四方面军和红二方面军终于共同北上。1935 年 10 月 9 日，红二方面军和红四方面军到达甘肃会宁，同红一方面军会合。

2012 年中国邮政发行的“红色足迹”邮票，其中一枚就以甘肃中部的会宁县红军会师楼为邮票图案。

·会宁

从 1934 年 10 月到 1935 年 10 月，历时一年，行程二万五千里，中国共产党领导的中国工农武装，终于完成了伟大的战略转移，成为走向革命新征程的一支高原劲旅。

长征与长征精神

1934 年深秋时节，中国工农红军的四支队伍犹如滚滚铁流，开始了战略转移和万里长征。

第一路，中央红军，即红一方面军，1934 年 10 月 10 日从瑞金等地出发，1935 年 10 月 19 日会师陕西吴起镇，行程二万五千里。

第二路，红 25 军（后编入红一方面军），1934 年 11 月 16 日由河南罗山何家冲出发，1935 年 9 月 15 日会师陕西延川永坪镇，行程近万里，最早到达陕北。

第三路，红四方面军，1935 年 5 月初由四川彰明、平武等地出发，1936 年 10 月 9 日会师甘肃会宁，行程万余里。

第四路，红二、六军团，1935 年 11 月 19 日由湖南桑植刘家坪等地出发，1936 年 10 月 22 日会师甘肃会宁，行程两万余里。

· 中国工农红军长征胜利七十周年

以中国工农红军第一、二、四方面军1936年10月会师为标志，中国工农红军胜利完成历史性的战略转移，竖起了万里长征的一座丰碑。这是中国革命的又一转折点，它标志着中国革命的核心力量从南方长江流域胜利转移到西北黄河流域。

在历经苦难的长征以胜利会师告终时，那一刻是何等辉煌的一个场面：那是铁流的会合，那是胜利的凯旋。这个激动人心的历史时刻，在一幅题为“大会师”的油画中，得以艺术再现。在这幅气势宏大的画幅中，红旗猎猎，军民欢腾，胜利气氛直面而来。在纪念“中国工农红军长征胜利七十周年”的小型张上，这幅油画作为邮票图案居于中心位置；小型张边纸上，配以毛泽东手书的《长征诗》。

《长征组歌》的最后一首歌曲是《大会师》，喜庆颂扬的音乐唱出了革命军民的心声：“红旗飘，军号响。战马吼，歌声亮。铁流两万五千里，红军威名天下扬。各路劲旅大会师，日寇胆破蒋魂丧。军也乐来民也乐，万水千山齐歌唱。歌唱领袖毛主席，歌唱伟大的共产党。”

正如红军一方面军在胜利最后时刻所跋涉的草地一样：地上本没有路，走的人多了，便成了路。这路，就是漫漫的长征之路、革命之路。

红军大会师的小型张，还镶嵌在邮票大本册的大型纸幅上，衬以金黄灿灿的草木背景，刻画了1935年金秋丰收和长征胜利的一派热烈。

·“大会师”本册票

· 陈赓

· 周恩来同志诞生一百周年

风雨一度春秋。经过一年长征转战，1934 年 10 月从中央苏区瑞金等地出发的 86000 多人的红军队伍，到 1935 年 10 月进入陕北，只剩下约 6000 人。亲历长征的大将陈赓回忆说：“我当大队长，骑着马在前面走，不敢回头看，因为一看，整个大队就剩下那么一点点人了。”周恩来面对部队严重减员，也曾心情沉重地说：“我们红军像经过一场暴风雨的大树，虽然失去一些枝叶，但保留下了树身和树根。”

中国工农红军长征的胜利，宣告了国民党围追堵截的破产，实现了革命武装的战略大转移，这是中国革命转危为安的历史性转折。毛泽东指出：“长征是历史记录上的第一次。”他说：“长征是宣言书”，它向世界宣告，红军是英雄好汉；“长征是宣传队”，它向人民宣布，只有红军的道路，才是解放他们的道路；“长征是播种机”，它散布的革命种子，将到处发芽、长叶、开花、结果。

2006 年，为纪念“中国工农红军长征胜利七十周年”，在发行邮票和小型张的同时，还有一种本册票邮资用品问世。这个“本册”篇幅较大，封面庄严凝重：一组雕塑表现了红军战士前仆后继的英雄气概。火红的色调，犹似战火纷飞和热血鼎沸；配以“长征：壮举·奇迹·史诗”八个大字，概括了万里长征的伟大意义。

回首万里长征的一度春秋，从第五次反“围剿”失败，到历时一年的战

· 中国工农红军长征胜利七十周年纪念邮票本册

略转移，数万红军雄兵踏过了万水千山。血火中走出的八万大军，穿越 11 个省份，走 25000 里，跋涉 18 座山脉、600 里人迹罕至的茫茫草地、24 条河流，打过大小战役 300 多次；最终以不足 30000 的铁军，历经艰险，化险为夷，从失败之师到得胜之旅，从坎坷曲折到踏上坦途，终见曙光在前。那么，在革命危难之刻，在历史彷徨之时，是谁巍立中流，砥柱触天，矫正了方向，指明了出路？

在红军夜渡于都河割舍红土地的悲怆之时，在长征初役湘江血战的惨烈之刻，在毛泽东几阕诗词表述雄心大略和坚定步履之后，在红军漫漫征程中，有一个地方永垂青史，那就是遵义；有一个名字刻镂在革命丰碑上，那就是毛泽东。在一枚纪念遵义会议的邮票上，刻画了毛泽东正确路线的胜利。

在一篇记叙遵义之行的散文中，有这样生动的一段描述：

"'这是红军当年走过的地方'，车上一位父亲对他的儿子说。小童儿大约十岁，趴在车窗观看风景，回头神气地答道：'我晓得，毛主席在遵义开完会，去打娄山关，胜了；打到四川后又反转来打娄山关，又胜了；重占遵义；后来又渡大渡河，爬雪山，过草地，走了 25000 里……'小童儿的稚语，吸引了车上的旅客，人们在夸奖他的同时，不约而同地谈起了长征，将目光投向了遵义。"（范德中《走进遵义》）

这个孩童简朴的语言道出了遵义会议之后红军长征所经历的坎坷征途。人们看到，正是在遵义，确立以毛泽东为核心的新的党中央正确领导，走出中国革命走向胜利的第一步；正是在遵义，高扬的中国共产党伟大旗帜指引了长征取得胜

·"遵义会议会址"明信片

·遵义会议

·遵义会议会址

·“遵义会议”本册票

利、领导着中国革命走向胜利。遵义会议还表现出，中国共产党人敢于面对失败、纠正错误，只有共产主义战士才能做出这样深刻的内省，才能亮出忠诚于信仰的奋进之勇。

在一套以“红色足迹”为主题的纪念邮票上，遵义在红旗掩映之下，成为指引中国革命航向的灯塔。

在纪念“中国工农红军长征胜利七十周年”的本册票中，有一枚以“遵义会议”为题的大型张：火红的衬底，那是火焰，照亮了革命的曲折坎坷的前程；那是激流，冲刷了逆历史潮流而动的污泥浊水。

在另一枚纪念长征的无齿小全张上，构图将 4 枚记录了长征征程的邮票叠印在一起，位居中心且主图完整的，则是“遵义会议”那一枚；伴随其后叠印在一起的是“送别”“飞夺泸定桥”和“过草地”。这 4 枚邮票的布局，表现出一个史实：在革命武装力量战略转移的伟大长征中，遵义会议是长征取得胜利路线上和组织上的保证。以毛泽东为代表的党的正确路线的确立，指引着党和人民军队完成两万里长征，推动了中国革命的胜利进程。

在中国工农红军长征胜利 70 周年之际，中国邮政发行了纪念邮资明信片。邮资图上有毛泽东的《长征诗（一首）》。明信片左侧印有长征两万里的路线图。那里，最鲜明的是红都瑞金的起点和陕北延安的终点。在另一枚纪念邮资明信片上，

·中国工农红军长征胜利七十周年

邮资图是瑞金中华苏维埃共和国发行的邮票图，左侧是陕北延安的宝塔山。这个构图表现了党中央和红军长征从瑞金到陕北的辉煌历程。

红军长征不仅创造了可歌可泣的战争史诗，而且铸就了伟大的长征精神。这就是：把全国人民和中华民族的根本利益看得高于一切，以及坚定革命的理想和信念，坚信正义事业必然胜利的精神；为了救国救民，不怕任何艰难险阻，不惜付

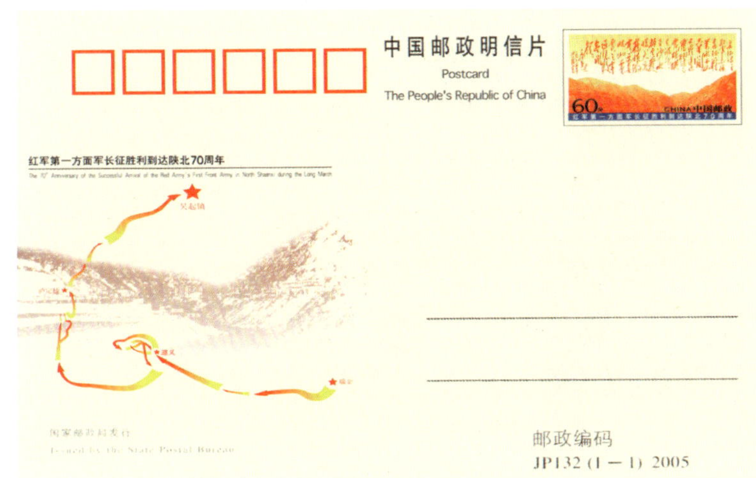

·"红军第一方面军长征胜利到达陕北70周年"明信片

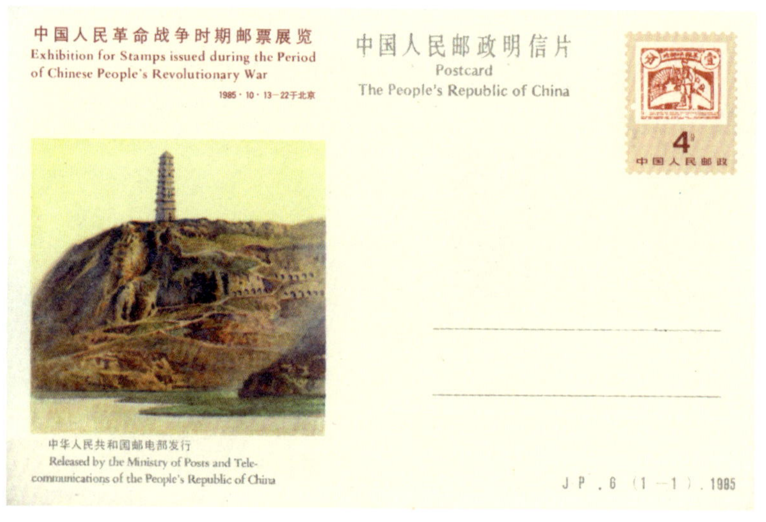

·“中国人民革命战争时期邮票展览”明信片

出一切牺牲的精神；坚持独立自主、实事求是，一切从实际出发的精神；顾全大局、严守纪律、紧密团结的精神；紧紧依靠人民群众，同人民群众生死相依、患难与共、艰苦奋斗的精神。长征精神为中国革命走向胜利提供了强大的精神动力。

在中国邮政历年来为伟大长征所发行的邮票中，都有以“长征精神”为主题的邮票，并以“新长征”的概念作为激励后人奋进的强大思想力量。

2016 年，中国工农红军长征胜利 80 周年，中国邮政发行 6 枚纪念邮票。最后一枚邮票的主题就是“缅怀先烈，不忘初心，走好新的长征路”。同时，一枚以“不忘初心，薪火相传”为主题的个性化邮票，图案是鲜红五星照耀下的战士正在吹响冲锋号，象征着今天要继续踏上新长征的途程。

回望长征路，这是人类历史上的英雄史诗、伟大奇迹。在中国共产党的百年历程中，从瑞金到延安，一支在西北黄土高原上的劲旅，一段在宝塔山下开启的新的革命岁月，正迎来一个血与火考验的“峥嵘岁月”。

·缅怀先烈，不忘初心，走好新的长征路

·不忘初心，薪火相传

第五篇

峥嵘岁月

2015 年，中国人民抗日战争暨世界反法西斯战争胜利 70 周年之际，在一张纪念邮票上出现了一座纪念馆，这就是“九一八”历史纪念馆。在邮票图案上，有一口大钟，上面铸有“勿忘国耻”四个大字。这是警钟，震醒九州大地:“中华民族到了最危险的时候”；这是铭记，14 年中国人民的浴血抗战是一段悲壮的英雄史记。

从这一刻，全民族抗战的“峥嵘岁月”开始了！

“中华民族到了最危险的时候”

1931 年 9 月 18 日深夜，日本关东军按照预定的阴谋计划，炸毁沈阳北郊柳条湖附近南满铁路的一段路轨，反诬中国军队所为，以此为借口，突袭中国军队驻地北大营和沈阳城。这就是震惊中外的“九一八”事变。

短短 4 个多月内，辽宁、吉林、黑龙江三省一百多万平方千米的大好河山，沦为日本的占领地。1932 年 3 月 9 日，以溥仪“执政”的伪满洲国在吉林长春成立。于是，东北三省成为 20 世纪帝国主义列强侵占统治中国的最大的一块殖民地。

在“九一八”事变 16 周年之刻，中国共产党领导的红色区域东北解放区发行了纪念邮票。图案是辽宁、吉林和黑龙江三省地图，显示出当时全民族蒙受国耻、面临危机，家国已经“到了最危险的时候”。

就在国家危难时刻，爱国艺术家田汉写出了“把我们的血肉，筑起我们新的

• “九一八”纪念

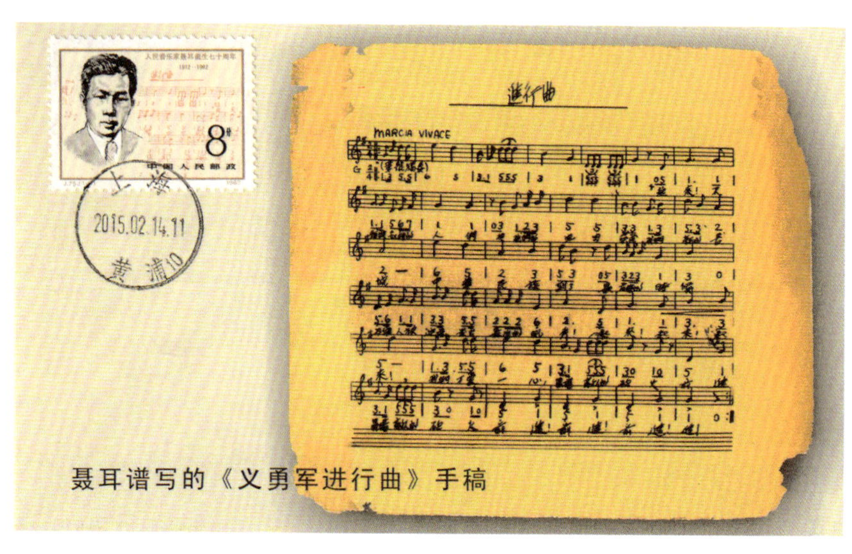

• “聂耳谱写的《义勇军进行曲》手稿”明信片

长城”的词句，人民音乐家聂耳谱出了同仇敌忾的《义勇军进行曲》。

这时，巍立千年风雨中的长城，成为中华民族的象征与符号，彰显出了全民族抗战卫国以雪国耻的坚强和勇毅。从中华民国邮政到中国共产党领导的革命根据地的边区邮政，以及新中国的人民邮政，“长城”作为一个永恒的主题，始终出现在“国家名片”的方寸画幅中。3 枚由中国不同历史时期的不同邮政机构发行的邮票，皆以八达岭长城的峻峭形象为邮图，透射出不屈的风骨和伟大的精神。在一枚小型张上，大票幅的边纸上绘出长城万里走向的刚劲线条，昭示了中国民族抗战的坚强意志。

“九一八”事变以后，中日之间的民族矛盾上升为主要矛盾，中国国内的阶级关系发生重大变动。在民族危机的严重关头，中国共产党率先举起武装抗日的旗帜。1931 年 9 月 20 日，中共中央发表《中国共产党为日本帝国主义强暴占领东三省事件宣言》，响亮地提出：“反对日本帝国主义强占东三省！”11 月 27 日，中华苏维埃共和国临时中央政府发表对外宣言，号召全国人民动员起来，武装起来，反对日本侵略和国民党的反动统治。

“九一八”事变是中国人民抗日战争的起点。中华民族不屈不挠的抗战，也揭开了世界反法西斯战争的序幕。

在日军占领的东北，相继兴起为数众多的抗日义勇军。中共中央先后派出周保中、赵一曼等共产党员到东北，加强党组织的力量，开始了东北抗日游击战争的历程。

• 中华民国邮政 • 长城

• 西北人民邮政 • 长城

• 中国人民邮政 • 长城

• 长城

1933年9月，中共满洲省委把党领导的各抗日游击队相继改编为东北人民革命军。1936年2月，建立东北抗日联军总司令部，并以杨靖宇、王德泰、赵尚志、周保中等人名义，发表《东北抗日联军统一军队建制宣言》，开辟了东北三大游击区。在南起长白山、北抵小兴安岭、东起乌苏里江、西至辽河东岸的广大地区，开展游击战争，有力打击了日本在中国东北的殖民统治，鼓舞了全国的抗日救亡运动。

日本侵略者持续的残酷的军事“讨伐”，也使抗日联军付出巨大牺牲。

1949年8月15日，正值抗战胜利4周年，东北邮电管理总局发行纪念邮票，图案是东北烈士纪念塔。面对高耸的纪念塔，人们深沉忆念在14年艰苦卓绝的抗战中，从“九一八”事变开始的东北抗日联军抗战的英勇事迹；深情忆念英勇不屈献出生命的党的优秀战士赵一曼、杨靖宇、李兆麟、赵尚志等烈士。

抗联第一路军总司令兼政治委员杨靖宇在濛江县内陷入日军重围时，只身一人，坚持战斗，直至壮烈牺牲。2005年，中国邮政为烈士发行纪念邮票，以常青松柏为衬，纪念杨靖宇烈士。

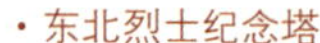

· 东北烈士纪念塔

· 杨靖宇

1948年3月，东北邮电管理总局为“李兆麟将军三九被难二周年”发行纪念邮票，图案是庄严的纪念碑，那里铭刻了他的抗日壮烈业绩。李兆麟将军是中共北满省委主要领导人、东北抗日联军创建人，生前曾以“横扫千军，夺回我河山”的豪言壮语，驰骋东三省，与日本侵略者浴血奋战。他把一生奉献给了中华民族的解放事业，被誉为“100位为新中国成立作出突出贡献的英雄模范人物”。

在纪念抗战胜利的邮票上，“东北烈士纪念馆”作为邮图，将全民族抗战中东北抗日联军的英勇事迹展陈于世，让赵一曼、杨靖宇、李兆麟、赵尚志等英雄业绩和革命精神永垂千古。

1935年10月，土肥原贤二以关东军代表的名义通电设立华北自治政府，将

· 李兆麟将军三九被难二周年

· 东北烈士纪念馆

南京任命的官员一律罢免。“华北事变”使平津上空乌云密布，华北危在旦夕。北平学生悲愤喊出：“华北之大，已经安放不得一张平静的书桌了！”在中共北平临时工作委员会领导、组织、指挥下，12 月 9 日，北平学生高喊“反对日本帝国主义”“停止内战，一致对外”等口号，向北平当局请愿。在接下来几天中，又发起北平学生总罢课并举行市民大会，示威游行，坚决反对“华北自治”。

在北平学生运动影响下，全国大中城市先后爆发学生爱国行动。在中国共产党领导下，北平学生联合会组织平津南下扩大宣传团到河北农村进行抗日宣传。

“一二·九”运动揭露了日本吞并华北、侵占中国的阴谋，打击了国民党妥协退让政策，促进了中华民族的觉醒。中国全民族抗日救亡运动的高潮已经到来。

1985 年，在“一二·九”运动 50 周年之时，中国邮政发行 1 枚纪念邮票。图案是建筑在北京西山的纪念亭。现代风范的亭阁设计，体现出了青年运动的先锋气质，红色的天际线象征着党的领导，绿色的底衬显示了生生不息的青春朝气。

此刻，中国已处于政治形势大变动的前夜。把抗日力量汇合起来，组成抗日民族统一战线，共御外敌，这一使命历史地落在了中国共产党身上。

当时，中国工农红军已经胜利完成万里长征。革命武装力量已从南方向北方进行了战略大转移。1937 年 1 月，中共中央领导机关由保安迁驻延安，从瑞金、遵义来到了延水河边、宝塔山下。中国共产党在新的历史时期，开始担负起了新的历史使命。当年，中华苏维埃设立了西北邮政，发行了诸如“五星图”等邮票，昭示着这片黄土地已经成为中国共产党领导的“红色区域”。在新中国邮政发行的邮票上，延安宝塔山如

· 一二·九运动纪念亭

· 延安宝塔山

· 五星图

· 延安

若革命火炬一般成为一段革命历史的重要象征。

1935 年 12 月，中共中央在陕北子长县瓦窑堡召开政治局扩大会议。会议通过《中共中央关于目前政治形势与党的任务决议》。决议指出，“党的策略路线，是在发动、团聚与组织全中国全民族一切革命力量去反对当前主要的敌人：日本帝国主义与卖国贼头子蒋介石。”两天后，毛泽东根据会议精神做了《论反对日本帝国主义的策略》的报告，充分论证了和民族资产阶级在抗日条件下重新建立统一战线的可能性和重要性。报告着重指出，共产党和红军在这个统一战线中具有决定意义的领导作用。瓦窑堡会议决议和毛泽东的报告，明确提出党的基本策略任务是建立广泛的抗日民族统一战线。在一枚纪念邮票上，可见抗战期间毛泽东身着棉装面对河山的神态。

1936 年 5 月 5 日，毛泽东、朱德发出《停战议和一致抗日通电》，公开放弃反蒋口号。从抗日反蒋到逼蒋抗日，这是党根据国内阶级关系变化的实际状况做出的一个重大政策变化。

1936 年 12 月 4 日，蒋介石亲赴西安，迫张学良、杨虎城率部“剿共”。他们向蒋介石“哭谏”要求抗日，遭到严厉训斥和拒绝。张学良、杨虎城决心采取“兵谏”，武力扣留蒋介石，逼其答应抗日。12 月 12 日凌晨，东北军一部包围临潼华清池，扣留了蒋介石。随后，张学良、杨虎城通电全国，提出“停止内战、一致抗日”等八项主张。这便是震惊中外的“西安事变”。

· 毛泽东同志诞生一百二十周年

在“西安事变”10 周年、11 周年之

际，东北解放区邮电管理总局发行了 2 套纪念邮票。1946 年发行的“双十二纪念”邮票，图案上有“中华民国”地图。东北地域画有一只披着日本旗的狼，西北地域画了一头愤怒的雄狮；画面下方站着双手投降的蒋介石，寓意全国人民坚决反对蒋介石的搞内战、不抗日行为。邮票两侧有“反对内战，一致抗日”的字样。1947 年发行的另一套邮票，则以高举的火炬和“活捉蒋介石”等文字为图案，纪念这次重要的爱国抗日的事变。

・双十二纪念

・西安事变十一周年纪念

“西安事变”一发生，张学良连夜电告中共中央。毛泽东和周恩来立即复电，拟派中共代表前往议商大计。13 日，中共中央举行政治局会议，指出“西安事变”有革命意义，应该支持；并强调不应把反蒋与抗日并立。17 日，应张学良邀请，周恩来作为中共中央代表到达西安。经过共同努力和谈判，迫使蒋介石做出了“停止剿共，联红抗日”的承诺。

“西安事变”的和平解决，扭转了时局。至此，内战基本停止。中国共产党力主“西安事变”和平解决，充分表现了团结抗日的诚意。

中国邮政在“西安事变”60 周年之际发行了纪念邮资明信片。明信片上以当时历史建筑和新闻报道为图案，报纸上有“争取中华民族生存，张杨昨发动对蒋兵

・“西安事变六十周年”明信片

·“西安事变七十周年”纪念封

·杨虎城诞生一百周年

谏”的标题。在“西安事变”70周年时，中国邮政又发行纪念邮资封，邮资图为“兵谏亭”，封之左下方是张学良和杨虎城戎装肖像和当时通电全国的新闻信息。

“西安事变”后张学良被蒋羁押软禁数十年；杨虎城被囚禁达12年之久，1949年9月被残杀在重庆戴公祠中。

爱国将领杨虎城将军24岁就立下报国宏愿，赋诗言志：“西北山高水又长，男儿岂能老故乡。黄河后浪推前浪，跳上浪头干一场。”他反对蒋介石的“攘外必先安内”政策，与张学良一起发动“西安事变”。1993年，正值杨虎城将军百年诞辰之时，中国邮政以松柏绿丛衬出将军戎装肖像，发行了纪念邮票。

为了促进国共合作的实现，中共中央致电国民党五届三中全会，提出五项要求：停止内战，集中国力，一致对外；保障言论、集会、结社之自由，释放一切政治犯；召开各党各派各界各军的代表会议，集中全国人才，共同救国；迅速完成对日作战之一切准备工作；改善人民的生活。

中国共产党电文发表后，在全国引起巨大反响，也得到国民党内抗日派的赞同。在国民党五届三中全会上，他们联名提出要求恢复孙中山的联俄、联共、扶助农工三大政策。

・孙中山

从 1927 到 1937 年，这十年是中国从内到外发生重大变革的时期。从大革命失败到全面抗战前夕，中国共产党在极端艰苦的环境中坚持革命，经过曲折的斗争，达到了政治上的成熟和武装力量的壮大。在这个时期，党两次经受严峻考验：一次是大革命的失败，一次是第五次反“围剿”的失败。在险恶环境中，中国共产党人始终坚持共产主义崇高信仰，进行传略转移、万里长征，度过了最黑暗的时刻。

这十年历史证明：中国共产党领导中国革命走向胜利，必须把马克思列宁主义的基本原理同中国革命的具体实践正确地结合起来。中国化的马克思主义即毛泽东思想，是在同错误倾向作斗争并深刻总结历史经验的过程中形成和发展起来的。这个时期，党能够有效应对危局和困境，实现从大革命失败到土地革命战争兴起、从红军第五次反“围剿”战争失败到抗日战争兴起两次历史性的转变，在全民族抗战的峥嵘岁月中，开创出了中国革命的新阶段。

九州河山，同仇敌忾

日本全面侵华战争，使中华民族面临亡国的严重危险。卢沟桥事变发生第二天，中共中央发出通电，向全国人民呼吁：“平津危急！华北危急！中华民族危急！只有全民族实行抗战，才是我们的出路！”通电号召“全中国同胞、政府与军队，团结起来，筑成民族统一战线的坚固长城，抵抗日寇的侵掠！”

在卢沟桥发生的“七七事变”，多次在党领导的“红色区域”发行的邮票和新中国邮政发行的邮票中出现。1947 年，为纪念七七抗战十周年，东北解放区邮电管理总局发行了纪念邮票，以及将全套 4 枚邮票合在一起的罕见的小全张。邮票以战士高擎步枪、投入抗战的号召性图案，显示出中国全民族抗战的伟大力量。

1952 年，中国邮政为抗战 15 周年发行了 4 枚纪念邮票。第一枚就是北平卢沟桥和“卢沟晓月”石碑旧址以及北平宛平县城地图，标示出了“七七事变”发生地和中国全民族开始抗战的又一阶段。1985 年、1995 年，在为纪念“中国人民抗日战争暨世界反法西斯战争胜利”40 周年和 50 周年的邮票上，则分别以“卢沟

· 七七抗战十周年纪念

· 卢沟桥风云

· 卢沟桥中国军队奋起抗日

· “七·七”战火

· 中国人民抗日战争胜利七十周年

桥中国军队奋起抗日”和“七·七战火”为题，刻画了中国军队英勇战斗、抗御外敌的悲壮场面。中国澳门邮政也曾以卢沟桥畔的抗日战火为主题发行纪念邮票，雕塑风格的构图，让人们将这段历史深深铭记。

1937年7月8日，毛泽东、朱德、彭德怀等红军领导人致电蒋介石，表示红军将士愿意“为国效命，与敌周旋，以达保土卫国之目的”。7月15日，中共代表周恩来等将《中共中央为公布国共合作宣言》交给蒋介石。宣言提出迅速发动全民族抗战、实行民主政治和改善人民生活等三项基本要求，重申中共为实现国共合作停止实行武力推翻国民党政权等四项保证。中国共产党反对日本帝国主义侵略的坚定立场和鲜明态度，鼓舞了全国人民的抗战决心。

在全国抗日救亡运动不断高涨和共产党倡议国共合作抗战的大势下，蒋介石于7月17日在庐山发表讲话：“如果战端一开，那就是地无分南北，年无分老幼，无论何人，皆有守土抗战之责任，皆应抱定牺牲一切之决心。”

1937年8月18日，日本侵略者将战火烧到上海，直接威胁蒋介石的南京民国政府。国共双方达成协议，将陕甘地区红军主力改编为国民革命军第八路军。朱德任总指挥，彭德怀任副总指挥，叶剑英任参谋长，任弼时任政治部主任。八路军下辖第一一五、第一二零、第一二九师，林彪和聂荣臻、贺龙和萧克、刘伯承和徐向前分任正、副师长。全军约46000人。为了加强共产党对八路军的领导，中央军委领导成立了以朱德为书记的前方军委分会。

1937至1938年，山东一些地区建立敌后根据地，并成立战时邮政总局。在山东战时邮政发行的邮票中，就有以八路军总司令朱德肖像为图案的多种通用普通邮票，刻画了朱总司令头戴军帽的威武形象。在山东战邮为“中共八一建军纪念”发行的纪念邮票上，则表现了在军旗招展下，朱总司令率八路军奋勇前进的壮伟场面。山东战时邮政还发行了一枚火炬图无齿孔邮票，象征着八路军在党的领导下英勇抗战的气概。

在这期间，中国共产党领导的南方八省的红军游击队，改编为国民革命军陆军新编第四军，简称“新四军”。由叶挺、项英任正副军长，全军万余人，奋战在敌人后方。中共中央东南分局和中央军委新四军分会同时成立，项英任东南分局书记兼军分会书记，陈毅任军分会副书记。

在中国邮政以及中国澳门邮政发行的邮票上，叶挺军长以着新四军戎装的形象出现。项英和陈毅的英姿也多次出现在邮票寸幅画面上。在纪念抗日战争

· 朱德

· 火炬

· 叶挺同志诞生一百周年

· 叶挺

· 项英

陈毅与新四军

欢送新四军抗日

新四军纪念馆

15 周年的一枚邮票上，绘有题为“欢送新四军抗日”的壮观场面。抗战胜利 70 周年时，新四军纪念馆也出现在邮票画幅中。

国共合作、联合抗战的实现，受到全国人民的热烈欢迎。伟大的爱国者宋庆龄先生异常兴奋地表示:“我听到这个消息，感动得几乎要下泪。”

1940 年 5 月 9 日，周恩来在接见中华邮政总局驻西安第三军邮视察段总视察林卓午先生时，亲笔书写了“传邮万里，国脉所系”的题词。抗战时期，林卓午先生以国民党军少将衔主管地方邮政，为改变国共两方通邮停滞状况做出了贡献。

“传邮万里，国脉所系”

在抗日统一战线下的全民族抗战中，最初日本侵略者把国民党民国政府及其军队作为主要作战目标。抗战中，国民党军队曾进行了平津、淞沪、忻口、徐州以及保卫武汉等战役，并取得台儿庄战役的胜利，粉碎了日本帝国主义“三个月灭亡中国”的计划。正面战场无论在战略上还是在战役上，成为抗击日军进攻的主要战场。但由于敌强我弱，正面战场战局不利。从 1937 年 7 月至 1938 年 10 月，在一年零三个月的时间里，日军占领了北平、天津、

· 上海淞沪抗战纪念馆

· 侵华日军南京大屠杀遇难同胞纪念馆

上海、南京、广州、武汉，夺取了中国人口稠密地区的大片领土。

在中国邮政发行的全民族抗战胜利的纪念邮票中，就有上海淞沪抗战纪念馆以及侵华日军南京大屠杀遇难同胞纪念馆，铭记了抗战初期正面战场和都城沦陷惨遭屠戮的悲壮历史。

在中国，农民是民主革命的主要力量。全民族抗日战争，首要和主要的任务，是发动和组织广大农民，打击敌人，创建民主政权，并领导全党团结全国人民进行抗日战争。当时，各根据地都出现了“母亲叫儿打东洋，妻子送郎上战场”的动人景象。全国范围内，也出现了父教其子，兄勉其弟，妻子送郎，共赴国难、同仇敌忾的大势。

1965 年，正值抗日战争胜利 20 周年。在纪念邮票上就可见“光荣参军”的热烈场面。这些百年以来未曾有过的新气象，标志着一个古老民族的空前觉醒。正如爱国作家郁达夫所称：“中国如果是一只睡狮的话，现在已经在张眼睛，振精神，预备怒吼了。”

· 光荣参军

正是抗日民族统一战线这面旗帜，召唤华夏儿女，众志成城，同仇敌忾，筑起中华民族抗击日本侵略者的钢铁长城。

中流砥柱：中国共产党与全民族抗战

1937 年 8 月，中共中央在陕北洛川城郊召开政治局扩大会议，讨论制定党在抗日战争时期的方针、任务和政策。会议确定八路军的战略方针是独立自主的山地游击战争。会议决定成立由 11 人组成的中共中央革命军事委员会，毛泽东为主席，朱德、周恩来为副主席。

在题为“领导策划反攻”的邮票上，图案表现了中央军委毛泽东主席和朱德副主席一起研究战斗方案的情景。在一张地图前，两位人民军队的领导人聚精会神为歼敌战斗运筹帷幄。

1938 年 1 月 10 日，晋察冀边区成立了临时行政委员会。这是敌后由共产党领导建立的第一个统一战线性质的抗日民主政权。此外，八路军先后开辟了晋察冀、晋西北和大青山、晋冀豫、晋西南、山东等抗日根据地。新四军开赴苏南、皖南、皖中地区，创建了华中抗日根据地。

1938 年 5 月，毛泽东总结全国抗战 10 个月经验，做了《论持久战》的长篇讲演，明确指出：抗日战争是持久的，最后胜利属于中国。《论持久战》科学地预见到抗日战争将经过战略防御、战略相持、战略反攻三个阶段，并强调“兵民是胜利之本”，“战争的伟力之最深厚的根源，存在于民众之中”。争取抗战胜利的唯一正确道路是充分动员和依靠群众，实行人民战争。

1938 年冬，中共中央做出重要战略决策：让原在山西山区的八路军三大主力分别向河北和山东的平原地区挺进。新四军各部也利用山区和河湖港汊等复杂地形开展游击战。敌后的抗日游击战争出现了新的局面。中国抗日战争逐渐形成战略上相互配合的两个战场，一个是主要由国民党军队担负的正

• 领导策划反攻

面战场，一个是主要由共产党军队担负的敌后战场。

“游击战”作为八路军和敌后广大民兵抗日的主要策略，多次成为中国邮政以抗战为主题发行邮票的图案。1977 年，在建军 50 周年纪念邮票中，就有一枚题为“游击健儿勇”，图案是八路军和民兵并肩作战的情景。在抗战胜利 40 周年之际，一枚纪念邮票上绘有军民战斗场面，远处有象征民族精神的逶迤长城，这枚邮票题为“八路军和民兵战斗在长城内外”。在抗战胜利 50 周年的纪念邮票中，以民兵地雷战为主图的“敌后游击战”邮票，以及在抗战胜利 70 年邮票上的冉庄地道战纪念馆，将“游击战”中最能体现人民战争特点的地雷战、地道战等机动灵活有效打击和消灭敌军的战术，表现在邮票的方寸天地之间。

党领导的抗日武装力量，以分散游击的方式，在从北到南的广大地区中进行战斗，使日军陷入人民战争的汪洋大海之中。英国人林迈可说：“中国共产党的抗日政策和军事行动都极合乎民心，他们将人民组织起来，同人民共患难。”在中国澳门邮政发行的邮票中，以“人民战争”为主题，运用雕塑群像图案，表现了抗战中中国共产党和人民军队以及民兵的中流砥柱作用。

1944 年 3 月，山东战时邮局发行了印有中央军委主席毛泽东肖像的邮票。邮票 3 枚一套，以白纸和白报纸凸版单色印刷，并分有齿孔和无齿孔不同形式，以不同版别

· 游击健儿勇

· 八路军和民兵战斗在长城内外

· 敌后游击战

· 冉庄地道战纪念馆

· 中国人民抗日战争胜利七十周年

多次发行。这是中国乃至世界第一次在邮票上出现的毛泽东形象。这枚邮票发行在战争的关键时刻，表明以毛泽东为代表的中国共产党是全民族抗战的“中流砥柱”。

在抗战胜利 60 周年纪念邮票中，有一枚邮票就以“中流砥柱”命名，概括了党所领导的人民军队和广大人民在抗战中所起到的历史性的重要作用。

· 毛泽东

· 中流砥柱

中共中央规定八路军的战略任务是从侧翼阻击进犯山西之敌人，以打击日军的锐气并配合国民党正面战场的友军。另一方面则继续深入敌人占领区，广泛开展抗日游击战争。

1937 年 9 月，八路军主力 115 师、120 师从陕北东渡黄河，奔赴华北抗日前线。一幅题为《八路军东渡黄河》的油画，描画了雄师东渡的壮观气象，并成为抗战胜利 20 周年一枚纪念邮票的图案。

在全民族抗战的危难关头，应和着人民音乐家聂耳创作的《义勇军进行曲》，人民音乐家冼星海以奔腾咆哮的黄河为象征，创作了《黄河大合唱》。高亢的旋律

· 八路军东渡黄河

· 冼星海诞生八十周年

· 冼星海

· 冼星海诞辰一百一十周年

唱出了“风在吼，马在叫，黄河在咆哮”“保卫黄河、保卫华北、保卫全中国”的时代强音。在中国邮政为冼星海发行的纪念邮票上，就以作曲家的肖像和这首不朽战歌的曲谱为图案。此外，2015 年正值冼星海诞辰 110 周年，中国澳门邮政为这位诞生在澳门的作曲家发行了纪念邮票。在邮票上，特别是小型张上，刻画了作曲家冼星海指挥演唱《保卫黄河》歌曲时激越昂奋的形象。

· 平型关胜利

· 平型关大捷纪念馆

1937 年 9 月 25 日，八路军第 115 师主力在平型关伏击日军，歼敌 1000 余人，击毁汽车 100 余辆。平型关大捷是全国抗战爆发后中国军队主动对日作战取得的第一次重大胜利。这次胜利提高了中国共产党和八路军的声望。

多年来，平型关大捷都是抗战主题邮票上的一个重要表现内容。1952 年，在为抗日战争爆发 15 周年发行的纪念邮票上，一枚“平型关胜利”邮票，刻画了八路军克敌制胜凯旋入关的场面，简朴的画面和印刷，满溢着对于这一伟大胜利的赞誉之情。在平型关大捷纪念馆中，八路军这次战斗的光荣历程永为后人敬仰。

·百团大战

·百团大战纪念馆

在敌后战场上，人民武装和抗日根据地迅速发展。1940 年 8 月至 1941 年 1 月，八路军总部在华北发动了一次大规模的对日军进攻。参战部队达到 105 个团 20 余万人，史称“百团大战”。全国抗战以来，这是八路军在华北发动的规模最大、持续时间最长的一次战略性进攻。“百团大战”钳制了日军大量兵力，打击了日军侵略气焰。这次战役锻炼了人民军队，提高了共产党和八路军的威望，在中国抗日战略相持局面比较低沉的时刻，振奋了民心。

在中国邮政发行的纪念抗战胜利的邮票中，“百团大战”的战斗场面以及为这次战役建筑的纪念馆，多次走入邮票天地。

1938 年 10 月，日军占领武汉、广州后，已无力发动大规模战略进攻。抗日战争的“战略相持”阶段到来。此刻，国民党统治集团内部的投降、分裂、倒退活动日益严重。1938 年 12 月，以汪精卫为代表的国民党亲日派公开投降。以蒋介石为代表的国民党集团，虽然继续抗日，但反共倾向明显增长。

在 1938 年底和 1939 年初的日记中，蒋介石多次表示：“共产党趁机扩张势力，实为内在之殷忧”，“目前急患不在敌寇”，而在“共产党之到处企图发展”。1939 年冬至 1940 年春，国民党顽固派掀起第一次反共高潮。

1939 年 1 月，国民党五届五中全会虽声言要“坚持抗战到底”，但也决定了“溶共”“防共”和“限共”方针。各地的反共摩擦日趋严重，接连发生了袭击和杀害抗日军民或后方工作人员的事件。1939 年 7 月 7 日，中共中央发出《为抗战两周年纪念对时局宣言》，旗帜鲜明地提出：“坚持抗战到底——反对中途妥协！巩固国内团结——反对内部分裂！力求全国进步——反对向后倒退！”

1939 年 11 月，国民党五届六中全会进一步确定以“军事限共为主，政治限共为辅”的方针。12 月，国民党军队进攻陕甘宁边区。1940 年二三月间，国民党军队进攻晋东南和冀南的抗日根据地。在打退国民党顽固派发动的第一次反共高潮后，中共中央分析了国内政治情况，明确指出：在日本入侵的情况下，中日民族矛盾依然是主要矛盾，国内阶级矛盾仍处于从属地位，共产党的任务仍是巩固和扩大抗日民族统一战线。在总结反摩擦斗争经验的基础上，中共中央制定了“发展进步势力，争取中间势力，孤立顽固势力”的策略总方针。

在战略相持阶段，日军“扫荡”的重点是华北抗日根据地。党的六届六中全会确定了“巩固华北”战略方针，八路军在华北坚持山地和平原游击战争。1939 年 11 月上旬，晋察冀部队的黄土岭伏击战，歼敌伪军 900 余人，打死日本独立混成第二旅团阿部规秀中将。日本《朝日新闻》连续三天的通栏标题都是“名将之花凋谢在太行山”。

为了贯彻“发展华中”的战略方针，新四军向南巩固，向东作战，向北发展。在这种形势下，国民党顽固派制造了震惊中外的“皖南事变”。1941 年 1 月，新四军军部及所属皖南部队 9000 余人向北转移途中，遭到国民党军 8 万余人围攻。除 2000 余人分散突围外，大部分壮烈牺牲或被俘。军长叶挺被扣押，副军长项英在突围过程中遇害。“皖南事变”是国民党第二次反共高潮的最高峰。

叶挺从北伐战争到南昌起义到抗日战争，他在战场上和包括“皖南事变”的种种危难中，坚定走在革命斗争的前列，并在后来以身殉国。为纪念叶挺百年诞辰，中国邮政发行邮票表达了对这位革命家和军事家的崇仰之情。

面对严重形势，中国共产党仍以抗日大局为重，在军事上严守自卫，在政治上坚决反击。1941 年 1 月 20 日，中共中央军委发布重建新四军军部的命令，由陈毅任代军长、刘少奇任政治委员。

在陪都重庆，周恩来向国民党当局提出严正抗议。《新华日报》刊出周恩来悲愤书写的题词：“为江南死国难者志哀”“千古奇冤，江南一叶；同室操戈，相煎何急？！”

廖承志在香港公布“皖南事变”真相，呼吁国际人士共挽危局。宋庆龄、何香凝等爱国人士在香港发起抗议运动。黄炎培、冯玉祥等分别发表谈话，谴责国民党当局。全国数百位文化界人士发表宣言，反对国民党枪口对内。华侨领袖陈嘉庚致电国民参政会，反对蒋介石倒行逆施。

1984 年，中国邮政为爱国华侨领袖陈嘉庚先生 110 周年诞辰发行了以其肖像为主图的纪念邮票，寄予深切的崇敬与尊仰。

1941 年 3 月，蒋介石在国民参政会第二届会议上“保证”决不再有“剿共”

军事行动。至此，国民党顽固派第二次反共高潮被击退。

· 陈嘉庚诞生一百一十周年

在“战略相持”阶段，敌后战场的形势严峻。1941 至 1942 年，是中国敌后抗战最困难的时期。日军对抗日根据地发动空前残酷的毁灭性的“扫荡”和“清乡”，实行烧光、杀光、抢光的“三光”政策。在极其艰苦的反“扫荡”、反“清乡”斗争中，敌后军民创造了如“武工队”等很多有效的斗争形式和歼敌方法，发展了人民战争的战略战术。敌后军民的战斗牵制、消灭了大量日军，成为坚持中国长期抗战的重要力量，也是对世界反法西斯战争的巨大支持。

在艰苦的敌后抗战中，涌现出无数可歌可泣的英雄事迹。八路军副参谋长左权、新四军第四师师长彭雪枫等，先后在作战中以身殉国。左权指挥八路军，粉碎日军“扫荡”，取得了“百团大战”等许多战役战斗的胜利，朱德赞誉他是“中国军事界不可多得的人才”。2005 年，适逢全民族抗战胜利 60 周年之际，中国邮政发行了“人民军队早期将领”纪念邮票，左权、彭雪枫等烈士在人民心中永远被铭记。

在全民族浴血抗战的艰苦岁月中，由中国共产党领导的“红色区域”，从华北敌后抗日根据地到华中敌后抗日根据地，以及后来的陕甘宁边区，邮政通信仍继续发挥着联络沟通的重要作用。那一时期，邮政邮务管理机构发行了近 60 套数百枚通用邮票和纪念邮票，显示出了人民政权发行“国家名片”的权威意义。

其中，作为敌后革命根据地的晋察冀边区所设的临时邮局，在 1938 年 9 月发行了一枚大票幅专供军人免费贴用的邮票。虽只通用 3 个月便停止使用，但这是中

· 左权

· 彭雪枫

·抗战军人

国抗日战争期间第一枚以抗战为主题的纪念邮票。这枚邮票以白纸石印，在鲜红的色彩中，一个抗战军人持枪冲锋。票面上既印有“抗战军人”主题性字样，也印有“纪念邮票”四字。带着一腔热血的杀敌热忱，这枚邮票中的军人形象成为这一历史时期中国共产党为民族而战的“中流砥柱”象征。

从1942年起，在山东战时邮政发行的普通邮票上，不乏以“冲锋图”“骑兵图”“埋雷图”等战斗场面为图案。苏中区交通总局也发行了“战士图”邮票，表现出敌后根据地军民投入抗日战斗的英勇形象。

1938年，新四军深入华中，开辟了华中抗日根据地。1942年，隶属华中区的淮南区交通总站发行多套邮票用于通信，并分“平”即平信、“机”即机要信件、“快”即快信等不同邮政用途。其中，还发行一枚“稿”字邮票，图案只有一个红五星，加印“稿”字，以供报社通讯员免费寄送新闻稿件时使用。这些邮票设计简单，多以石印版、铅字加盖印刷，十分简陋；就连使用的纸张，也带有战时物资匮乏的痕迹。如“稿”字邮票，不是用白纸或白报纸印刷，而是在使用过的电报纸的背面印刷。这些在抗战烽火中保存至今的邮票，见证了历史，不啻为珍贵的革命文物。

·冲锋图

·骑兵图

·战士图

·平

·机

·快

·“稿”字四方连票

·“稿”字四方连票反面

中国共产党在全民族抗战中，坚持抗日统一战线，发动广大人民，向日本侵略军发动游击战和战略性进攻，并建立了敌后根据地和边区人民政权。在全民族抗战的历史巨澜中，坚毅矗立，成为中华民族正义之战的“中流砥柱”。

延安：黄土地上的红色政权

1935 年 10 月，中国共产党和人民军队经过两万里长征走到了陕北延安。“西安事变”后，按照中共与东北军达成的协议，由红军接管延安。1936 年 12 月 15 日，陕北红一团约 400 人到达延安城北门并宿营。12 月 18 日凌晨，城内的国民党部队，包括肤施县（即延安）民团已全部撤走。红军部队迅速警卫延安南门、东门、北门。天亮后，第一批红军从北门进入延安城。

延安古称延州，城区有宝塔山、清凉山、凤凰山三山鼎峙，有延河、汾川河二水交汇，历来为兵家必争之地。延安素有“塞上咽喉”“军事重镇”之称，有“三秦锁钥，五路襟喉”之誉。邮票上的延水河、清凉山和巍巍宝塔，浸染在一派金黄之中，弥漫着黄土高原地貌特征的氛围。

党中央和红军到达陕北，在延安建立了边区人民政府，以“中流砥柱”的坚定和牺牲，投入到中华民族解放的斗争中。同时，也在黄土高原上建立了、巩固了和发展了这块“红色区域”的人民政权。

在抗日烽火燃遍全国之时，延安是万众瞩目的一颗红星。在抗战期间边区发行的邮票上，启明的星辰总是以光明的象征，出现在线条简明、色彩朴素的图案中。诚如美国记者埃德加·斯诺所著的延安采访录——《红星照耀中国》。

· 红色足迹 · 延安

· 延安

· 革命圣地 · 延安

翻检邮票，屡屡看到延安宝塔山那象征着一个时代的巍峨身影。望着有1200多年历史的宝塔，它淡定宁静，直指苍穹；洁白朴素，辉耀光彩。宝塔虽高九层，却在革命史册上、百姓心目中高入云天。作为革命圣地，延安成为中国邮票的一个重要题材。

·战士图

1937年5月，中华苏维埃西北邮政管理局改为陕甘宁特区邮政局。一枚绘有“战士图”的邮票，是延安时代边区政府最早发行的邮票。此后，陕甘宁边区邮政管理局发行了印有延安宝塔山图案的第一套普通邮票，这枚邮票作为主图，还在新中国邮政发行的纪念邮票中，以“票中票”形式再度展现“革命圣地”的历史风貌。1961年，中国邮政发行以“革命圣地”为图案的第一组普通邮票，其中3枚以延安宝塔山为图案的邮票，让这个革命圣地第一次出现在新中国邮票上。1971年7月1日，正逢建党50周年之际，中国邮政发行了9枚一套的纪念邮票，“革命圣地——延安”景境，出现在套红的边框之中。在新中国发行的普通邮票和纪念邮票中，依然多有延安宝塔山的景象跃然纸上。

·延安宝塔山

·“延安宝塔山”票中票

·延安宝塔山

·庆祝中国共产党成立五十周年

• "延安宝塔山"明信片

在延安杨家岭村，苍翠的松间有孔孔窑洞，那是毛泽东、朱德、周恩来、刘少奇等领导人的居所。

1938 年 11 月至 1943 年 5 月，毛泽东居住在三间狭小窑洞里。办公室里只有木桌、椅子、电话、书架。在艰苦环境中，毛泽东运筹帷幄，秉笔著述，指引和领导着中国的革命征程。一枚邮票刻画了毛泽东在窑洞专心写作的情态。

据警卫员回忆，在写作《论持久战》的 9 天中，毛泽东废寝忘食，炭火燎了鞋子他也没有察觉。《毛泽东选集》收录的 159 篇文章，有 112 篇是在延安撰写的，其中在杨家岭写了 40 篇。《五四运动》《青年运动的方向》《被敌人反对是好事而不是坏事》《"共产党人"发刊词》《中国革命和中国共产党》《新民主主义论》《抗日根据地的政权问题》《目前抗日统一战线中的策略问题》等名篇就是在这孔窑洞中诞生的。

• 延安

· 纪念抗日战争胜利二十周年

·《毛主席在延安窑洞著作》(吉布提邮票)

在杨家岭，党中央做出了在战争年代推动中国革命进程的一个个重大决策，如精兵简政、延安整风；召开了中国共产党历史上一次次重要会议，如中共六届七中全会和中国共产党第七次代表大会等。

1945 年，中共中央筹备召开党的第七次全国代表大会。在即将取得抗日战争最后胜利的时刻，为避免内战，争取民主团结、和平建国，中国共产党同国民党顽固派进行了针锋相对的斗争。在历史转折时刻，党的“七大”及时召开。

1945 年 4 月 23 日至 6 月 21 日，在延安杨家岭中央大礼堂隆重召开了中国共产党第七次全国代表大会，出席大会的正式代表 547 人，候补代表 208 人，代表全

· “杨家岭大礼堂”明信片

· 抗战胜利一周年纪念

· 抗战胜利二周年纪念

国 121 万党员。中央大礼堂主席台正中是毛泽东、朱德的巨幅画像。

在晋冀鲁豫边区邮务管理局为抗战发行的纪念邮票上，第一次出现两位领袖并列的形象；几个月后，同图邮票再次发行，邮图上依然是毛泽东和朱德并列的肖像。

七大会场后墙悬挂“同心同德”四个大字，侧墙悬挂“坚持真理”“修正错误”标语；墙边插 24 面红旗，象征着中国共产党 24 年的奋斗历程。主席台正上方，悬挂一条引人注目的横幅：“在毛泽东的旗帜下胜利前进！”

毛泽东在大会上致开幕词和闭幕词，并做了《论联合政府》政治报告。报告总结了中国新民主主义革命 20 多年曲折发展的历史经验，使全党对中国民主革命的发展规律有了明确认识，为在抗战胜利后取得新民主主义革命在全国的胜利，奠定了政治上、思想上和组织上的基础。

党的七大选举了毛泽东、朱德、刘少奇、周恩来、任弼时为中央书记处书记，即史称的中共中央“五大书记”。毛泽东担任中央委员会主席、中央政治局主席、中央书记处主席。

在这次代表大会上，刘少奇做修改党章报告，第一次对毛泽东思想做了完整的概括和系统的论述。党的七大的重大历史功绩是确定了党的政治路线，确立毛泽东思想为党的指导思想，并写入党章。党章指出：“毛泽东思想，就是马克思列宁主义的理论与中国革命的实践之统一的思想，就是中国的共产主义，中国的马克思主义。”党章规定：中国共产党，以毛泽东思想作为自己一切工作的指针。

党的七大把党在长期奋斗中形成的优良作风概括为三大作风，即：理论与实践相结合的作风、和人民群众紧密联系在一起的作风，以及批评和自我批评的作风。自此，中国共产党实现了政治上、思想上、组织上的真正成熟，达到了空前的团结统一。党的七大作为“团结的大会，胜利的大会”被载入史册。

1945年10月，山东战时邮局为党的七大召开发行了纪念邮票。标题为“中共七代大会纪念”，邮票图案是毛泽东肖像。尽管在战争年代，邮票的设计和印制都极为简陋质朴，但这却是见证中国革命历史进程的一个珍贵遗存。

· 中共七代大会纪念

抗战期间，毛泽东代表中国共产党会见了一些来延安的外国友人。最早和最频繁与中国共产党接触的，是美国记者埃德加·斯诺。1928年他就来到了中国。对于中国共产党、延安和毛泽东等中共领导人，斯诺怀以极大热情。1936年6月，在宋庆龄安排下斯诺首次访问延安，并从保安到杨家岭与毛泽东多次交谈。自此，他与毛泽东成为终身好友。在他的笔下，就有《红星照耀中国》《毛泽东自传》等多部报道中国革命、中国共产党、中国解放区以及中国人民领袖毛泽东的作品。

· 埃德加·斯诺

1985年，中国邮政发行“中国人民之友”纪念邮票，其中一枚以埃德加·斯诺先生神采奕奕的肖像为图案，另一枚邮票则绘有美国女记者、作家艾格尼丝·史沫特莱的形象。

早在1928年12月，史沫特莱就来到中国。抗战期间，她随八路军开赴前线，成为八路军中第一个随军外国记者。在中国，她写出《中国红军在前进》《中国人民的命运》《中国在反击》《中国的战歌》等专著，向世界宣传了中国革命和中国共产党。1937年1月初，史沫特莱访问延安。毛泽东、朱德、周恩来等人接见了她。史沫特莱给毛泽东以高度评价，她说：毛泽东的著作已经成为中国革命思想中的里程碑。她征得同意撰写了朱德传记《伟大的道路：朱德的生平和时代》。这本著作和斯诺的《红星照耀中国》并列为西方人介绍中国革命和中国共产党的经典著作。1950年5月，史沫特莱临终前深情地说：“如果能为我的遗体只唱一首歌，中国的国歌——‘起来’。”她去世后，北京举行了追悼大会和隆重葬礼，骨灰安放在八宝山烈士陵园。苍松翠柏间的大理石墓碑上，金字镌刻着朱德写的碑文：“中国人民之友美国革命作家史沫特莱女士之墓”。

· 艾格尼丝·史沫特莱

在全民族抗战的艰苦岁月中，多位国际友人不远万里来到中国，支持并参加中国敌后抗战。其中，有加拿大共产党员诺尔曼·白求恩大夫、德国医学博士汉斯·米勒、美国医学博士马海德、印度医生柯棣华等。他们以高明的医术抢救受伤官兵，极大地支持了中国抗战。中国邮政为他们发

· 诺尔曼 · 白求恩在加拿大

· 诺尔曼 · 白求恩在中国

· 柯棣华逝世四十周年

·《毛泽东会见白求恩大夫》(吉布提邮票)

行了纪念邮票，表达了对于国际友人伟大贡献的永恒铭念。

1938 年 4 月 1 日夜，毛泽东在延安杨家岭窑洞办公室会见了刚刚到达的诺尔曼 · 白求恩大夫。刚一坐定，白求恩就掏出党员证，双手递给毛泽东。毛泽东热情地说："白求恩大夫，我们将你的组织关系转到中国共产党，从现在起，你就不是外人了，不要见外哟！"

毛泽东和白求恩就中国抗战局势、国共两党关系、世界反法西斯形势，以及医疗和白求恩工作等问题亲切交谈。

白求恩在日记中写到这次会见："我在那间没有陈设的窑洞里，和毛泽东面对面地坐着。倾听他从容不迫的谈话的时候，我想起了长征。我现在才明白，为什么毛泽东那样感动着每一个和他见面的人。这是一个巨人，他是我们世界上伟大的人物之一。"

对于白求恩这位不远万里来到中国的国际友人，中国共产党十分钦佩和关心。聂荣臻司令员安排每月付给白求恩一百元。这个待遇虽为白求恩回电拒绝，但却代表了党和人民的心意。

1939 年 11 月，在晋察冀军民反"扫荡"作战中，白求恩大夫在抢救八路军伤员时不幸感染中毒，为中国人民的民族解放事业献出了生命。在得知白求恩同志以身殉职之后，毛泽东心情十分沉重。1939 年 12 月 21 日，他写下《纪念白求恩》一文。文中写道："一个外国人，毫无利己的动机，把中国人民的解放事业当作他自己的事业，这是什么精神？这是国际主义的精神，这是共产主义的精神，每一个中国共产党员都要学习这种精神。"最后，毛泽东发出号召："一个人能力有大小，但只要有这点精神，就是一个高尚的人，一个纯粹的人，一个有道德的人，一个脱离了低级趣味的人，一个有益于人民的人。"这不仅是对加拿大共产党员白求恩的最高评价和最深悼念，而且指出了中国共产党人思想和道德修养的方向。一枚纪念邮票上的白求恩塑像，像一座纪念碑，让后人永记白求恩精神。

1960 年，适逢白求恩诞辰 70 周年。中国邮政发行了新中国第一套纪念白求恩大夫的邮票。这套邮票共 2 枚。一枚是以红色衬底凸现而出的肖像，一枚是以摄影家吴印咸在抗战时期拍摄的

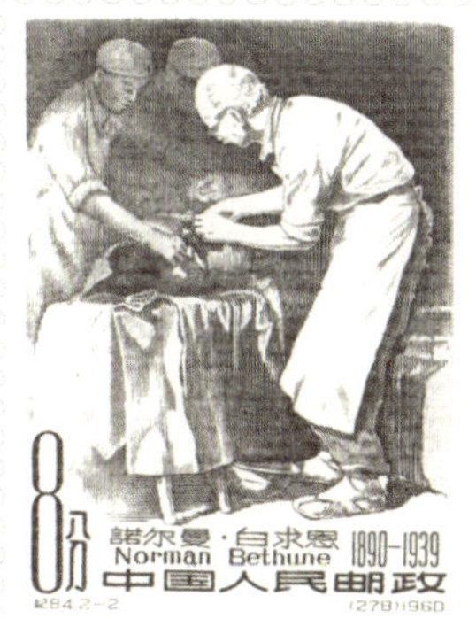

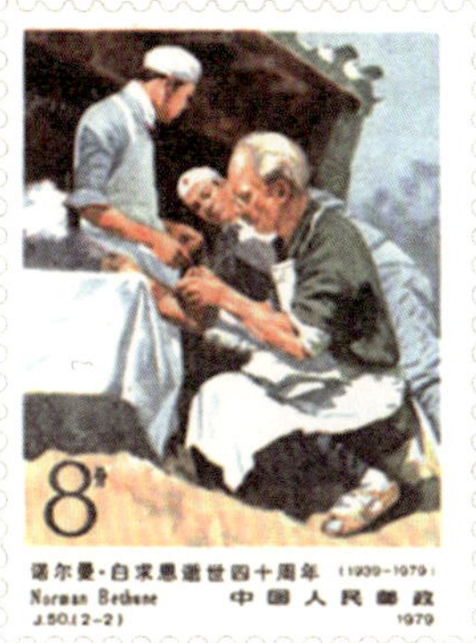

· 诺尔曼 · 白求恩肖像　　· 鞠躬尽瘁　　· 做手术　　· 诺尔曼 · 白求恩逝世四十周年

一张白求恩大夫做手术的照片为邮图。1979 年，在白求恩大夫逝世 40 周年之际，中国邮政发行 2 枚邮票再作纪念。其中一枚，也以这幅著名照片为基础设计，并印制成彩色图案。在诺尔曼 · 白求恩诞辰百年之时，中国邮政和加拿大邮政联合发行了纪念邮票。同图异国邮票，表现了白求恩的国际主义精神，也成为中国邮政在改革开放年代创意的一个开放性的邮票发行新系列。

抗战期间，朱德任中央军委副主席和八路军总司令。延安城西北的王家坪就是中共中央军事委员会和八路军总司令部所在地。在“革命圣地——延安”特种邮票中，有一枚以王家坪礼堂外景为图案。走进王家坪军委和八路军总部大门，迎面是七间高大宽敞、四角翘起的大瓦房，这就是 1943 年由三五九旅建造的军委礼堂。毛泽东和朱德等党中央领导人多次在这里召开会议。

枣园，位于延安城西 8 千米处，原是陕西地方富绅高双成的庄园。园内有枣树以及梨、桃、杏等千余株，春草夏荫，秋实冬雪，透出质朴的乡土气息。这里，因枣树为多而得名“枣园”，并成为中共中央书记处所在地。

· 延安枣园

· "枣园"明信片

枣园有五处院落，坐落着毛泽东、朱德、刘少奇、周恩来、任弼时，以及张闻天、彭德怀居住的窑洞。延安老乡亲切地说："枣园上空有七颗明亮的星，那是真正的北斗星。"

在"革命圣地——延安"特种邮票上，有几孔窑洞是毛泽东的办公室。在这里，他写下了《关于领导方法的若干问题》《组织起来》《学习和时局》《论联合政府》《抗日战争胜利后的时局和我们的方针》等许多指导中国革命的重要文章，仅收入《毛泽东选集》的就有 28 篇之多。

枣园窑洞，灯火烁烁，通宵明亮。枣园的灯光，照亮了中国革命的前程，陕北的山沟里孕育出了中国的马克思主义。

“解放区的天是明朗的天”

延安，作为中国共产党领导的敌后革命根据地，在全民族抗战期间建立了边区政府。为健全党的战斗力和巩固人民政权，中共中央领导了全党的整风运动和边区军民大生产运动。陕甘宁边区是在日本侵略者践踏下和国民党反动派统治下建立起来的人民政权，是“解放”出来的一块人民当家做主的“红色区域”。

在第二次国共合作期间，中国共产党大度地将已拥有的具有国家形态的政权，改称作“边区”。然而，在中国这个“边边角角”的地方，在党的领导下，“边区的太阳红又红”，极目所见的是“解放区的天是明朗的天”！

正如这首流传甚广的歌曲所唱，当时解放区亦即“边区”，是旧中国暗陆上的一派曙色。因此，中外开明人士才发出了希望在延安、未来属于中国共产党的感喟之叹。

边区的“晴朗”，首先体现在政体上。诚如这歌所唱的“民主政府爱人民”，在延安，有一幢“民主大厦”，那就是“革命圣地——延安”特种邮票中的“陕

• 延安

• “延水河宝塔山”明信片

甘宁边区参议会会场”。这个建筑物位于延安市南关，设有参议会礼堂和驻会议员住宿的土窑洞。1941 年 10 月，这座砖木石结构的建筑落成。门额有参议会副议长谢觉哉题写的“陕甘宁边区参议会会场”十个大字。战争年代，这个精心修建的礼堂，显示出党和政府对于民主议政的高度重视。

1941 年 11 月，陕甘宁边区参议会第二届第一次会议在延安举行。与会议员 219 人，其中共产党员 123 人，民主党派 25 人，无党派人士 61 人，其他代表 10 人。毛泽东在开幕式和闭幕会上发表演说，阐明抗日民族统一战线的基本政策，批评一些共产党员不善于同党外人士实行民主合作的狭隘的关门主义或宗派主义的错误作风。大会通过了《陕甘宁边区政府施政纲领》《陕甘宁边区政府保障人权财权条例》和《陕甘宁边区各级参议会选举条例》等文件。如上图这枚邮票和明信片上所绘的延水汩汩流淌，中国共产党以“从善如流”的开阔胸怀，在边区实行着民主政治。这次大会以无记名投票的方式，选举边区参议会议长、副议长；毛泽东赞扬的开明绅士李鼎铭担任了边区政府副主席。《陕甘宁边区政府施政纲领》规定，中国共产党与各党派、群众团体按照“三三制”组织抗日民主政权，保证一切抗日人民的人权、政权、财权及言论、出版、集会、结社等自由民主权利。于是，才有了“解放区的天是明朗的天”。

抗战胜利前夕，1945 年 7 月 1 至 5 日，黄炎培等 6 位国民参政员从重庆来到延安。短短几天，黄炎培等人深感延安有一股蓬勃之气，认为中国的希望在中共，遂坦陈心中的远虑。在窑洞里，黄炎培同毛泽东谈话，讲道：“我生60多年，耳闻的不说，亲眼所见到的，真所谓‘其兴也勃焉，其亡也忽焉’。一人，一家，一团体，一地方，乃至一国，不少单位都没有能跳出这周期率的支配力。大凡初时聚精会神，没有一事不用心，没有一人不卖力，也许那时艰难困苦，只有从万死中觅取一生。既而环境渐渐好转了，精神也就渐渐放下了。……一部历史，‘政怠宦成’的也有，‘人亡政息’的也有，‘求荣取辱’的也有，总之没有能跳出这周期率。中共诸君从过去到现在，我略略了解的了。就是希望找出一条新路，来跳出这周期率的支配。”

· 黄炎培

毛泽东作答：“我们已经找到新路，我们能跳出这周期律。这条新路，就是民主。只有让人民来监督政府，政府才不敢松懈。只有人人起来负责，才不会人亡政息。”

这就是在延安窑洞中共领导人和爱国民主人士倾心交谈的著名的“窑洞对”。毛泽东的这番话，也是新中国建立政权、巩固政权的政策方针。

还是在1941年1月皖南事变时，国民党政府停发了八路军和新四军军饷，并对陕甘宁边区实施经济封锁。为了战胜困难、坚持抗战，中共中央强调必须走生产自救的道路。在《抗日时期的经济问题和财政问题》的报告中，毛泽东阐明了“发展经济，保障供给”总方针，号召军民自力更生，开展大生产运动。在中国邮政发行的一枚邮票上，就以毛泽东“发展经济，保障供给”题词手迹为图案，标志着延安“大生产运动”的到来。

中共中央还制定了一系列具体方针：在各项生产事业中，实行以农业为主，农业、畜牧业、工业、手工业、运输业和商业全面发展的方针；在公私关系和军民关系上，实行“公私兼顾”“军民兼顾”的方针；在上下关系上，实行统一领导、分散经营的方针；在生产和消费的关系上，实行努力生产、厉行节约的方针；在组织经济中，实行合作互助、开展生产竞赛、奖励劳动英雄的方针。

· “发展经济，保障供给”

边区军民热烈响应党中央号召，广泛开展“大生产运动”。1941年春，八路军第三五九旅在王震

·“南泥湾”明信片

率领下开赴南泥湾实行军垦屯田。他们发扬自力更生、奋发图强的精神，把昔日荒凉的南泥湾变成了“粮食堆满仓，麦田翻金浪，猪牛羊肥壮”的“陕北好江南”。

1943 年，在军民“大生产运动”中，枣园举行了军民纺线比赛，周恩来和任弼时都被评为“纺线能手”。

林伯渠先任中央政府财政部长，继任陕甘宁边区政府主席。在艰苦的条件下，他领导边区军民，贯彻党中央十大政策，建立“三三制”政权，实行精兵简政，领导边区开展“大生产运动”，把边区建设成自给自足的抗日根据地。

毛泽东指出：“我们曾经弄到几乎没有衣穿，没有油吃，没有纸，没有菜，战士没有鞋袜，工作人员在冬天没有被盖。国民党用停发经费和经济封锁来对

조선우표 주체92(2003) DPR KOREA 20원

·林伯渠同志诞生一百周年

·毛泽东与人民在一起（朝鲜邮票）

待我们，企图把我们困死，我们的困难真是大极了。但是我们渡过了困难。”这个困难的渡过，正是因为我们的党和党的领导人始终与人民在一起，从人民大众中汲取力量。

陕甘宁边区和晋察冀、晋冀鲁豫、晋绥、山东等敌后抗日根据地开展“大生产运动”后，人民负担大大减轻，军民生活明显改善。按当时的生活水平，实现了“自己动手，丰衣足食”的要求。大生产运动积累了一些经济建设经验，培养了广大干部与群众同甘共苦、艰苦奋斗的优良作风。

· 彭真同志诞生一百周年

流传至今的许多歌曲，如《军民大生产》《南泥湾》等，都生动地刻画了在抗日战争最艰苦的年代，边区人民以“大生产运动”，让边区的天成为“晴朗的天”——“解放区大生产，军队和人民齐动员。自己动手丰衣足食，加紧生产为抗战。”在克服严重的物质生活困难的过程中，抗日根据地的“大生产运动”发挥了决定性作用。

· 发展生产，改善民生；发展文化，培养干部

1943 年，八路军总部在王家坪大礼堂召开欢迎劳动英雄的大会，朱德致辞。他说：“世界上真正的英雄，是广大的劳动群众。在我们解放区，依靠广大群众的自力更生，才有今天的丰衣足食。”

还是 1943 年，曾经以国民党少将观察员身份受命派驻延安的徐复观，在延安生活了近半年。他认为，“延安的物质困难，但他们的视野甚大，做法相当有效率；万不可存轻视之心，并应虚心研究他们的长处。”他还断定，国民党若不改建为代表社会大众利益的党，共产党即会夺取整个政权。他写下见识深刻的观察报告，也深得蒋介石的关注和赞许。

· 新华通讯社建社八十周年

在抗战后方，中共中央晋察冀分局书记彭真创造性地提出并实施了边区党的建设、政权建设、武装建设，以及土地、经济、劳动、金融等方面的政策，使晋察冀边区被誉为“敌后模范的抗日根据地及统一战线的模范区”。彭真在延安汇报工作经验时，受到党中央高度评价，称这个汇报是“马克思主义的”。

在一枚人民政权邮政机构发行的邮票上，图案是毛泽东挥手号召“发展生产，改善民生；发展文化，培养干部”。作为革命“红色区域”的边区，党中央十分重视文化工作。毛泽东提出“枪杆子”和“笔杆子”，对于中国革命有同样重要的作用。特别是在传播党的战略决策和宣传鼓舞群众方面，党中央指出，新闻报道是党的宣传载体，通讯是革命的“千里眼和顺风耳”。早在苏维埃共和国时期，瑞金就创建了红色中华通讯社。长征之后，通讯社转到延安。为适应革命形势需要，1937 年 1 月，红色中华通讯社更名为新华社。在敌人分割封锁之下，新华社成为解放区唯一与外界通讯和发布新闻的渠道。毛泽东为新华社题词：“深入群众，不尚空谈”。

20 世纪 40 年代，中国共产党以延安为中心，在全党开展了一场整风运动。

1941 年 5 月，毛泽东在延安高级干部会议上做《改造我们的学习》的报告。党的高级干部开始学习和研究党的历史，总结党的历史经验，为全党普遍整风做了准备。1942 年 2 月，毛泽东先后做《整顿党的作风》和《反对党八股》的讲演，提出反对主观主义以整顿学风、反对宗派主义以整顿党风、反对党八股以整顿文风。整风运动在全党普遍展开。党中央指出：“我们要在党内发动一个启蒙运动，使我们同志的精神从主观主义、教条主义的蒙蔽中间解放出来。”

在一枚邮票上，刻画了毛泽东代表党中央讲演的场面。会场主席台上，高悬马克思和列宁的肖像，侧边则挂着一幅标语：“发扬理论和实践相结合的革命原则”。在苏中区交通总站发行的一枚邮票上，绘有干部战士学习的场面。

这些画面体现了整风的目的，是遵循马列主义与中国革命实践相结合的原则，在全党范围内进行马克思主义思想教育运动。通过整风，加强党的自身建设，实现党的团结和统一，使无产阶级政党更健康更坚强，以担负起中国革命的历史重任。

延安整风运动贯彻“惩前毖后，治病救人”的方针，着重提高认识，团结同志。整风运动更紧密地聚合了革命力量，推动了抗日战争的胜利进程和革命根据地的巩固与发展。

•《延安整风报告》（吉布提邮票）

• 干部战士学习图

针对延安文艺界在整风运动中暴露的问题，中共中央于1942年5月召开了延安文艺座谈会。5月23日，毛泽东在会上发表讲话，深刻阐明了马克思主义的文艺理论，为中国革命文艺的发展指明了正确方向。他强调："为什么人的问题，是一个根本的问题、原则的问题。"

在中国邮政发行的一枚纪念邮票上，展现了当年延安文艺座谈会会址：杨家岭中央大礼堂和中央办公厅外景。

另一幅油画将延安文艺座谈会情景真实再现出来，并成为邮票图案。在会场上，毛主席没有站在主席台上，而是在文艺工作者中间，发出文艺工作者深入到抗日前线、深入到工农兵中去的号召。

延安文艺座谈会后，深入实践的广大文艺工作者在体验生活过程中，形成了陕甘宁边区的新文艺运动，涌现出《白毛女》《逼上梁山》《王贵与李香香》等一批反映现实生活、为群众喜闻乐见的优秀作品。耳熟能详的《夫妻识字》《兄妹开荒》等秧歌剧代表作，仍留在人们的美好记忆中。这些作品以中国邮政发行的邮票为舞台，革命新文艺的清新之风扑面而来。

在全民族抗战期间，延安文艺工作者还创作了抗战题材的作品。冼星海的《黄河大合唱》就是在这个时刻诞生的经典之作。大合唱以黄河奔流一般的音符，唱出了全民族抗战最强音——"保卫全中国"。邮票上留下了当年在延安首演这部大合唱时激动人心的情景。

流传至今的这些为群众喜闻乐见的优秀作品，正是延安整风运动的成果。

历年来，中国邮政为"延安文艺座谈会"发行了多套纪念邮票。1967年，在毛泽东《在延安文艺座谈会上的讲话》发表25周年之时，发行了纪念邮票。邮票将当年的重要讲话以"毛主席语录"的方式记录了下来。

·"延安文艺座谈会旧址"邮票图稿

·《延安文艺座谈会上的讲话》(吉布提邮票)

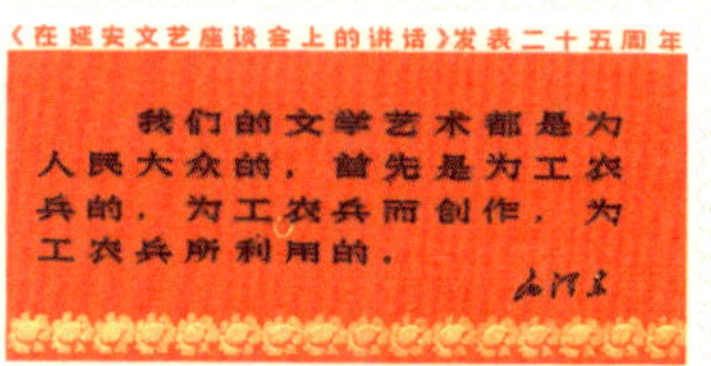

·《在延安文艺座谈会上的讲话》发表二十五周年

· 纪念《在延安文艺座谈会上的讲话》发表三十周年

· 董必武同志诞生一百周年

· 联合国成立五十周年

在全党普遍整风期间，在深入总结历史经验的基础上，中共中央在延安举行了扩大的六届七中全会。经过深入讨论和反复修改，会议通过了《关于若干历史问题的决议》，对党的历史上若干重大问题做出正式结论。至此，党的整风运动胜利结束。

1945 年 4 月，联合国制宪会议在美国旧金山举行，包括中国边区代表董必武在内的中国代表团出席了会议。中国成为联合国的创始国之一和五个常任理事国之一。

1945 年 5 月 2 日，苏联红军攻克柏林；8 日，德国法西斯战败投降。在中国邮政发行的纪念“中国人民抗日战争暨世界反法西斯战争胜利六十周年”的邮票中，将诺曼底登陆和攻克柏林的战斗纳入了邮图。

1945 年 7 月 26 日，中、美、英三国发表《波茨坦公告》，敦促日本投降。8 月 8 日，毛泽东发表《对日寇的最后一战》声明。随后，延安八路军总部朱德总司令发布七道全面反攻命令。中国抗日战争进入全面反攻阶段。

· 诺曼底登陆　　· 攻克柏林

1945 年 8 月 15 日，日本裕仁天皇以广播的形式发布《终战诏书》，宣布日本无条件投降。侵华日军 128 万人随即向中国投降。至此，中国全民族抗日战争胜利结束，世界反法西斯战争也胜利结束。日本代表在投降书上签字的第二日即 9 月 3 日，成为中国人民抗日战争胜利纪念日。

在日本投降的第二年，1946 年 8 月 15 日，东北解放区的西满邮电管理局发行了加盖纪念邮票，邮票上加盖了“纪念‘八一五’”和“独立　和平　民主”的红字。

1947 年 8 月 15 日，东北邮电管理总局发行“八一五东北解放二周年”纪念邮票，以东北白山黑水沐浴太阳光辉为图案，显示了抗战胜利的光明前景。

1945 年 12 月，晋察冀边区邮政管理局发行 8 枚一套的有齿孔和无齿孔的“抗战胜利纪念”邮票，这套邮票以前所未有的大票幅，表现了人民军队举旗策马奔腾前进的气势。1946 年 4 月，又发行了“抗战胜利纪念”15 枚一套的小票

· 纪念“八一五”　　· 独立　和平　民主　　· 八一五东北解放二周年纪念

· 抗战胜利纪念

· 抗日民族战争胜利

· 中国人民抗日战争纪念馆

· 和平与正义

幅邮票，也以策马奔腾为图，表达了胜利的欢悦情绪。

1946 年，山东邮政管理局发行“抗日民族战争胜利”纪念邮票 4 枚，以单色和彩色的千军万马抗敌的图案，纪念抗战胜利。

历年来，新中国邮政发行的纪念全民族抗战胜利的纪念邮票，大多以大幅邮票小型张的形式表现欢庆胜利及其深远的历史意义。2005 年，在纪念抗日战争胜利 60 周年的小型张上，以“和平与正义”为主题设计了邮图。2015 年，正值中国人民抗日战争暨世界反法西斯战争胜利 70 周年。面对这一重大主题，中国邮政以庞大的规模发行了纪念邮票。这套邮票的设计别出心裁，采用了全国各地 13 座抗战纪念馆作为邮票图案。走过这 13 座纪念馆，无疑就是重温了中国抗战的悲壮历史。此外，还有一枚小型张，飘飞的旗帜、坚不可摧的长城和钢铁般的战士，体现了中国人民和世界人民“铭记历史、缅怀先烈、珍爱和平、开创未来”，构成了对于这个庄严时日的深深纪念。

抗战是全民族的正义之战。在纪念抗日战争和反法西斯战争胜利 70 周年的日子里，中国香港邮政和中国澳门的邮政部门相继发行了纪念邮票。

2015 年 8 月 18 日，中国香港邮政部门发布公告，宣布纪念邮票的隆重发行：“一款以‘中国人民抗日战争胜利 70 周年纪念’为题的邮票小型张及相关集邮品将于 9 月 2 日推出发售。邮票小型张把当年抗日的情景与今日香港的繁华景象作对比，借此强调和平稳定得来不易，必须好好珍惜。”

中国澳门邮政也于 9 月 3 日发行两枚纪念邮票。以“七七事变”和“全面抗战”为题，在象征着和平的绿底色的衬托下，凸显出了似用黄河泥土凿塑而成的抗敌壮士的英武形象。

• 中国人民抗日战争暨世界反法西斯战争胜利七十周年

• 中国人民抗日战争胜利 70 周年纪念

• 中国人民抗日战争胜利七十周年

烽火硝烟14年，中国军民前赴后继、浴血奋战，以血肉之躯筑起捍卫祖国的钢铁长城。中国人民的抗日战争，弘扬了中华民族的伟大精神，成为中华民族走向复兴的历史转折点，同时也是世界反法西斯战争的重要组成部分。中华全民族抗战是20世纪人类历史上的重大事件。

抗日战争的实践表明，中国共产党是领导中国人民争取民族独立、人民解放的坚强核心和中流砥柱。正是在抗日战争中，越来越广泛的人民群众了解和认识了中国共产党。伟大的抗战精神，体现了天下兴亡、匹夫有责的爱国情怀，百折不挠、坚忍不拔的必胜信念，视死如归、宁死不屈的民族气节，不畏强暴、血战到底的英雄气概；这是中国人民弥足珍贵的精神财富，也是为实现中华民族伟大复兴而奋斗的强大精神动力。

第六篇

横扫千军

1945 年 8 月 15 日这一天，从陪都重庆到陕北延安，到处张灯结彩、锣鼓喧天、鞭炮齐鸣、人海欢腾。地无分南北，人不分老幼，全中国都在欢庆抗战的伟大胜利。

在全国人民沉浸在胜利欢庆的时刻，抗战中合作抗敌的国共两党，何去何从？胜利后的国共两党所面临的国家形态，将会怎样？这成为当时国内外关注的一个热点和焦点。

重庆谈判：为“和平建国”而努力

“人群又一次像疾风卷过水面，向着飞机涌了过去。毛主席站在飞机舱口，取下头上的帽子，注视着送行的人们，像是安慰，像是鼓励。人们不知道怎样表达自己的心情，只是拼命地一齐挥手，像是机场上蓦地刮来一阵狂风，千百条手臂挥舞着，从下面，从远处，伸向主席。主席也举起手来，举起他那顶深灰色的盔式帽；一点一点的，一点一点的，举起来，举起来；等到举过了头顶，忽然用力一挥，便停止在空中，一动不动了。

“这是一个特定的、历史性的动作，概括了当那个伟大的历史转折时期到来的时候，领袖，同志，战友，以及广大革命群众之间，无间的亲密，无比的决心，无上的英勇。”

这是作家方纪在一篇散文中的描述，题为《挥手之间》。这个历史瞬间被定格在了一张照片上，而 这张“挥手之间”的照片被印在了一枚邮票上，成为永恒的纪念。

• 毛泽东赴重庆谈判（塞拉利昂邮票）

这篇充满诗意的散文，写在中国共产党领袖毛泽东在抗战胜利后为谋求和平建国大业，应蒋介石之邀赴重庆进行国共两党谈判之刻。这个铭刻在历史上的“挥手之间”，正是中共代表团从延安出发时的一个难忘的情景。那一天是1945年8月28日。

在日本侵略者投降的前两天，1945年8月13日，毛泽东在党的高级干部会议上做了《抗战胜利后的时局和我们的方针》的报告。面对新的形势，中国共产党考虑的是避免内战，实现和平建国。

当年，在冀南临时邮政发行的一枚邮票上，中国地图两侧书写上了“抗战建国，团结进步”的口号，表达了中国共产党期冀“和平建国”的美好愿望。

· 抗战建国，团结进步

1945 年 8 月 14 日，蒋介石向延安发来电报，邀中国共产党主席毛泽东赴重庆谈判，共商国是。蒋介石的电文是：“万急，延安。毛泽东先生勋鉴：倭寇投降，世界永久和平局面，可期实现，举凡国际国内各种重要问题，亟待解决，特请先生克日惠临陪都，共同商讨，事关国家大计，幸勿吝驾，临电不胜迫切悬盼之至。蒋中正未寒。”接着，20 日、23 日又连续发电邀请。

国民党统治集团作为大地主、大资产阶级的政治代表，他们的根本利益与中国共产党所代表的工农大众和广大人民的利益完全不同。国民党的目标是“要使抗战胜利后的中国仍然回到抗战前的老样子”。因此，在抗战期间以及胜利之后，急于发动全面内战；企图在半年左右时间里消灭中国共产党及其领导的人民军队和革命根据地人民政权，是国民党蒋介石集团的基本战略。早在 1945 年 5 月，蒋介石在国民党第六次全国代表大会上说：“今天的中心工作，在于消灭共产党！”

抗战刚刚胜利，中国就面临着内战危险。国民党反共方针得到美国政府支持。美国决策者曾考虑“实行大规模的军事干涉，帮助国民党消灭共产党”。蒋介石虽未放弃剿共意图，但对全面内战也有顾忌：经过 14 年抗战，刚刚经受战争创伤的广大人民不愿再陷内战，全国人民心向“和平建国”，民主党派和国民党内部亦有此愿。同时，国民党精锐军队迅速集结“剿共”尚需时间。于是，蒋介石一边调兵遣将，一边摇晃着“橄榄枝”，表示愿与中共进行和平谈判。这才有了蒋介石向延安三发电报，邀请毛泽东去重庆“共同商讨”。

1945 年 8 月 23 日，中共中央政治局召开扩大会议，提出今后对待国民党的方针是“蒋反我亦反，蒋停我亦停”，以斗争达到团结，以推进国内和平，建立联合政府，逐步实现政治民主化。

8 月 25 日，中共中央发表《对目前时局的宣言》，明确提出“和平、民主、团结”的口号。当晚，中国共产党决定派毛泽东、周恩来、王若飞立即去重庆，同蒋介石进行和平谈判。

全民族抗战胜利十天之后，1945 年 8 月 25 日，毛泽东偕同周恩来、王若飞，在国民党政府代表张治中、美国驻华大使赫尔利陪同下，从延安乘专机赴重庆同国

· 毛泽东

民党当局进行谈判。

为避免内战、争取和平，毛泽东在两次国共合作之后的这个炎热夏日，来到山城重庆。在桂园的一张桌子前，同蒋介石进行了中国共产党与国民党政府的和平谈判。

抵达重庆后，蒋介石虽对中共代表团以礼相待，但谈判充满激烈的政治斗争，焦点是军队和人民政权边区问题。谈判曾一度陷于停顿。10 月上旬，恢复谈判。中共代表团表示“团结合作、和平建国”问题具有重大的历史意义，强调双方以“和为贵”。一枚特殊的三角形构图的邮票上，体现“和”的象征性图案，是毕加索创作的那幅著名的《和平鸽》。而这枚邮票三角形状，犹似寓意重庆谈判为共产党、国民党以及美国三方参与，但只有中国共产党在谈判中坚持“和平建国”的符合中华民族根本利益的战略方针。

1945 年 10 月 10 日，国共双方签署了《政府与中共代表会谈纪要》，即《双十协定》。重庆谈判从 1945 年 8 月 29 日开始，至 10 月 10 日结束，为期 43 天。谈判中，中共代表团和毛泽东主席高瞻远瞩，从全民族利益出发，既坚持原则，又灵活对话，就“和平建国”等问题同蒋介石进行多次商谈。为迫使其兑现民主允诺，争取全国期盼的和平民主，为揭穿其所谓共产党不要和平、不要团结的谣言，中共中央在谈判中对边区土地和人民军队数量等问题做了必要让步，终与国民党政府签署了国共《双十协定》，就“和平建国”基本方针、政治民主化、国民大会、党派合作、军队国家化、边区地方政府等 12 个问题阐明双方见解。有的达成协议，有的搁置分歧。国民党方面亦接受中共提出的“和平建国”基本方针，表示愿意避免内战。

· 保卫世界和平

· 解放战争时期的毛泽东

重庆谈判期间，毛泽东主席和中共代表团广泛和各民主党派、无党派人士以及各界人士交谊叙旧，并就和平建国等国家要事沟通交谈。在此期间，毛泽东发表了震撼中外的《沁园春·雪》一词：

北国风光，千里冰封，万里雪飘。
望长城内外，惟余莽莽；
大河上下，顿失滔滔。
山舞银蛇，原驰蜡象，
欲与天公试比高。
须晴日，
看红装素裹，分外妖娆。

江山如此多娇，引无数英雄竞折腰。
惜秦皇汉武，略输文采；
唐宗宋祖，稍逊风骚。
一代天骄，成吉思汗，
只识弯弓射大雕。
俱往矣，
数风流人物，还看今朝。

在一枚邮票上留下了毛泽东潇洒豪放的草书笔迹。这首词将人民大众赞为推动历史前进的“风流人物”，与他所言的“人民，只有人民才是创造历史的动力”的思想内涵相一致。

·《沁园春·雪》

· 毛泽东与张治中（马里邮票）

1945 年 10 月 11 日，毛泽东在张治中先生陪同下飞回延安。张治中先生是国民革命军高级将领、著名抗日将领，有“和平将军”的称誉。一枚邮票留下了毛泽东和这位“和平将军”的形象。

周恩来、王若飞仍留重庆与国民党继续商谈尚未解决的协定问题。

经过谈判，国民党当局口头上表示承认“和平建国”的基本方针，但仍计划通过战争消灭人民的武装力量。由于边区军民自卫反击作战的胜利和国民党统治区反内战运动的掀起，国民党蒋介石反动集团一时难以发动内战实现控制整个中国的图谋。中国共产党清醒认识形势，没有因为争取和平民主而对国民党当局寄以不切实际的幻想。

事实上，就在毛泽东返回延安的那天夜里，蒋介石辗转难眠，在日记里写下“甚叹共党之不可与同群”之语，表达了他准备与中共决裂的决心。在内战暂时没有爆发的短短时间中，蒋介石不得不同意按照《双十协定》召开政治协商会议。

1945 年 12 月 16 日，以周恩来为首的中共代表团抵达重庆，参加政协会议。“政协协议”规定，改组国民党一党政府，成立政府委员会为最高国务机关，委员的一半由国民党以外的人士充任。

此时，中共中央指出，“中国和平民主新阶段，即将从此开始”，全党应为“巩固国内和平，实现民主改革，建立独立、自由和富强的新中国而奋斗”。

但国民党蒋介石集团认为，不仅人民民主主义，就是西方式的资产阶级民主主义，也不能行之于中国。蒋介石以准备内战的行动，使“政协协议”终成一纸空文。

此时，蒋介石加紧部署全面内战。全面内战已迫在眉睫。中国共产党在竭尽一切努力维护“政协协议”的同时，不得不做好自卫战争的准备。

全面内战爆发的艰苦岁月

1946 年 6 月，在完成战争准备后，蒋介石撕毁《双十协定》和“政协协议”，派遣国民党军队悍然向中国共产党领导的“红色区域”发动全面进攻。当时，用于进攻边区的总兵力为 193 个师旅、160 万人。蒋介石声称，倚仗国民党军事优势，“一定能速战速决”。同时，美国也给予蒋介石国民党军以武装支援。

在中国革命的紧要关头，中国共产党坚定指出：我们必须打败蒋介石，是因为蒋介石发动的战争，是一个在美帝国主义之下的反对中国民族独立和中国民族解放的反革命的战争。我们能够打败蒋介石，是因为人民解放军的战争所具有的爱国的正义的革命的性质，必然要获得全国人民的拥护。这就是战胜蒋介石的政治基础。

面对蒋介石发动全面内战，中共中央领导人民军队进行积极防御，集中优势兵力，各个歼灭敌人。在延安的窑洞里，毛泽东深思熟虑，为两种命运的最后决战，为全国的解放战争，制定了从战略防御到战略进攻的雄谋大略。有一幅题为《决战前夕》的油画，刻画了毛泽东在延安窑洞中决策思考的情景。在画面中央，他沉着坚定，如巨人一般矗立，透出果敢自信的气势。虽然敌军气焰嚣张、气势汹汹，但党和党的领袖胸有成竹，指挥若定。

1946 年 8 月，美国记者安娜·路易斯·斯特朗到达延安进行采访。8 月 6 日，她与毛泽东会见。那一天，斯特朗乘坐大卡车到杨家岭。在窑洞前的大树下，他们坐在石桌旁。斯特朗向毛泽东发问：“共产党能够支持多久？”毛泽东答：“就我们自己的愿望说，我们连一天也不愿意打，但是如果形势迫使我们不得不打的话，我们是能够一直打到底的。”斯特朗又问：“如果美国使用原子弹呢？”

· 遵义会议三十周年

·安娜·路易斯·斯特朗

于是，面对美国记者，毛泽东道出了那个著名观点："一切反动派都是纸老虎。看起来，反动派的样子是可怕的，但是实际上并没有什么了不起的力量。从长远的观点看问题，真正强大的力量不是属于反动派，而是属于人民。"

毛泽东还说："拿中国的情况来说，我们所依靠的不过是小米加步枪，但是历史最后将证明，这小米加步枪比蒋介石的飞机加坦克还要强些。"他接着说："决定战争胜负的是人民，而不是一两件新式武器。"

一个月后，安娜·路易斯·斯特朗采访毛泽东的文章在解放区的报纸上发表。接着，国外的报刊相继转载。毛泽东关于"一切反动派都是纸老虎"的论断、关于"小米加步枪比蒋介石的飞机加坦克还要强"的论断传遍海内外。

在中国邮政发行的"中国人民之友"纪念邮票中，就将这位撰有《人类的五分之一》《千千万万的中国人》《中国出现黎明》等著作的美国友人的晚年肖像，作为邮图铭刻在了中国的"国家名片"上。

从 1946 年 6 月至 1947 年 6 月的一年时间里，人民军队处于战略防御阶段。战争主要在革命根据地进行。前八个月，一举粉碎了国民党军队的全面进攻。

1947 年 2 月 28 日，中国社会和政治局势发生了许多变化。这一天，中共中央对于国民党统治区的工作发出指示，党应"力求从为生存而斗争的基础上，建立反卖国、反内战、反独裁与反特务恐怖的广大阵线"。全国爱国学生掀起声势浩大的反饥饿、反内战运动。学生运动的高涨，促进了人民运动的高涨。1947 年，全国 20 多个大中城市中，先后有 320 万工人举行罢工。

还是在这一天，1947 年 2 月 28 日，台湾省台北市人民反抗国民党当局的暴政，抗议军警枪杀市民，举行了大规模示威游行。台湾各地人民纷起响应，夺取武器，举行起义，使全省大部分地区的政权陷入瘫痪。这就是"二·二八"起义。它有力地显示了台湾人民的革命精神，鼓舞了全国人民。

1977 年 2 月 28 日，中国邮政发行邮票，纪念"台湾省人民'二·二八'起义三十周年"。其中一枚邮票上以毛泽东主席的著作《迎接中国革命的新高潮》为背景，展现出了台湾人民武装起义的场面。

事实表明，国民党蒋介石反动政府已经处在全民的包围之中行将崩溃。1947 年 5 月 30 日，毛泽东尖锐地指出："中国事变的发展，比人们预料的要快些。"

·台湾省人民"二·二八"起义三十周年

从1947年3月开始，在全面进攻受挫的情况下，国民党军队对重点革命根据地进行重点进攻。蒋介石抽调兵力，企图首先消灭陕北、山东两地的人民军队。

在陕北，国民党军队投入胡宗南等部25万人兵力，向中共中央和人民解放军总部所在地延安发动突然袭击。面对十倍于己的强大敌人，全军将士一片誓死保卫延安的呼声。

毛泽东冷静地说："存人失地，人地皆存；存地失人，人地皆失。我们若不管自己力量的大小，和敌人生杀硬拼，这是错误的。我们党的历史上有过舍不得丢掉坛坛罐罐的'御敌人于国门之外'的教训。当前，蒋介石进攻边区，纠集了23万人马，并且有飞机、坦克；而我们装备极差，弹药奇缺，仅有25000人，如果死守一城一地，那是自背包袱啊。"

·"延安"明信片

1947年3月，党中央做出决定：主动撤离延安。同时决定由毛泽东、周恩来、任弼时等组成中央前敌委员会，率中共中央和人民解放军总部机关留在陕北，指挥解放战争。

3月14日下午，毛泽东在王家坪对一批从前线下来的旅团干部说："蒋介石要进攻延安了，我们要搬家了，要给他们腾延安嘛，大家都要忙一点。"毛泽东说着爽朗地大笑起来。接着他又问："我们要撤离延安，大家有没有意见？"有人说："我们舍不得离开延安。"毛泽东说："我军作战历来不在于一城一地的得失，主要是消灭敌人的有生力量。我们要用一个延安换取全中国，你们干不干？"又说："延安就这么几孔窑洞，你们都舍不得给人家，将来人家要给你北平、南京、上海、武汉，全中国都是我们的！"就在这一天，就这样在轻松的对话中，毛泽东生动而深刻地阐释了战略防御阶段"转战陕北"的重大战略决策。

夜深了，毛泽东还在给旅团干部做工作："你们要想通，回去给战士们说清楚，延安永远是我们的，少则一年，多则两年，我们还要回到延安！"

经过六昼夜的阻击战，中共中央机关和人民群众主动撤出延安，安全转移。1947年3月18日傍晚，毛泽东离开王家坪，踏上了转战陕北的艰苦征程。

陕西著名画家石鲁曾多次以"转战陕北"为主题，创作充满民族风范的作品。在黄土高原的宏大背景中，人民军队和人民领袖镇定坚定地与敌军展开了周旋和战斗。以"转战陕北"为主题的国画以及油画等美术作品，多次成为邮票的图案；在

·"转战陕北"明信片

·《转战陕北》(吉布提邮票)

· 转战陕北(尼加拉瓜邮票)

邮票上，在明信片上，再现了党中央和毛泽东以及人民军队战略性“转战陕北”的壮观队列。

就在蒋介石国民党军进攻陕西边区之时，山西国民政府主席阎锡山派军进剿晋察冀边区。1947 年 1 月 12 日，文水县云周西村共产党员刘胡兰被敌军逮捕。她拒绝投降，牺牲在铡刀之下，年仅 15 岁。在转战陕北的途中，党中央闻悉刘胡兰英勇就义的事迹。毛泽东问：“她是党员吗？”任弼时说：“是个优秀共产党员，才 15 岁。”毛泽东深受感动，挥笔为烈士刘胡兰写下了“生的伟大，死的光荣”八个大字。

· 刘胡兰烈士像

· 生的伟大，死的光荣

1947 年 7 月，国民党政府实行“戡乱总动员”，以立法形式表示同中国人民的最后决裂。中国共产党和全国各阶层人民，共同明确了团结起来打倒蒋介石的决心与目标。根据中共中央指示，解放军西北野战兵团与敌周旋，以便“将敌磨得精疲力竭，然后消灭之”。

到 1947 年 8 月，经过近半年时间战斗，国民党军队对陕北的重点进攻已基本被粉碎。

1947 年 12 月，中共中央在陕北米脂县杨家沟召开扩大会议，即十二月会议。毛泽东主席在会上做了《目前形势和我们的任务》报告。报告阐明党的最基本的政治纲领：“组成民族统一战线，打倒蒋介石独裁政府，成立民主联合政府。”

他指出：“这是一个历史的转折点。这是蒋介石的二十年反革命统治由发展到消灭的转折点。这是一百多年以来帝国主义在中国的统治由发展到消灭的转折点。这是一个伟大的事变。”“这个事变一经发生，它就将必然地走向全国的胜利。”

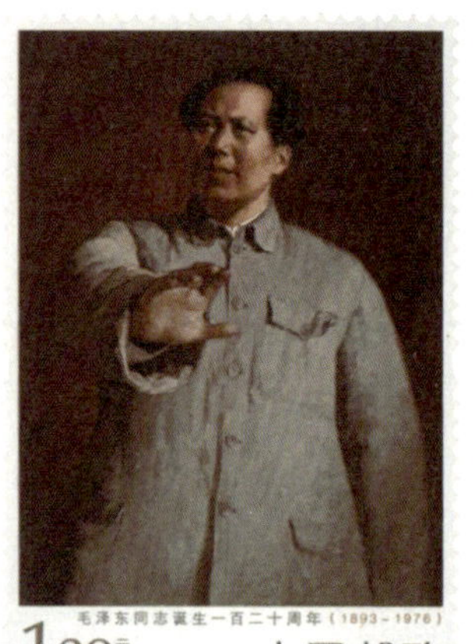

· 毛泽东在十二月会议上

在一枚以题为《十二月会议》油画作品为图案的邮票上，毛泽东讲话的神态透出了“横扫千军如卷席”的宏大气势，显示出解放战争的关键时刻——战略大反攻阶段的到来。

党的“十二月会议”提出了十大军事原则。这些原则的核心，是“集中优势兵力，各个歼灭敌人”。会议指出，毛泽东的报告是“整个打倒蒋介石反动统治集团，建立新民主主义中国的时期内，在政治、军事、经济各方面带纲领性的文件”。

人民解放军经过战略防御的一年多作战，战争形势发生重大变化。国民党军队战略性机动兵力已大为减少，士气在下降，后方不稳固。中共中央决策：不等完全粉碎敌人的战略进攻，不等解放军在数量上占有优势，立刻转入全国性的反攻。

1947 年 6 月，晋冀鲁豫野战军主力开始千里跃进的壮举，在艰苦行军和激烈战斗两个月后，进入大别山区。同时，晋冀鲁豫野战军一部渡过黄河，挺进豫西，歼敌 5 万余人，建立 39 个县的民主政权，完成在豫陕边地区的战略开展。华东野战军主力，则越过陇海铁路南下，进入豫皖苏平原，完成在豫皖苏边区的战略开展。

三路大军纵横驰骋黄河以南、长江以北，西起汉水、东迄大海的广大地区，紧逼国民党长江防线，直接指向南京、武汉，使中原地区变成人民解放军夺取全国胜利的前进基地。东北民主联军相继发起秋季、冬季攻势作战，又从根本上改变了东北战局。

从 1946 年 6 月解放战争时期开始，由中国共产党解放的原国民党统治区域，成为党史上特指的一个“红色区域”，即“解放区”。这时，边区已为“解放区”所替代。从这一时期开始，各解放区邮政机构发行了邮票。

· 黄河

· 军民汇成人民战争铁流

· 军队向前进

1947 年，在晋冀鲁豫解放区发行的一枚邮票上，就以毛泽东和朱德肖像表现了党和人民军队开始战略反攻的大势；另一枚山东战邮发行的邮票印样，以“朱德总司令和人民解放军”为邮图，表现了抗战胜利后党领导的人民武装力量抵抗国民党反动派内战的正义气概。1948 年在华中解放区发行的“军民汇成人民战争铁流”邮票上，1949 年在华北解放区人民邮政发行的“军队向前进”邮票上，都表现了解放战争全面已进入战略大反攻阶段。

1948 年 4 月 21 日，人民解放军收复革命圣地延安。

还是在党中央撤离延安转战陕北时，刘少奇、朱德和董必武等人组成中央工作委员会，前往河北省平山县考察，确定将平山县中部的西柏坡村作为中央工作委员会办公地点。1947 年 7 月 12 日，中央工委在西柏坡正式成立。

当时，中共中央转战陕北，一直关注西柏坡中央工作委员会的工作，多次给刘少奇发电，提出“将晋察冀军事问题解决好”“将土地会议开好”。在解放区发行的邮票上，如“劳动大会”，如“军队向前进，生产长一寸”，反映了从西柏坡发出的党的指示推动了革命和生产的发展。

中央工委进驻西柏坡之后，与晋察冀野战军一起打了四次大胜仗，歼敌 62000 余人。其中朱德与聂荣臻、萧克、杨得志、罗瑞卿、杨成武等将领指挥的解放石家庄战役尤为著名。战捷之际，朱德总司令欣然写下《七律 · 攻克石门》的诗句：“石门封锁太行山，勇士掀开指顾间。尽灭全师收重镇，不教胡马返秦关。攻坚战术开新面，久困人民动笑颜。我党英雄真辈出，从兹不虑鬓毛斑。”

1947 年下半年，全国解放战争逐步由战略防御转入战略进攻。1948 年 3 月 23 日，毛泽东、周恩来、任弼时率中共中央机关和解放军总部，告别战斗、生活了多

· 西柏坡

· 劳动大会

· 军队向前进，生产长一寸

· 毛泽东（朝鲜邮票）

· 中国共产党二十六周年纪念

年的陕北，东渡黄河，经晋绥解放区，向在中国革命历史上具有决定性意义的一个重要的战略“据点”行进，那就是西柏坡。在一枚邮票上，窑洞前的毛泽东经转战陕北，从延安到了西柏坡。在东北解放区发行的一枚纪念建党 26 周年的邮票上，党旗下的毛泽东露出了乐观坚毅的笑容。

从在陕甘宁解放区的延安到在晋察冀解放区的西柏坡，中共中央完成了一次重大的战略性转移。毛泽东、朱德、刘少奇、周恩来、任弼时在西柏坡筑基了中国革命胜利之路。

在西柏坡这个河北的小小村落里，党中央和毛泽东指挥了人民解放战争中决定性的战略反攻。在中国邮政发行的邮票上多次出现西柏坡这个革命圣地的旧址。

· 西柏坡

三大战役："横扫千军如卷席"

1948年秋，人民解放战争进入夺取全国胜利的决定性阶段。在西柏坡，中共中央科学地分析了战争形势，抓住战略决战的有利时机，策划和组织了震惊中外的辽沈、淮海、平津三大战役。

1998年，在"解放战争三大战役"50周年之际，中国邮政发行了5枚一套的纪念邮票。第一枚是一幅题为《运筹帷幄》的油画，描绘了毛泽东和党的领导人一起研究三大战役战略战术的情景。简陋的房舍，伟人的聚会，画面显示出了党中央和人民武装力量的军事智慧和必胜信心。

在西柏坡，中共中央选定首在东北战场展开决战。这是战略进攻"三大战役"的第一役。1948年9月12日，辽沈战役打响。东北野战军分路奔袭和切断北宁路，一部主力进抵锦州城下。经塔山阻击战，鏖战六昼夜，打垮国民党军数十次冲击，成功阻其东进。10月9日起，东北野战军进攻锦州。经过激战，于15日攻克该城，全歼守敌10万余人。在一幅油画上，就留下了辽沈战役中攻克锦州关键一役的战斗场面。

在辽沈战役中，林彪和罗荣桓一起参与指挥作战。他们坚决执行毛泽东和中央军委关于先打锦州、把敌军困在东北以全歼的战略决策，对夺取战役胜利起到重要

· 运筹帷幄

· 攻克锦州

· 罗荣桓同志诞生九十周年

· 安东第一版毛泽东、朱德像邮票

作用。1992 年，中国邮政发行纪念罗荣桓诞生 90 周年邮票，邮图描绘了大将的戎装形象。

辽沈战役历时 52 天，歼敌 47.2 万人。战役结束，人民解放军总兵力增加到 310 万人，国民党军队总兵力下降到 290 万人。从此，人民解放军对国民党军队不但质量上占有优势，在数量上也占优。

在辽沈战役中，东北解放区邮票的发行还出现一些令人难忘的事件。辽沈战役之前，安东邮政管理局与辽宁邮政管理局合并为辽东邮政管理局。很快，他们就设计印制了一批以毛泽东与朱德肖像为图案的邮票，即“安东第一版毛泽东、朱德像邮票”。原计划 1946 年 10 月 25 日发行，但 10 月 24 日，国民党军队突然进犯辽东解放区，解放军进行战略转移。由于时间仓促，刚刚印好的邮票来不及带出，便封存在邮局库房内。

1947 年 6 月 10 日，安东第二次解放。邮局工作人员清理仓库时，发现两个木箱，里面装的是去年已经印好、未及发行的“安东第一版毛泽东、朱德像邮票”。

但此时邮资调整，这些邮票已不适用，只好又封存起来。由于安东邮政恢复，业务猛增，邮资改值，邮票紧缺，为应急则将库存邮票加盖改值投入使用，但仍不敷需要。于是，决定用这套邮票原拾圆版模重印。这就是“安东第二版毛泽东、朱德像邮票”。这个“二版”的印刷，因当时纸张紧缺，又没有造纸厂，突破国民党封锁去外购纸张也难快速运抵。在邮票亟待印制使用的情势下，辽东部队把刚缴获的一批明星信笺广告纸送来。这批广告纸，一面是浓妆艳抹的明星美女图，另一面是白纸，可用来印制邮票。印制时，领导部门下达严格命令:“用美人画印制的邮票必须以单枚的形式发行，其整版票要严格管理。”因此，邮票发行后很难在单枚邮票背面的红红绿绿色彩中看出“美女”的完整图案。据说，毛泽东、朱德等领导人视察邮电工作时，这几版“美人图”邮票被面呈毛泽东和朱德，他们看后，忍俊不禁。毛泽东特别批示:“邮票可以使用，我们也要全面占领国民党的一切嘛！”于是，改值后的“美人图”邮票以单张形式发行了一段时间。

· 安东第二版毛泽东、朱德像邮票

· 美人图

但考虑到以“美人图”印制党的领袖肖像邮票毕竟不严肃，邮票遂停止发行，回收销毁。后来，一些集邮者收集到了一批邮票，在拼接中还原出一幅幅比较完整的邮票背面的“美人图”，让今人得以看到战争年代印制邮票的艰难和无奈。

当时，冀鲁豫邮政管理局曾发行过极为简陋的誊写版临时邮票，以薄网纹白纸刻版誊印的邮票作为流通的邮资凭证。在人民解放战争中，各解放区发行的这些邮

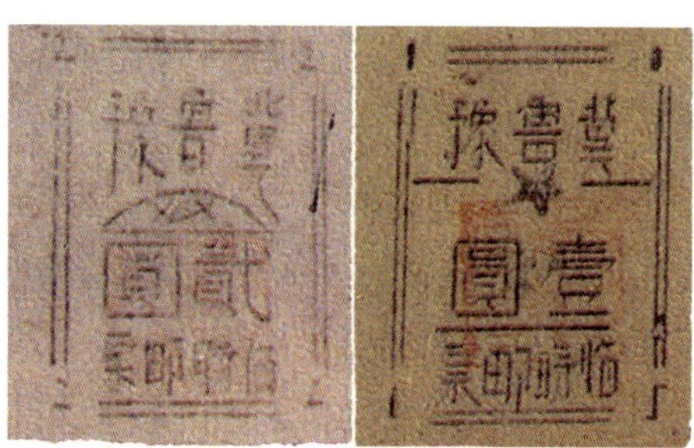

· 誊写版邮票

· 纪念东北解放

· 在中国共产党领导下前进

票投射出战争环境物质上的紧迫困难和艰苦。

辽沈战役后，东北获得解放。当时，解放区邮政机构多次为这一历史性的伟大转折发行纪念邮票。邮图上满溢着人民胜利解放的自豪和欢庆的热烈情绪。而在当时发行的庆祝中国共产党成立28周年的纪念邮票上，更以劳苦大众高举党旗前进的画面，表达了中国共产党在全国人民心目中的崇高威信。

1948年10月24日，济南战役结束。这次战役毙伤国民党军两万余人，俘王耀武将军以下官兵六万人，战场起义两万余人，并缴大量辎重弹药。美联社评论："自今而后，共产党要到何处，就到何处，要攻何城，就攻何城，再没有什么阻挡了。"

济南攻克后，解放大军打开了直驱南下的通道。同时，国民党军邱清泉、黄百韬、李弥三兵团进退维谷，举棋不定。在这种形势下，尽管济南城内巷战仍在进行，1948年9月24日7时，华东野战军总指挥粟裕发电报给中央军委，"建议即进行淮海战役"。经过慎重考虑，中央军委于次日19时复电，同意粟裕的建议："我们认为举行淮海战役，甚为必要。"

· 粟裕

1948年11月6日，粟裕率华东野战军发起淮海战役。毛泽东曾指出，"淮海战役，粟裕同志立了第一功"。

2005年，中国邮政发行"中国人民解放军大将"邮票，第一枚就是粟裕大将。遒劲有力的雕刻版单色线条，简朴而精确地刻画了这位战将的英姿神采。

淮海战役是中国人民解放军华东野战军、中原野战军在以徐州为中心，东起连云港、西至商丘、北起枣庄市薛城、南达淮河的广大地区，对国民党军进行的一场战略性进攻战役。淮海战役中，国民党军队在兵力上超过人民解放军，武器装备上占有优势。人民解放军在作战指导上，采取将敌军的重兵集团多次分割，集中优势兵力各个歼灭的战术。淮海战役历时66天，共歼灭国民党军55.5万人，南线国民党军队的精锐主力已被消灭，长江中下游以北的广大地区获得解放，并同华北解放区连成一片。

· 决战淮海

在《决战淮海》这幅油画上，高举军旗勇往直前的冲锋铁流，显示出人民军队“横扫千军”的壮大气势。这幅油画在纪念淮海战役的邮票的小小空间里，刻画着战斗的激烈和高昂的豪情。

在淮海战役胜利之时，1949年4月，华东解放区邮政管理总局就发行了一大套纪念邮票。这套邮票由有齿孔和无齿孔的11种共22枚组成，采用的是同一图案：左边为人民解放军高举毛泽东旗帜胜利前进，右边是淮海战役胜利进程的示意简图，图案中还绘有举手投降的国民党军和大批战利品。邮票上端边框内为“淮海战役胜利纪念”字样，下端边框内为淮海战役结束日期“1949.1.10”，这个日子被铭刻在了邮票上。

1948年11月29日，解放战争“三大战役”最后一战“平津战役”打响。党中央派出以林彪、罗荣桓、聂荣臻组成的总前委，领导与指挥东北野战军与华北军区部队并肩作战。按照中央军委和毛泽东“先打两头、后取中间”原则，首克西线

· 淮海战役胜利纪念

· 聂荣臻同志诞生一百周年

新保安、张家口；东线则经 29 小时激战，攻克天津这座坚固设防、重兵守备的大城市，全歼守敌 13 万人，活捉国民党天津警备司令陈长捷，解放天津。

天津解放之后，聂荣臻分析局势认为：国民党华北剿总傅作义第 35 军被歼，后退无路，应争取北平这座举世闻名的古都免遭破坏完好接管，这实为民族之大幸。于是，聂荣臻发电西柏坡，建议：打下天津后争取和平解放北平。毛泽东亲签回电，完全同意。解放军围城后，聂荣臻与林彪等人同傅作义进行和平谈判，又经地下党耐心工作，傅作义终于顺应人民意愿，率守军起义，北平和平解放。

1949 年 1 月 31 日，解放军进入北平，这座古都宣告和平解放。平津战役历时 64 天，共歼灭和改编国民党军队 52 万余人，华北地区大部解放。

在《解放北平》这幅油画上，古城前门城楼之下军民同庆凯旋的热烈场面，宣告了人民解放战争的伟大胜利。这幅油画也出现在纪念三大战役的邮票上。党中央对解放战争中的“北平方式”给予很高评价：“和平解放，不仅减少敌我伤亡，更重要的是保护了中华民族的历史文物古迹。这样做对我们的子孙后代大有好处，全世界的友人都会拥护。”

辽沈、淮海、平津三大战役，无论是战争的规模还是取得的战果，在中国战争史上都是空前的，在世界战争史上也是罕见的。国民党赖以维持其反动统治的主要军事力量基本已被摧毁，为中国革命在全国的胜利奠定了基础。三大战役的胜利，是人民战争的伟大胜利。

1998 年，为纪念具有历史转折意义的三大战役胜利 50 周年，14 位中国画家为这一伟大战争创作了史诗一般的巨幅油画。这些作品均成为中国邮政发行的纪念邮票上的精彩图案。

在人民解放战争中，各解放区人民以巨大热情，以源源不绝的人力物力，给予

·《解放北平》

·“解放战争三大战役纪念”首日封

·支援前线

·五角星

战斗前线空前规模的支援。陈毅曾深情并形象地说过，淮海战役的胜利是人民群众用小车推出来的。在三大战役的纪念邮票上，最后一枚以坚实“后盾”般的壮阔场面，表现了人民大众支援前线的壮举。

三大战役进行期间，华中邮政管理局发行了“五角星”图邮票，一套9枚有齿孔和无齿孔邮票，以同一图案表现了人民战争胜利在望、星火已然燎原的革命形势，正照亮九州大地。

在“三大战役”之外的战场上，也是捷报频传。1948年3月，徐向前指挥的临汾战役，攻克设防坚固的临汾城。接着，又指挥晋中战役，以6万兵力歼国民党军10万余人，解放14座县城。同年10月，又指挥了大获全胜的太原战役。

· 徐向前同志诞生九十周年

· 贺龙同志诞生九十周年

贺龙则率华北野战军第十八兵团等部，由陕入川，配合第二野战军，歼敌数十万人，取得西南战场的大捷。

在解放战争的硝烟中，往来于空中的，是中央军委和毛泽东指挥战斗的电报。从 1948 年 5 月至次年 3 月，在西柏坡一间挂满作战地图的土坯房里，毛泽东用无线电发报机遥控指挥着全国各个战场，先后组织指挥了 28 场战役。为及时回复前方来电，有时一小时起草两三份电报。在西柏坡 300 多个日日夜夜里，毛泽东亲拟电文，部署战局，不知疲劳、通宵达旦地工作。如指挥辽沈战役，从准备战役到战役结束，52 天中毛泽东起草了 77 封命令电。据统计，在西柏坡这间仅有 16.3 平方米的旧民房里，他为前线共起草了 197 封电报。周恩来后来说："毛主席在世界上最小的司令部里，指挥了最大的人民解放战争。"

毗邻最高指挥部的新华通讯社，也从西柏坡向全国和全世界发出了解放战争的频频捷报。在一枚邮票上可见当年新华社在河北这个小小村落的简朴旧址。

1948 年 12 月 30 日，新华社播发了中共中央主席毛泽东为新华社所写的"新年献词"。献词发出"将革命进行到底"的伟大号召。献词强调，必须"用革命的方法，坚决彻底干净全部地消灭一切反动势力，在全国范围内建立无产阶级领导的以工农联盟为主体的人民民主专政的共和国"。

· 毛泽东

· 抗战号角

从西柏坡走向人民共和国

1949 年 3 月 23 日上午，毛泽东率领中共中央机关离开中国革命的最后一个农村指挥所——西柏坡，向北平进发。临行前，毛泽东对周恩来说，今天是进京的日子，共产党人进京是“赶考”去。从此，中国共产党加快了争取民主革命的全国性胜利和筹建新中国的步伐。

人民军队进京之刻，举行了壮观的阅兵式。多枚纪念邮票记录下了毛泽东和任弼时等党中央领导人的阅兵场面。

从西柏坡指挥雄师三大战役全胜，到进驻北平开始全国解放的最后战斗，“打倒蒋介石，解放全中国”的战斗口号已经响彻中国大地，“将革命进行到底”的铁流开始席卷国民党最后的阵地。

1949 年 8 月，在华东解放区邮政管理局发行的“中国人民解放军廿二周年纪念”邮票上，出现了人民军队进军的壮伟场面。这套邮票就以“大进军”的称谓，刻画了人民战争最后胜利时刻的决战气势。邮图上，“我们的队伍向太阳”，跨出了雄劲步履；导引进军的军旗上写着具有历史意义的“八一”，指引铁流方向的是红星辉耀中的毛泽东主席和朱德总

• 进京阅兵（朝鲜邮票）

• 任弼时同志诞生八十周年

• 中国人民解放军廿二周年纪念

司令。这套邮票没有按惯例在逢五逢十的整数周年发行，而是在建军 22 周年发行。因为，在 1949 年 8 月前后，解放战争已取得决定性胜利。

胜利接踵而至，人民解放军克敌制胜，解放了各个地域。1949 年 3 月，江淮邮政管理局发行了“江淮解放纪念”邮票。

1949 年 5 月，华东邮政发行了“南京上海解放纪念”邮票。

1949 年 8 月，华中邮政管理局发行了“武汉解放纪念”邮票。

1949 年 11 月，华南邮政管理局发行了“广州解放纪念”邮票。这套在香港印刷的邮票，为当时广州标志性建筑海珠桥留下了和平安宁的身影。

1949 年 12 月，西南解放区邮政管理局以“大进军”邮票图案再次发行邮票。这套邮票是在中华人民共和国已经成立之后发行的，因此邮票上印有“中国人民邮政西南区”字样。

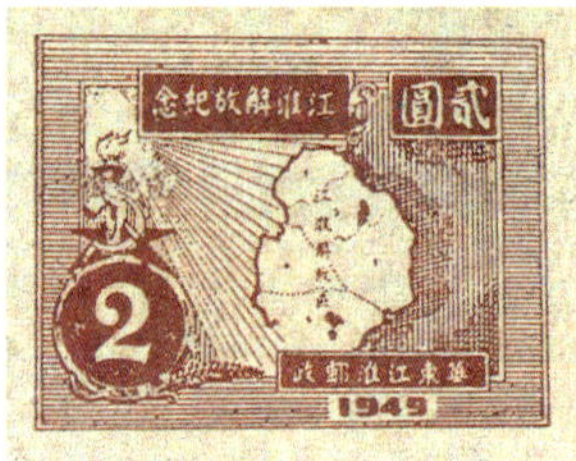

· 江淮解放纪念

· 南京上海解放纪念

· 武汉解放纪念

· 广州解放纪念

1950 年 1 月，当西南全境解放之刻，中国人民邮政西南区发行了“西南解放纪念”邮票 4 枚。图案为五星红旗插在中国地图上的西南境内。

此外，在西南区发行的“大进军”邮票上还有加盖“东川”“西川”字样邮票，以纪念四川全省的胜利解放。而在贵州、云南解放之刻，加盖在中华民国邮票上的

“黔区人民邮政”“西南人民邮政”字样的邮票，记载了西南全境的解放。

一套“大进军”邮票，一队“横扫千军”的铁军，邮图刻画了人民军队浩荡进军的整体形象。那气势宏大的雄狮劲旅，透射出胜利之师的步伐已经走到了缔造新中国的历史时刻。

1949 年 4 月，在西起湖口、东至江阴的千里战线上，人民军队的百万雄师分三路强渡长江直逼南京。

南京是国民党反动政权的象征。1949 年 4 月 23 日，人民解放军攻入南京，在南京总统府的楼顶，将旧中国旗帜抛向历史垃圾堆，升起了象征革命政权的红旗。至此，延续 22 年的国民党反动统治已被人民推翻，蒋家王朝的所谓“民国”政权已经覆灭。

人民解放军占领南京、军民欢腾的盛况，出现在 1957 年中国邮政发行的一枚

· 大进军

· 西南解放纪念

· 大进军加盖“东川”

· 大进军加盖“西川”

· 加盖“黔区人民邮政”

· 加盖“西南人民邮政”

•《占领总统府》(古巴邮票)

• 解放南京

纪念邮票上。这是在解放战争取得全面胜利的时刻，在北京的香山别墅里，毛泽东得到解放南京的喜讯，豪情满怀写下的《人民解放军占领南京》诗句：

钟山风雨起苍黄，百万雄师过大江。
虎踞龙盘今胜昔，天翻地覆慨而慷。
宜将剩勇追穷寇，不可沽名学霸王。
天若有情天亦老，人间正道是沧桑。

从转战陕北到三大战役，从雄师渡江到南京解放，中国共产党和人民军队在毛泽东正确路线引导下，经过28年的浴血奋战，终于铸就了辉煌，新中国的曙光已经在中国地平线上吐露出光华……

周恩来曾经说道："西柏坡是毛主席和党中央进入北平，解放全中国的最后一个农村指挥所，指挥三大战役在此，开党的七届二中全会在此。"

1949年3月，中国共产党七届二中全会在西柏坡召开。大会提出党在全国胜利后在政治、经济、外交方面应当采取的基本政策，指出中国由农业国转变为工业国、由新民主主义社会转变为社会主义社会的发展方向。这次会议，

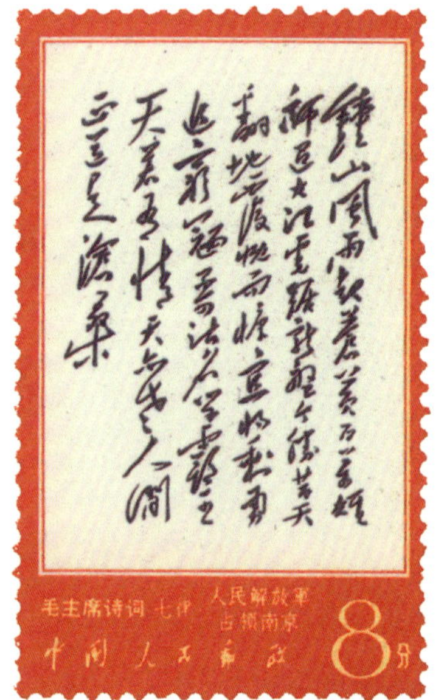

•《人民解放军占领南京》

规划了建立新中国的伟大蓝图。

· 毛主席在七届二中全会上作具有伟大历史意义的重要报告

在这次会议上，毛泽东告诫全党："夺取全国胜利，这只是万里长征走完了第一步。"为此，毛泽东提出了"两个务必"的思想，即"务必使同志们继续地保持谦虚、谨慎、不骄、不躁的作风，务必使同志们继续地保持艰苦奋斗的作风"。

在纪念毛泽东主席逝世一周年的纪念邮票上，就有他在党的七届二中全会这个历史性会议上做报告的场面。

1949 年 3 月 5 日，西柏坡岭上松柏吐绿，在民主革命时期召开的最后一次中央全会上，围绕"如何建设新中国，建设一个什么样的新中国"，描绘了新中国的宏伟蓝图。

3 月 13 日，大会闭幕。毛泽东讲话指出："革命以后的路程更长，工作更伟大，更艰苦。这一点现在就必须向党内讲明白。"

在离开西柏坡之前，毛泽东在思考。他心中萦绕的一句话，在七届二中全会代表离开西柏坡时，成为临行前语重心长地告诫："我们就要进北平了。我们进北平，可不是李自成进北平，他们进了北平就变了。我们共产党人进北平，是要继续革命，建设社会主义，直到实现共产主义。"

从两万里长征，到延安十三度春秋，党中央和人民军队在战争的烽烟中转战南北，驰骋西东，取得了抗战和人民解放战争的伟大胜利。历史再一次证实：毛泽东是指引中国革命走向胜利、为创建一个崭新人民共和国做出杰出贡献的伟大领袖。毛泽东思想是推翻旧世界、创造新世界的历史进程中留下的宝贵思想遗产，是与中国革命实践相结合的中国马克思列宁主义。

如果说，与中国共产党领导的解放区同时存在的中华民国，在其所发行的邮票中，大多是以革命先行者孙中山先生的肖像为主图；那么，自 1935 年 1 月遵义会议和 1945 年 4 月中国共产党第七次代表大会以后，确立毛泽东思想为中国革命的指导方针，作为新民主主义革命时期的伟大领袖，各解放区在这期间发行了多种以毛泽东肖像为主图的邮票。尽管战时物质条件很差，邮票印制也相对简陋，但这正是一个历史转折时期的真实记录，也是留存下

· 西柏坡

· 毛泽东

来弥足珍贵的历史上的毛泽东形象。

在这些寄托了人民对领袖热爱的邮票中，留下了一些珍品。如晋冀鲁豫边区邮政局1947年为发行印有毛泽东肖像邮票打印出来的试印样张，除有正式图案外，还将不同面值的式样也做了印制的设计。这是一份弥足珍贵的邮政文献珍品。如在苏皖边区邮政管理局发行的红色两角面值“便”邮上，多已在毛泽东肖像上以黑色文字加盖改值，只有数量极少未经加盖的新票留存下来，这便是毛泽东肖像邮票中的“红便邮”珍邮。

新中国成立前夕，华东人民邮政发行了毛主席像普通邮票和邮资明信片，邮票上的毛泽东肖像是根据画家黎冰鸿的素描像改画而成的。毛泽东头戴军帽，脸上流露着胜利

· 毛泽东

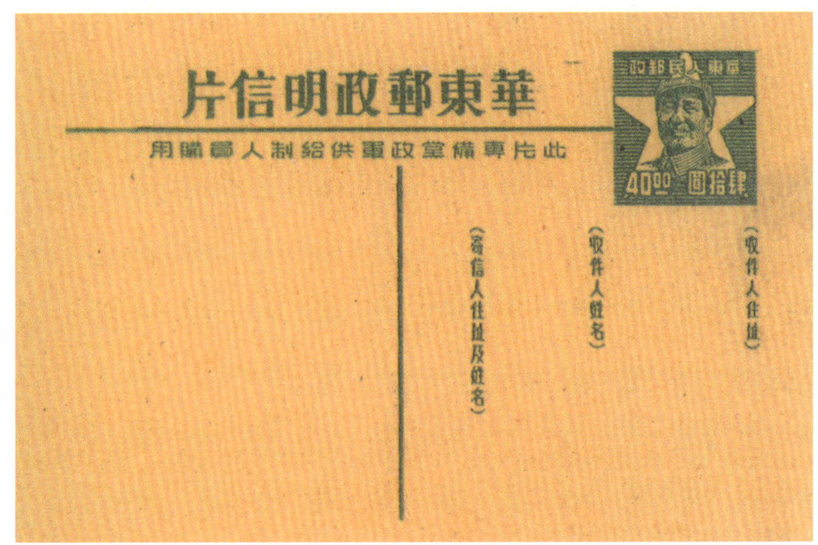

• “毛泽东像”明信片

• “毛泽东”邮票试样

• 红便邮

• 毛泽东

与自信的微笑。这幅肖像不仅出现在邮票上，在新中国开国大典的天安门城楼上悬挂的也是这幅肖像。

在中国革命走向胜利的前夕，回望革命历程，中国共产党和毛泽东，以及亿万中华民族儿女为实现民族独立和民主建国伟大理想，从嘉兴红船，从血雨腥风的上海，从巍巍井冈，从红都瑞金，从征程两万里的战略转移，从宝塔山下的延安，从西柏坡，一直走向了北京天安门。

第七篇

万山红遍

1925 年，青年毛泽东在湘水浸润的橘子洲头，吟咏出了霜叶红岳麓的诗意名句：“看万山红遍”。

那时，九州暗陆，他瞩望的是秋山红遍的壮观气象；1949 年秋爽 10 月，他又“看万山红遍”。这时，不仅是红叶尽染香山了，放眼望去，中国共产党经过 28 年奋斗，已取得全国山河红遍的辉煌！

中国人民站起来了

1949 年注定是中国历史上不平凡的一年。

1949 年 3 月，在西柏坡，党的七届二中全会召开。党的决议在理论上和政策上奠定了《中国人民政治协商会议共同纲领》的基础。

1949 年 6 月，在北平，新政治协商会议筹备会第一次全体会议召开。以“共同纲领”为原则，全面展开筹建新中国人民政权工作。

1949 年 8 月，响应中共中央号召，各民主党派负责人和无党派民主人士先后进入北平，准备出席新政协会议，筹建中华人民共和国。

1949 年 9 月 21 日，中国人民政治协商会议第一届全体会议在中南海隆重开幕，标志着中国共产党领导的多党合作和政治协商制度的确立。“我们四万万六千万中国人现在是站立起来了！”

1949 年 10 月 1 日，在北京天安门，毛泽东主席向全世界庄严宣告了中华人民共和国的成立。

• 关山月《秋溪放筏》

一位画家，绘画出万木如一派旗海，红遍江山之景，象征着中国和中国人民已经站起来了。

早在 1949 年 2 月，北平刚刚和平解放。组建不久的华北邮电总局，带着宣示国家主权和联通国脉的重责先期进京，以“人民邮电”的新身份迎接人民共和国的成立。4 月 21 日，一份文件报送华北人民政府，提出筹备发行全国通用邮票的方案。

文件陈示：“划时代的新政治协商会议将要揭幕，新的中华人民民主共和国亦随之诞生。为此，职局拟登报广泛征求各种纪念邮票图案，以示庆祝纪念，并为了统一对外照顾将来使用，拟将‘华北人民邮政’改为‘中华人民邮政’或‘中国邮政’，以昭划一。”

文件附上征集 7 套纪念邮票的题材和内容，其中包括：红五月（包括五一、五四、五五、五卅）纪念邮票；庆祝新政治协商会议纪念邮票；中华人民共和国成立纪念邮票；“七一”中国共产党成立 28 周年纪念邮票；“八一”中国红军建军节纪念邮票等。

文件将全国政协会议和开国大典作为重大主题，列入纪念邮票发行计划之中。这份文件明确了为 1949 年共和国成立所进行种种运筹中的一个重要举措，就是建立人民邮政和发行象征国家政权的邮资凭证——邮票。

·“庆祝中国人民政治协商会议第一届全体会议”邮票图稿

对于邮票设计要求，文件明确提出了“邮票图案均以‘无产阶级领导的以工农联盟为基础的各民主阶级大团结’为主题，另配其他花纹、墨绘、彩绘均可，惟务求式样精美，意义庄严，内容深刻”。

当时，“新政协”会议会徽已由艺术家张仃、钟灵设计完成。一幅仍由两位艺术家设计的政协会议召开纪念邮票图稿，于 8 月 28 日先行送审。政协会议召开在即，获准的这份图稿于 9 月 19 日在上海开印。

1949 年 9 月 21 至 30 日，政协会议召开。10 月 8 日，“庆祝中国人民政治协商会议第一届全体会议”纪念邮票，由“中华人民邮政”正式发行。4 枚邮票均以带有政协会徽的中国大红灯笼与天安门为图案。这次政协会议奠定了中华人民共和国国家体制和建制。于是，新生政权中华人民共和国的第一套邮票，以政协会议召开为题发行，并编号为“纪 1”（纪念邮票第一号）。

在纪念中国人民政治协商会议成立五十周年的邮票上，以会址中南海新华门为邮图，在“国家名片”上做了历史性的铭记。

·庆祝中国人民政治协商会议第一届全体会议

在全国政协会议开幕词中，毛泽东向全世界豪迈宣告：“我们的工作将写在人类的历史上，它将表明：占人类总数四分之一的中国人从此站起来了。”并强调：“我们的民族将再也不是一个被人侮辱的民族了，我们已经站起来了。”

· 中国人民政治协商会议成立五十周年

1950 年 2 月 1 日，中华人民邮政发行编号为“纪 2”的“中国人民政治协商会议纪念”邮票。这套邮票一枚以政协会徽和新华门为图案，一枚以政协会议主席台为背景，刻画了毛泽东讲话的气势与神态，并有“中国人民政治协商会议万岁”的文字标志。在一枚纪念政协一次会议召开的邮票上，以鲜丽的色彩刻画了庄严的政协会徽。

· 中国人民政治协商会议纪念

· 中国人民政治协商会议会徽

全国政协会议选出第一届全国委员会，毛泽东当选委员会主席。在普选的全国人民代表大会召开前，政协全体会议执行全国人民代表大会职权。会议通过了《中国人民政治协商会议共同纲领》，规定：“中华人民共和国为新民主主义即人民民主主义的国家，实行工人阶级领导的、以工农联盟为基础的、团结各民主阶级和国内各民族的人民民主专政。”《共同纲领》在一个时期内起着临时宪法的作用。这就宣告了人民共和国是人民政权，它标志着中国人民从此站起来了！

在这次政协会议上，选举毛泽东为中央人民政府主席，朱德、刘少奇、宋庆龄、李济深、张澜、高岗为副主席；任命周恩来为政务院总理兼外交部部长。

1949 年 9 月 27 日，中国人民政治协商会议第一届全体会议通过决议，正式定国号为“中华人民共和国”；北平为中华人民共和国首都，并将北平改为北京；采用公元纪年；决定了国旗、国徽、国歌。

伟大的领袖和导师毛泽东主席逝世一周年

中国人民伟大的无产阶级革命家朱德同志逝世一周年

刘少奇同志诞生八十五周年

中国人民伟大的无产阶级革命家、杰出的共产主义战士周恩来同志逝世一周年

· 李济深

· 张澜

· 宋庆龄在政协第一届会议上讲话

在全国政协第一届会议期间，国旗设计图从数千幅征集稿中初选出 38 幅印发全体代表讨论。9 月 25 日晚，毛泽东主持座谈会，宣布以大红为底色、四小五角星拱卫一大五角星为国旗方案。从诸多设计方案中脱颖而出的“五星红旗”，彰显出新生的人民共和国的大气势大风范，一经亮出，就照耀了整个中国。毛泽东指出，五星红旗图案表现了革命人民大团结，因此，又是团结，又是革命。这一设计表达了各阶级、各民族人民对于国旗的期求与向往。1949 年 9 月 27 日，全国政协会议“全体一致通过：中华人民共和国的国旗为红底五星旗，象征中国革命人民大团结”。

1950 年，中国邮政曾以“国旗”为图案发行了一套邮票，5 枚邮票由 1 枚大票幅和 4 枚同规格小票幅组成，与五星红旗的星汉布陈一致。5 枚邮图只有一个：国旗。其白色底衬，似长空辽阔，凸现出国旗招展的鲜明醒目视觉效果。这是新中国

· 中华人民共和国开国一周年纪念

· 中华人民共和国开国一周年纪念（东北贴用）

第一次以国旗为主题的“国家名片”，庄重崇高，尽显国风。

国徽作为国家徽志，是国家的又一象征。中国人民政治协商会议第一届全体会议，讨论了国徽设计。当时，已向全国征集国徽图稿 900 余件。征集时曾明确要求：要有中国特征，要有政权特征，要庄严富丽。在这个基础上，清华大学设计组和中央美术学院设计组，共同设计了国徽图案。

毛泽东在政协第一次会议上向与会代表展示了国徽设计图样。这一历史瞬间，重现在一枚纪念邮票上。毛泽东手中的国徽设计图稿，就是后来悬挂在天安门城楼和人民大会堂上的庄严国徽。

国徽图案采用齿轮、谷穗、五星、绶带作为装饰元素，以体现中国共产党领导下的工农联盟和全国人民大团结。核心部分采用国旗上的五星，以昭示国家最高象征。五星辉耀之下，五四运动发祥地、新中国诞生地天安门，作为中华民族新象征，也成为国徽的主体元素。

1951 年 10 月 1 日，以国徽为图案，中国邮政发行了新中国第一套特种邮票，标为志号“特 1”。在米黄底色上，5 枚邮票嵌上国徽图案。这套邮票以单色胶雕套

· 中国人民政治协商会议成立五十周年

· 国徽

· 中华人民共和国成立十周年

印，简洁质朴，透出了辉煌大气。1959 年，在“中华人民共和国成立十周年”的纪念邮票中，也以国徽为主图发行了纪念邮票，一套 4 枚彩色胶印，亮出了国徽的庄严堂皇。

国歌，作为一个国家民族精神的象征，要鼓舞民众信心，要凝聚民族情感。国歌，以强烈的爱国心怀而具有强烈的感召力。在中国全民族抗战时期，由田汉作词、聂耳作曲的《义勇军进行曲》，虽是电影《风云儿女》主题歌，却从银幕传播到全国全世界，成为中华民族反侵略的战斗号角。这首歌曲激励了中国人民的爱国精神。

1949 年 9 月 27 日，全国政协第一届会议通过《关于中华人民共和国国都、纪年、国歌、国旗的决议》，规定以《义勇军进行曲》为代国歌。有人提出抗战期间的这首歌曲是否过时，周恩来指出，新中国建立后更要“居安思危”。《义勇军进行曲》铿锵有力的音调，蕴涵了中华民族永远奋进的力量。新中国成立，这首国歌

·“人民音乐家聂耳逝世七十周年”明信片

·中华人民共和国成立三十周年

·中华人民共和国第六届全国人民代表大会

“一唱雄鸡天下白”，高唱了七十多个春秋。

在纪念人民音乐家聂耳的一枚邮票上，就有作曲家肖像和《义勇军进行曲》的曲谱手稿。

在“文化大革命”期间，《义勇军进行曲》的词作者田汉受到冲击。当时人大会议决定，“国歌”采用原曲谱，歌词重新填写。这首修改歌词的国歌，在国庆 30 周年纪念邮票上曾全曲采用，成为一个历史时期的见证。1982 年 12 月，第五届全国人大第五次会议通过《关于中华人民共和国国歌的决议》，决定恢复国歌原词。1983 年，在为第六届全国人民代表大会召开发行的纪念邮票上，再以国歌全曲为邮图，票幅虽与那枚改词国歌邮票的票幅一样，但已恢复歌词原貌。2 枚邮票记录了国歌在不同时代的不同经历。

国旗、国徽、国歌，象征着新中国人民政权，昭示着全国人民大团结，再次显示出受苦受难的“中国人民从此站起来了”。

在新中国宣告成立前夕闭幕的政治协商会议，是中国人民爱国统一战线的一个组织，是中国共产党与多党合作和政治协商的一个机构。多年来，中国邮政为人民政协多次发行纪念邮票。在人民政协成立 60 周年纪念邮票上，采用政协会徽和政协礼堂为邮图，并饰以鲜花为衬，使画面洋溢着欢庆气氛。在人民政协成立 70 周年时也发行了纪念邮票。

1949 年的 9 月 30 日，中国人民政治协商会议第一次全体会议闭幕。当日下午，毛泽东主席和与会代表在天安门前为人民英雄纪念碑奠基。如火晚霞正在蕴聚着第二天黎明的曙光。

第二天，1949 年 10 月 1 日，一个镌刻在中国历史上的伟大日子，一个新的时代揭幕的日子到来了！

· 全国政协礼堂

· 全国政协礼堂新貌

· 人民英雄纪念碑

开国大典：新的历史里程碑

在小学五年级的语文课本上，有一篇文章是每一个孩子都必须熟读铭记的，那是每一个孩子从家庭步向社会的启蒙时刻都必须懂得的——那就是中华人民共和国的“开国大典”。

课文是这样写的：

“1949年10月1日，中华人民共和国中央人民政府成立，在首都北京举行典礼。参加开国大典的有中华人民共和国中央人民政府主席、副主席、各位委员，有中国人民政治协商会议全体代表，有工人、农民、市民、各学校师生、各机关工作人员、城防部队，估计总数30万人。观礼台上还有外宾参加。

“会场在天安门广场。广场呈丁字形。丁字形一横的北面是一道河，河上并排架着5座白石桥；再北面是城墙，城墙中央高高耸立起天安门的城楼。丁字形的一竖向南直伸到中华门，在一横一竖的交点的南面，场中挺立着一根电动旗杆。

“主席台设在天安门城楼上。城楼檐下，8盏大红宫灯分挂两边。靠着城楼左右两边的石栏，8面红旗迎风招展。

“丁字形的广场汇集了从四面八方来的群众队伍。早上6点钟起，就有群众的队伍入场了。人们有的擎着红旗，有的提着红灯。进入会场后，按照预定的地点排列。工人队伍中，有从老远的长辛店、丰台、通县来的铁路工人，他们清早到了北京车站，一下火车就直奔会场。郊区的农民是五更天摸着黑起床，步行四五十里路赶来的。到了正午，天安门广场上，队伍已经满满的，成了人的海洋，红旗翻动，像海上的波浪。

· 天安门

· 伟大的领袖和导师毛泽东逝世一周年

· 林伯渠同志诞生一百周年

· 中华人民共和国成立三十周年

“下午 3 点整，会场上爆发出一阵排山倒海的掌声，中华人民共和国中央人民政府主席毛泽东出现在主席台上，跟群众见面了。30 万人的目光一齐投向主席台。

“中央人民政府秘书长林伯渠宣布典礼开始。中央人民政府主席、副主席、各位委员就位。乐队奏起了中华人民共和国国歌——《义勇军进行曲》。正是这战斗的声音，曾经鼓舞中国人民为新中国的诞生而奋斗。接着，毛泽东主席宣布：‘中华人民共和国中央人民政府今天成立了！’

“这庄严的宣告，这雄伟的声音，使全场 30 万人一齐欢呼起来。这庄严的宣告，这雄伟的声音，经过无线电的广播，传到长城内外，传到大江南北，使中国人民的心一齐欢跃起来。

“接着，升国旗。毛主席亲自按动连通电动旗杆的电钮，第一面国旗——五星红旗徐徐上升。30 万人一齐瞻仰这鲜红的国旗。五星红旗升起来了，表明中国人民从此站起来了……

“阅兵式完毕，已经是傍晚的时候。天安门广场上灯笼火把全都点起来，一万支礼花陆续射上天空。天上五颜六色的火花结成彩，地上千千万万的灯火一片红。群众游行就在这时候开始，游行队伍分东西两个方向出发。他们擎着灯，舞着火把，高呼‘中国共产党万岁’！‘中华人民共和国万岁’！‘中央人民政府万岁’！他们一队一队按照次序走，走过正对天安门的白石桥前，就举起灯笼火把，高声欢呼‘毛主席万岁’！‘毛主席万岁’！毛主席在城楼上主席台前边，向前探着身子，不断地向群众挥手，不断地高呼‘人民万岁’！‘同志们万岁’！

· 中华人民共和国成立十周年

“晚上九点半，游行队伍才完全走出了

会场。两股红流分头向东城、西城的街道流去，光明充满了整个北京城。”

这光明，是人们永远忘不了的定格在天安门上的那个伟大历史时刻——中华人民共和国“开国大典”的庄严时刻。

中华人民共和国成立，是中国历史上一个伟大的“开国”之始，也是中国革命进程中一个划时代的里程碑。新中国标志着中国的新民主主义革命的结束，社会主义革命和建设时代正在拉开帷幕。

在新中国开国之初，邮电部为充实通用邮票，在中华民国孙中山先生肖像邮票上加盖“中国人民邮政”字样，在国内通用。这批邮票显示出了中国从旧民主主义革命走到新民主主义革命的历程。

1949 年 10 月 1 日举行的“开国大典”，成为人民邮政发行纪念邮票、纪念邮品的重要题材。

1949 年 11 月 1 日，“开国大典”一个月之后，尚未撤销的旅大解放区邮电管理局发行了“中华人民共和国成立纪念”邮票。这套邮票共 1 枚，图案以北京前门为背景，左侧饰以象征工人阶级与和平建设的巨大齿轮，并书写“中华人民共和国成立纪念”字样；右侧是一面飘扬的五星红旗，设计者没有采用标准图形，而是以一个大型五角星，强调了中国共产党的领导地位。在此背景下，绘有毛泽东主席挥手示意人民前进的图景。这套纪念邮票面值为当时旅大解放区新订邮资 35 元，由《大连日报》社印刷厂以红、黄、蓝三色套印印制。

·“开国大典”明信片

·加盖“中国人民邮政”

· 中华人民共和国成立纪念

1950 年 9 月，中国邮政发行一套“人民胜利纪念明信片”。明信片上使用了毛泽东主席在天安门城楼上宣告中华人民共和国中央人民政府成立的历史性照片，以及朱德副主席宣布阅兵开始和骑兵接受检阅的照片。20 枚一套的“人民胜利纪念明信片”，以“中华人民共和国中央人民政府成立典礼大阅兵”的醒目标题，装在一个红黑双色印制的封套中。

早在 1949 年 4 月 21 日，华北邮电总局报送《征集纪念邮票图案启事》中就拟发行“中华人民共和国成立纪念”邮票。8 月，人民政协筹委会“选定毛主席天安门阅兵侧面像一幅”。呈文中，明确邮票以“中华人民共和国成立纪盛”之名“送核”。在人民政协会议召开前夕，这套纪念邮票图稿开始设计。

画家张仃、钟灵在设计政协一次会议“纪 1”邮票图稿之后，又设计了这套后

· “开国大典上毛泽东讲话”明信片

· “开国大典上朱德宣布阅兵”明信片

·“开国大典阅兵”明信片

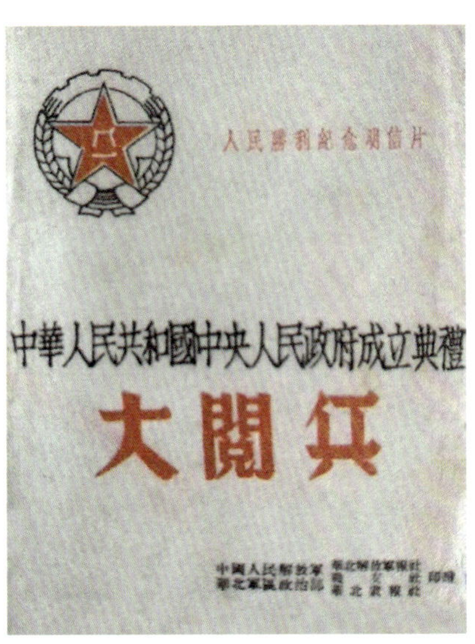

·“人民胜利纪念明信片”封套

来正式称为“开国”纪念邮票的图稿。以毛泽东主席肖像、天安门阅兵、国旗等元素构成，票幅为横式。

1949 年 11 月 29 日，华北邮政管理总局发出公函，称“本局拟印制‘中华人民共和国开国纪念’邮票，兹将图案摄影照片附上，请上海大东书局承印”。公函强调“此项邮票印刷必须精美，纸张油墨请选用上等质料”。拟定 1949 年 12 月 20 日发行。

这时，正值华北邮政管理局撤销，邮电部邮政总局成立。审核图稿时，提出“开国纪念邮票样本上所印毛主席像不甚维肖，当需修改”。修改由新入职的邮票设计人员孙传哲担任。此前，他已设计过华东解放区发行的“大进军”“毛泽东像”等邮票。他激动地说道：“作为新中国第一位专业邮票设计工作者，我将用手中的画笔去记录年轻的共和国所走过的每一个脚印。”

他回忆道：“画家张仃、钟灵已拿出了设计初稿，邮电部领导看后认为：‘此图稿中毛主席像是侧面的，不太理想，而且像上的头发太长，图稿上的五星红旗也缺乏动感。’我回想起自己曾为华东人民邮政设计的‘毛主席像普通邮票’。那套邮票上的毛泽东是根据画家黎冰鸿的素描像改画而成的，画中毛泽东同志头戴军帽，脸上流露着胜利与自信的微笑。何不借用这幅毛主席像？我又将张仃、钟灵原稿中的毛主席侧面像改为正面像，并参照黎冰鸿的那幅素描像重新精心绘制。我还将原稿

• “开国”邮票设计图稿

• 毛泽东像

中呈平面形的五星红旗改画为凌空飘扬的形状。最后，我对原设计的稿进行了一个大手术：将横式构图改为立式构图，增添了画面稳重庄严感。”

1950 年 7 月 1 日，第一次以“中国邮政”名义隆重发行了 4 枚一套的“中华人民共和国开国纪念”邮票。带着“开国盛典”印记，在共和国成立初期，在国内国外，这套纪念邮票作为伟大历史转折的一个记录和见证，广为传布，多受好评，并荣获新中国“最佳邮票”称誉。

1949 年 10 月 1 日是一个伟大的历史时刻，也是中国各种艺术形式表达的一个重大主题。1953 年，青年画家董希文构思创作油画《开国大典》。创作中，他饱蕴情感、倾尽心力，多次亲临天安门考察写生，画下了多件样稿草图。画家笔下细腻的线条勾勒和放逸的构图风范，最终使画家以精微而大气的油画巨制，刻画了

• “中华人民共和国开国纪念”邮票设计稿

• 中华人民共和国开国纪念

•“中华人民共和国开国纪念”首日实寄封

“开国大典”的辉煌场面：

天安门广场与蓝天的深远辽阔，城楼檐柱和玉栏的历史厚重，红旗红灯的喜庆色彩与灌耳似闻的欢声，以及如丰碑一般屹立的新中国开国元勋等；画面上人物和景物的聚合，将这一历史时刻的深刻内涵做了直击人心的生动表达。

毛泽东主席曾观看这幅题为《开国大典》的油画作品，说了极有深涵极有气魄的六个大字：“是大国，是中国！”

说到“是大国”，那是高度赞誉这幅油画记录下一个新生大国迈开前进的第一步，一个人民站起来当家做主的时代已经到来。这句话，点明这幅画的主题深意，指出这幅作品的深刻性和长远性。

说到“是中国”，那是对这幅画作的艺术风范做了透辟评说：外来造型艺术与中国民族特色相融合，显示了中国气派。这句话，概括了这幅作品开中国油画风气之先，在艺术上有创新与突破。

1959 年，中国邮政发行“中华人民共和国成立十周年”纪念邮票。在被称作“十年大庆”的这一年，五组纪念邮票中的第五组，邮票图案采用了《开国大典》这幅油画。

董希文先生创作的油画长 4.5 米，宽 2.3 米，是一幅巨幅画作。将这个大画面移到邮票上，须将邮票尺幅“放大”。这幅《开国大典》油画占据了新中国发行诸多邮票从未有过的横向 52 毫米大票幅。在印制上虽有多种手段，但依然有创意地

·“开国大典”草图

·开国大典

·开国大典（毛泽东签名）

采用传统的雕刻版式，将色彩斑斓的油画以深沉的紫色、细微的线条加以表达，透出泱泱大国的民族气度。

1959 年 10 月 1 日晚上，天安门广场举行盛大的焰火晚会。毛泽东主席以及党和国家领导人与群众一起欢度节日。在天安门城楼上，中南海的孩子杨绍明来到毛主席身边。他喜欢集邮，拿了整整半版“开国大典”邮票，让毛伯伯签名留念。毛主席望着祖国的下一代，高兴地签下了潇洒遒劲的三个大字——“毛泽东”，并写下了当年当天那个难忘的时间。

回望邮票上的《开国大典》，这幅作品被誉为“共和国成立的艺术见证”，它让人们伫立其前、思接千里：天安门上下的领袖与大众一起迎接着东方地平线上新中国的诞生，也透过欢庆时刻，看到中国共产党和中国人民近 30 年来，以及由此上溯到 1840 年以来苦难历程所铸就的辉煌。

人民政权为人民

1959 年，正是共和国成立十周年的大庆。那一年，工农兵都在自己的战线上以自己的业绩向祖国汇报；那一年，北京有了令人瞩目的“十大建筑”。其中，天安门广场上的人民大会堂，是全国人民代表大会召开的地方，万人大礼堂的穹顶之上，是一个以巨大红五星为核心组成的葵花顶灯组群，象征着中国共产党领导下的人民政权由人民当家做主。这座人民的大会堂和这个璀璨夺目的星象，也出现在邮票的图案中。

在人民大会堂建成之前，人民代表大会在北京中南海怀仁堂召开。1954 年 9 月，中华人民共和国第一届全国人民代表大会第一次会议隆重开幕。一枚纪念邮票上，将大会外景留在了方寸画幅中。大会代表从悬挂国徽和横标的会址陆续步出了会场。参加第一届全国人民代表大会的代表有 1226 人，包括了中国共产党的代表，民主人士和民主党派代表，工农业劳动模范和军队英雄人物代表，教育、文艺、科技工作者代表，工商界、宗教界代表，以及各民族各阶层代表。大会代表囊括了从戊戌变法、辛亥革命、五四运动，到国内革命战争、抗日战争以及新中国成立后各个历史阶段的各界代

· 人民大会堂

· 万人大礼堂

· 中华人民共和国第一届全国人民代表大会

· 中华人民共和国宪法

表，年龄跨度从 18 岁到 90 岁以上。这是几千年来中国历史上空前未有的一次团结的统一的大会。

1954 年 12 月 30 日，中国邮政同时发行了 2 套纪念邮票。一套是“中华人民共和国第一届全国人民代表大会”，另一套是“中华人民共和国宪法”。

在一枚题为“中华人民共和国第一届全国人民代表大会”的邮票上，各族人民共同庆祝第一届全国人民代表大会的召开，图案中央为中华人民共和国国徽，两侧是庆祝人群。邮票以红色为基调，衬托出喜庆气氛。

会议审议通过了中华人民共和国许多基本法律，最重要的是第一部《中华人民共和国宪法》。这是由毛泽东主席主持起草、讨论、通过和颁布的中国第一部社会主义宪法。它以《中国人民政治协商会议共同纲领》为基础，以立法的形式体现了两大原则，即人民民主原则和社会主义原则。审议通过并颁布的这部宪法，分序言、总纲、国家机构、公民的基本权利和义务等部分，共有条文 106 条。《中华人民共和国宪法》是中国人民一百多年以来为新中国诞生而英勇斗争的历史经验的总结，也是中华人民共和国成立以来新的历史经验的总结。

· 人民代表大会成立五十周年

· 全国人民代表大会成立六十周年

两枚纪念邮票，以

国旗为背景，以青年女农民手捧《宪法》、青年工人与国旗所示方向一致的举手姿态为主图，表现出各族人民与党和人民政府步调一致、同心同德建设社会主义的气势。画面设计清新简洁，有那个时代宣传画的效果，体现了当时邮票设计的简朴风格。为新中国第一部宪法发行的纪念邮票，以工农手执国家大法喜悦自豪的情景，体现了工农联盟的共和国主体形象，表达了《宪法》代表着人民利益，表明了人民政权由人民当家做主的深刻寓意。

依据《宪法》的规定，大会选举和决定了国家领导工作人员。邮票上题为“普选”的一枚邮图，展示了共和国公民基层选举的场面。一个穿着工装的女工正在往票箱中投选票，背景是中华人民共和国国旗。另一枚邮票是人民代表毛泽东投票的情景。在人民代表大会上，群众代表和毛泽东同在投票箱投票，履行共同的公民权利。在这次大会上，毛泽东当选为中华人民共和国主席，朱德为副主席；刘少奇当选为全国人民代表大会常务委员会委员长，宋庆龄等 13 人为副委员长。根据中华人民共和国主席毛泽东的提名，决定周恩来为国务院总理。

这次大会，确立了中国社会主义的政治制度，也是中华人民共和国从新民主主义到社会主义过渡的开始。

1954 年，诗人郭小川在《致青年公民》中咏唱道：“仿佛是滚滚的沉雷从万丈以上的云端向世界宣告：中国的国土上卷起了社会主义革命和建设的高潮；仿佛是豪迈的昆仑山拍着硬朗的胸脯为我们担保：中国人前所未有的黄金的日子真是来到了！”这是一个新中国人以“公民”身份当家做主的年代。

邮票上出现农民手捧《宪法》的喜悦形象，一种翻身当家做主人的新气象直面而来。中国千年封建专制统治，使农民视“土地”为自身政治和生存的首要之务。

· 普选

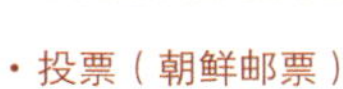
· 投票（朝鲜邮票）

· 周恩来同志诞生一百周年

旧民主主义革命就以“耕者有其田”为旨，新民主主义革命时期则有“土地革命”阶段。中国共产党的政策和路线的一个根本点，就是将农民组织起来、解放出来。“解放”的标志就是土地所有制的改革。1929 年，毛泽东就写下“收拾金瓯一片，分田分地真忙”的诗句，以寄理想。后来，在解放区又进行了土地改革。党旗上的斧镰图案，镰刀就是农民的象征。国徽上的谷穗纹路也是寓意农民当家做主。

1942 年冬天，宋庆龄先生在重庆与周恩来、邓颖超会晤。茶桌上摆着农民送来的两串饱满禾穗。宋庆龄说：“它比金子还宝贵。中国人口 80% 都是农民，如果年年五谷丰登，人民便可丰衣足食了。”周恩来手抚禾穗，意味深长地说：“等到全国解放，我们要把它画到国徽上。”果然，新中国成立以后在设计新中国国徽时，他建议把谷穗画上去。

· 中国共产党第十五次全国代表大会

· 国徽

· 土地改革（民主德国邮票）

中国共产党的革命目的是建立人民民主专政的人民共和国。因此，实行土地改革、废除封建制度的经济基础——地主阶级封建剥削的土地所有制是一条基本的方针。

旧中国占农村人口不到 10% 的地主、富农，占有农村近 80% 的耕地；而占农村人口 90% 以上的贫农、雇农和中农，则只占有 20% 左右的耕地。这是旧中国贫穷落后的主要根源之一。

1950 年 6 月，中央人民政府委员会通过由中国共产党中央委员会提出的《中华人民共和国土地改革法（草案）》，指出：土地改革的基本目的，就是废除地主阶级封建剥削的土地所有制，实行农民的土地所有制，借以解放农村生产力，发展农业生产，为新中国的工业化开辟道路。

1950 年冬至 1953 年春，大规模的、彻底的土地改革在全国范围内展开。波澜壮阔的土地改革运动，是彻底铲除封建剥削制度的一场深刻的社会革命，是中国民主革命的一项基本任务。

全国普遍实行土地改革，使3亿多农民无偿分得约7亿亩土地和大批生产资料，不必每年再向地主缴纳约3000万吨以上粮食的地租。一个古老的农耕民族，经历了几千年的风雨，一个“耕者有其田”的梦想终于在百废待兴的新中国开国的最初时日实现了。皇天后土终于回归到了土地主人的手中。

为了迎接大地之春的到来，1952年的第一天，中国邮政发行的第二套特种邮票，就是“土地改革”。这套邮票由图案相同的4枚邮票组成。发行时，有一个文字说明:“农民分得土地，领到土地证书，走向生产。”4枚邮票以单色雕刻版描画了这样的图景：左下角是3个穿着传统服装的中国农民半身像，他们对新的生活充满了憧憬。一位老农手指右侧的背景，是一台由年轻农民驾驶的大收割机，表现了农业现代化、机械化的发展远景。收割机宽大履带下面是一幅持续了几千年的传统的中国农耕图，以剪影形式表现了农民在用牛和犁耕地。设计者有意将牛、犁置于收割机履带之下，表现了用机械化的现代农业生产代替传统农耕方式的夙愿。

1952年，中国邮政发行了一枚以农耕为图案的邮简，邮简上方飘着谷穗，下方有农民在耕作。邮资图是天安门普

· 土地改革

· “农耕图”邮简

通邮票。这个邮简反映了土地改革时期农民欣悦积极的劳动情景。

随着土地改革的基本完成，农民从经济上翻身做了主人，调动了革命和建设的积极性。空前高涨的生产热潮显示了土地改革对解放生产力、恢复和发展经济生产的促进作用。同时，土地改革确立贫下中农在农村中的优势地位，巩固了无产阶级专政中的工农联盟。

土地改革以及在城市开展的以公私合营为标志的资本主义工商业改造基本完成，20 世纪 50 年代中期，中国宣布全面进入社会主义所有制。

从人民政权的政治体制的确立，到让农民当家做主人以及社会主义所有制的基本建立，人民共和国正是按照党的为国家为人民谋幸福的根本任务，在社会主义大路上开始阔步前进。

“雄赳赳，气昂昂，跨过鸭绿江”

当战争硝烟散去之刻，中国人民和世界人民对于和平的渴望更加迫切。1948年和 1949 年，“世界保卫和平大会”在巴黎和布拉格举行。西班牙著名画家毕加索为大会创作了著名的绘画作品《和平鸽》。

在西方，有一个传说：远古时代的大水灾涂炭生灵。一艘大船漂流在大水中。船上有人放出一只鸽子，察看地上洪水情况。但泽国遍地，鸽子无落，只得飞回船中。再次放飞的七天之后，鸽子衔一枝橄榄叶飞回，主人方知洪水已退。于是，人们就用鸽子衔叶象征和平。

毕加索一家对于鸽子情有独钟。一本传记曾以“鸽子今晚似神灵”为题写了这样一句话：他们“尤其爱画喃喃细语的鸽子”。毕加索一生热爱和平，反对非正义战争。他笔下的“和平鸽”已成为世界和平的标志。

· 毕加索与《和平鸽》（苏联邮票）

在战火甫定、和平到来的 1950 年，中国邮政以“保卫世界和平”为主题发行邮票，表明了中国人民对于和平的向往。这套邮票，均采用毕加索名画《和平鸽》作为图案。

毕加索用安详的白鸽象征平静幸福的生活。鸽子造型优美生动，邮票饰以框线和橄榄叶。顶端写有文字“保卫世界和平”，构图端庄大方，和谐稳重，把毕加索笔下的和平鸽形象衬裱得纯净圣洁。

1951 年、1953 年，又以毕加索所画的不同形态的和平鸽为图案，仍以“保卫世界和平”为题，中国邮政再发行 2 组邮票。特别是使用新颖的三角形异形票幅，更深刻生动地表达了初生人民政权对于“世界和平”的关注。

· 保卫世界和平

· 保卫世界和平

· 保卫世界和平

就在“和平鸽”翔飞于邮花之上的一个月前，1950 年 6 月 25 日，中国的近邻朝鲜半岛爆发了大规模战争。美国进行武装干涉，组成以美国军队为主的 15 个国家参加的“联合国军”，扩大侵朝战争，并威胁中国东北，战火燃烧到鸭绿江边。

敢不敢迎战世界上经济实力最雄厚、军事力量最强大的美帝国主义？这对于仅成立一年、百废待兴的中国来说，是一个严峻的考验。

·《决策出兵》（吉布提邮票）

1950 年 6 月 28 日，毛泽东发表讲话，号召“全国和全世界的人民团结起来，进行充分的准备，打败美帝国主义的任何挑衅”。

针对战争局势，中共中央政治局多次开会反复讨论，最后“一致认为我军还是出动到朝鲜为有利”。党中央做出了“抗美援朝、保家卫国”的重大决策。

·彭德怀同志诞生九十周年

1950 年 10 月 8 日，中共中央军委发布命令，将东北边防军组成中国人民志愿军，任命彭德怀为司令员兼政治委员。党中央寄望于彭德怀，是基于从井冈山到西柏坡的战争年代对他的信任和倚重。毛泽东曾赋诗曰：“山高路远坑深，大军纵横驰奔。谁敢横刀立马？唯我彭大将军！”

中央军委命令志愿军“迅即向朝鲜境内出动，协同朝鲜同志向侵略者作战并争取光荣的胜利”。10 月 19 日，中国人民志愿军第一批入朝参战部队，在没有空军掩护的情况下，“雄赳赳，气昂昂，跨过鸭绿江”，与朝鲜人民军并肩抗击侵略者。

1952 年，中国邮政发行“中国人民志愿军出国作战二周年纪念”邮票 4 枚。第一枚是“志愿军出国作战”。中国人民志愿军入朝部队共达 19 个军，134 万余人，邮票上展现了铁流直前、抗美援朝的壮阔景象，犹闻军歌嘹亮。

志愿军入朝后，中国共产党与各民主党派于 1950 年 11 月 4 日发表联合宣言，号召全国人民行动起来，支援抗美援朝战争。全国掀起大规模的抗美援朝宣传教育运动。全国人民团结一致，同仇敌忾，掀起参军参战、支援前线的热潮。“保和平，卫祖国，就是保家乡”的宣传教育，极大激发了各阶层人民的爱国热忱。

纪念邮票的第二枚是“支援前线”。在志愿军入朝作战的日子里，全国人民纷纷捐款捐物，支援前线。曾经有过豫剧艺术家常香玉个人捐献飞机的感人壮举。那时，中国邮政还为志愿军发行了专用军邮信封。信封的天安门图案下方印有“中国人民赴朝慰问团赠”字样，右边印有“抗美援朝 保家卫国”口号。

1950 年 10 月 25 日，志愿军打响入朝第一仗，以胜利拉开了抗美援朝战争的序幕。这一天被定为中国人民志愿军抗美援朝纪念日。中国人民志愿军与朝鲜人民军共同作战，经过五次大规模战役，把美军和盟军及李承晚军队逼回三八线。

纪念邮票的第三枚是“涉江追击”，图案以遒劲的线条勾画出中国志愿军涉水渡江追击敌人的战斗场景。

·志愿军军邮信封

· 志愿军出国作战

· 支援前线

· 涉江追击

· 胜利会师

在抗美援朝期间，1953 年 4 月中国邮政发行 20 枚“中国人民志愿军‘战士卫生邮便’军邮邮简”，图案表现了志愿军英勇作战的场面，以及刚刚组建的志愿军空军武装和空军战斗英雄张积慧的样貌。

在近三年的日日夜夜里，中国人民志愿军和朝鲜人民军战友一起并肩战斗。在血与火的激战中，有胜利也有挫折，中朝友军建立了亲密的战斗友谊。纪念邮票的第四枚“胜利会师”，再现了在战斗中屡见不鲜的中国人民志愿军和朝鲜人民军会师的情景。

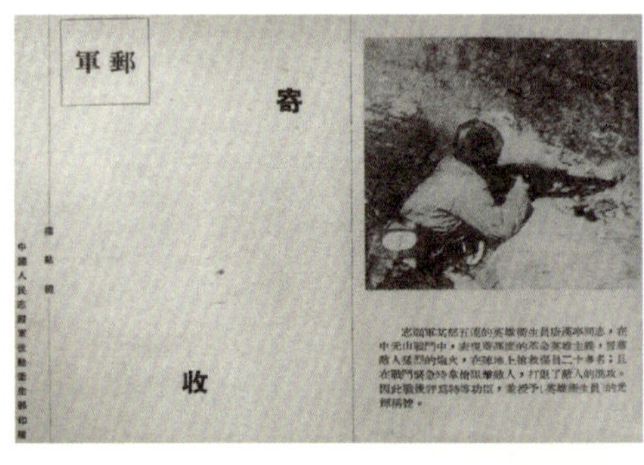

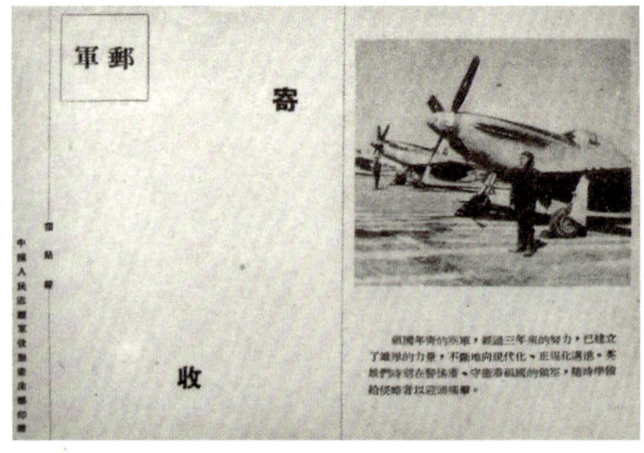

· 中国人民志愿军“战士卫生邮便”军邮邮简

·“毛泽东和毛岸英”立体邮资片

毛泽东的长子毛岸英是第一批入朝参战的志愿军战士。在朝鲜发行的一枚立体邮资片上，正面的邮资图和背面的照片，刻画了毛泽东在北京香山双清别墅与毛岸英谈话的场景。他对儿子说：一个年轻人就要在祖国最需要的地方贡献自己的青春和力量。

和广大普通百姓一样，毛泽东支持儿子毛岸英参军，在朝鲜战场与志愿军一起作战。在一次敌机轰炸中，毛岸英不幸牺牲。人民领袖为支援正义战争，奉献出了自己亲人。

在残酷的战争中，志愿军中涌现出杨根思、黄继光、邱少云、罗盛教等英勇献身的国际主义战士。在朝鲜发行的纪念邮票中，留下了黄继光烈士的形象。在抗美

·毛泽东和他的长子毛岸英（圣多美和普林西比邮票）

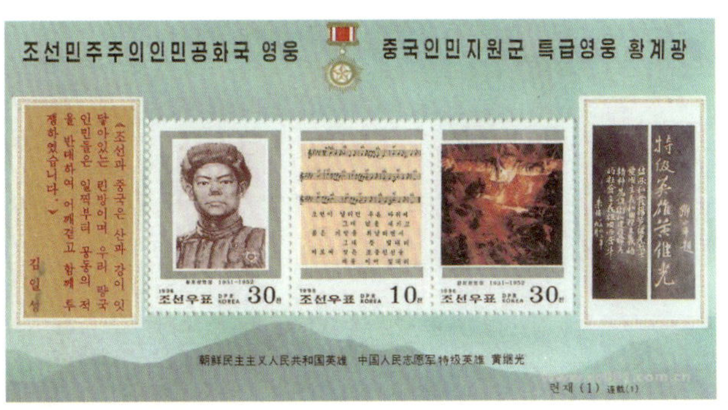

·黄继光（朝鲜邮票）

1　　慶祝一九五二年國慶節

• “中国人民志愿军”军邮明信片

援朝的艰苦战斗中，中国人民志愿军被祖国人民称为“最可爱的人”。

天安门是伟大祖国的象征。每一位战士心中都有天安门所象征的爱国情怀。1953 年 10 月，中国邮政发行 10 枚“中国人民志愿军军邮明信片”。第一枚就以 1952 年国庆节天安门前欢庆盛况的图案，表达了志愿军心怀保家卫国志向的崇高情感。

美国在遭受损失及其盟军的压力下，1951 年 7 月 10 日，美方同中、朝方进行停战谈判。1953 年 7 月 27 日，双方签订停战协定。

1958 年 2 月，为促进朝鲜和平统一，我国政府提出将中国人民志愿军主动撤出朝鲜。1958 年 10 月 25 日，中国人民志愿军完成祖国人民赋予的光荣使命，全部撤离朝鲜，凯旋归国。

1958 年 11 月 20 日，中国邮政发行“中国人民志愿军凯旋归国纪念”邮票。纪念邮票共 3 枚。每一枚均以迎风飘扬的红旗和两只展翅飞翔的和平鸽为背景，表达了中朝人民保卫世界和平的信念。在这个背景下，邮票展现了“并肩作战”“依依惜别”“胜利归来”三个历史性场面。

三年抗美援朝保家卫国的正义战争结束了。在一枚大型的全张邮票上，从毛岸英入朝和志愿军一同激战，到彭德怀与金日成前线会面以及开城中朝美三方谈判，表现了这场战争敌我双方战斗的来龙去脉，在历史上留下了人民战争胜利的又一丰碑。

抗美援朝战争的胜利，雄辩地证明：“西方侵略者几百年来只要在东方一个海岸上架起几尊大炮就可霸占一个国家的时代是一去不复返了。”

· 并肩作战

· 依依惜别

· 胜利归来

· 抗美援朝（圣多美和普林西比邮票）

民族团结一家人

中国是一个多民族的国家。民族工作是党的统一战线工作的重要组成部分。根据中华人民共和国境内各民族一律平等的原则，党和政府为增强民族团结进行了大量工作。特别是在体制上规划并实施了建立民族自治区域，维护了中华民族团结、共同建设祖国的信念，体现了 56 个民族和九州疆土一家人的面貌。

1947 年 5 月，内蒙古自治政府成立，并于 1949 年 12 月改称内蒙古自治区人民政府。1955 年 10 月 1 日，新疆维吾尔自治区宣告成立。拟议成立的广西壮族自治区、宁夏回族自治区的筹备工作也在进行。西藏自治区筹备委员会于 1956 年 4 月在拉萨成立，1965 年正式成立西藏自治区。

1949 年 10 月 1 日，开国大典的礼炮声犹闻在耳，人民解放军继续向华南、西南进军，以雷霆万钧之势扫荡残敌，并解放了中国南方的广袤疆土。当时，西藏还是全国大陆尚待解放的地区。

早在唐代，文成公主赴藏和亲。在那个遥远岁月，西藏就是中国美丽富饶的领土。在中国邮政发行的邮票上，留下了西藏历史与文明的瑰丽身影。

1951 年 4 月，阿沛・阿旺晋美率领西藏地方政府谈判代表 15 人到达北京。中央人民政府全权代表李维汉与西藏地方政府全权代表阿沛・阿旺晋美谈判，双方签订了《关于和平解放西藏办法的协议》。5 月 23 日，朱德、李济深副主席主持签字仪式，宣布西藏和平解放。这是中国共产党民族政策的一个重大胜利。

为庆祝西藏和平解放，中国邮政发行了 4 枚纪念邮票。这套邮票共有两个图案：一是“西藏拉萨布达拉宫全景”。蕴含着浓厚藏族文化特色和民族风格的著名喇嘛寺院布达拉宫，位于西藏自治区首府拉萨，宫院依山而建，共 13 层，高达百米，以花岗石砌壁，殿顶铜瓦覆盖。环绕正殿的八祭堂，各置金塔，镶有宝石。布达拉宫金碧辉煌、宏伟壮观，犹如青藏高原上一颗闪光的星辰。布达拉宫也是西藏政治、宗教、文化的象征。西藏和平解放，使布达拉宫获得新生。第二枚邮票为

“西藏农民用牦牛生产”，画面展现的是藏农赶着牦牛耕作生产的情景。这是中国为建立西藏自治区发行的第一套邮票。

· 西藏拉萨布达拉宫全景

· 西藏农民用牦牛生产

1961 年，正值西藏和平解放 10 周年之际，中国邮政发行了“西藏人民的新生”纪念邮票。这套邮票共 5 枚，以单色素描的逼真生动笔触，刻画了西藏同胞的五个生活场景，从中透现出西藏解放的重要意义。

第一枚邮票是欢悦快乐的“翻身曲”，反映了从农奴制到翻身做主人的历史性转变；第二枚邮票以在耕地洒下春种的播种场面，表现了“幸福从此扎下根”；第三枚邮票是“庆丰收”，画面上是丰年的喜庆欢乐场面，藏族同胞笑脸向阳，正在社会主义大道上前行；第四枚邮票的标题是“过去是奴隶，今天是主人”，表现了西藏人民民主生活的宽松与舒畅；最后一枚邮票出现了象征未来的孩子们，这“幸福的一代”是西藏的明天，也是祖国的希望。这组图案预示着党的民族政策千秋万代造福人民。

· 翻身曲

· 幸福从此扎下根

· 庆丰收

· 过去是奴隶，今天是主人

· 幸福的一代

· 和平解放西藏 40 周年

· 西藏自治区成立四十周年

1991 年，中国邮政发行“和平解放西藏 40 周年”纪念邮票小型张。在极富民族色彩的深沉瑰丽的纹饰与色彩的掩映中，40 年前发行的“和平解放西藏”邮票“西藏拉萨布达拉宫全景”1 枚，嵌于中心。小型张的大票幅以阔大的视野透现出浓郁的民族风范。

西藏和平解放之后，进行了民主改革，于 1965 年建立西藏自治区。2005 年，在西藏自治区成立 40 周年的日子里，从一枚大票幅纪念邮票中，直面而来的是藏族同胞欢腾喜庆的火热场面。

2015 年，正值西藏自治区成立 50 周年，中国邮政发行 3 枚一套的纪念邮票，分别以“美丽西藏”“和谐西藏”“幸福西藏”为题的图案充满藏族特色与风情，体现了民族大团结的和谐氛围。

内蒙古自治区是新中国少数民族最早实行人民自治的一个政体。历年来，中国邮政为内蒙古自治区发行了多套纪念邮票，如 2007 年发行的“内蒙古自治区成立六十周年”纪念邮票，以自然生态大草原的绿色基调为背景，以“吉庆”“欢歌”为主题，刻画了牧民的生活和精神面貌。

· 美丽西藏　　· 和谐西藏　　· 幸福西藏

2017 年，为“内蒙古自治区成立七十周年”发行了纪念邮票。在漫长的 70 年民族自治中，在彰显民族特点的各个领域，今昔翻天覆地的变化、令世界瞩目的成果与成就，已筑成中华民族复兴中的一个新的里程碑。3 枚邮票以“守望相助”“亮丽北疆”和“民族和谐”为主题，将精彩浓缩在具有民族特色的象征性构图中，在方寸天地中宣示了党的民族政策。

· 内蒙古自治区成立六十周年

· 守望相助　　· 亮丽北疆　　· 民族和谐

· 戈壁绿洲

· 油田 · 天池

· 天山牧场

1985 年，正值新疆维吾尔自治区成立 30 周年，3 枚纪念邮票从“戈壁绿洲”“油田 · 天池”“天山牧场”三个视角透视了祖国西北边陲民族自治的风貌。

2005 年，以“迎新曲”“欢庆颂”“丰收歌”为主题的 3 枚纪念邮票，以绚烂的维吾尔民族服装和特色的歌舞场面，迎来了新疆维吾尔自治区成立 50 周年的喜庆盛典。半个世纪西北少数民族的心声洋溢在寸幅邮票的天地之间。

2015 年，为新疆维吾尔自治区成立 60 周年发行的纪念邮票，以三连票形式，表现了“繁荣昌盛”“美丽家园”“团结和谐”的热烈欢腾场景，体现了民族事业的发展成就。

1958 年，宁夏回族自治区和广西壮族自治区相继成立。一北一南两个少数民族自治区，与内蒙古、西藏、新疆维吾尔三个自治区一起，构成了中国五大少数民

· 迎新曲

· 欢庆颂

· 丰收歌

· 繁荣昌盛

· 美丽家园

· 团结和谐

族自治区域。

1978 年，正是宁夏回族自治区成立 20 周年之时，3 枚纪念邮票以建设新宁夏为主题，将回族民族风貌和今日建设成就表现在 3 幅邮图上。

在宁夏回族自治区成立 50 周年之刻，3 枚纪念邮票分别以“风力发电”“沙漠绿洲”和“和谐家园”为题展现了具有地域与民族特色的自然风貌和发展成就。

1978 年，中国邮政为广西壮族自治区成立 20 周年发行了纪念邮票。欢庆的场面，以及工业农业生产成就的展示，为这个地处祖国西南边陲的少数民族的自治，做了历史记录。

· 宁夏回族自治区成立二十周年

· 宁夏回族自治区成立五十周年

“欢歌”“合作”“发展”这三个主题，成为广西壮族自治区成立 50 周年纪念邮票的设计理念，并衍化为刘三姐故乡颇具民族风采的画面，勾勒出广西壮族自治区半个世纪发展和进步的历程。

· 广西壮族自治区成立二十周年

· 欢歌

· 合作

· 发展

在中华人民共和国成立 50 周年之际，一套以“民族大团结”为主题的邮票，采用了中国 56 个民族的全景宏图，表达了中华民族祥和、温馨、幸福的“56 个民族是一家”的欢乐喜庆场面，讴歌了党的民族政策所取得的丰硕成果。

这套共庆祖国生日的“民族大团结”邮票，共有 56 枚。每枚刻画一个民族，对这个民族最具特色的服饰和歌舞等形象，做了真实细致的刻画。56 枚邮票印制在一张整版上，恰似 56 个民族聚合在一起，成为一个“民族大家庭”。

中华人民共和国成立五十周年 1949-1999
民族大团结

A 00123579

北京邮票厂

· 民族大团结

这套大型纪念邮票以“盛装歌舞为主、兼顾民俗”的设计与构图，创造了多项“第一”：涉及人员之多、历时之长，在中国邮票史上是第一次；一套纪念邮票 56 枚印在同一大版上，也是中国邮票史上第一次。另外，这套邮票的发行枚数也创下了当时的中国和世界纪录。总之，这套涵盖了 56 个民族的大全套邮票，从内容到形式的融合与升华，体现了党的民族政策的大成就，体现了中华传统艺术的大风范，体现了邮票设计、印制、发行上的大创新。

中国共产党所奉行的民族政策，在革命战争年代就有体现。早在长征途中，西南少数民族地区党和红军的团结和清明的政策，就得到了少数民族的支持。在纪念长征的一套雕刻版纪念封上，留下了“彝海结盟”纪念碑所铭刻的一段革命史实。红军经过大凉山彝族聚居区，总参谋长刘伯承同彝族部落首领歃血为盟。是少数民族的支持，为党中央和红军长征打通了顺利途程。红军到达六盘山时，毛泽东和张闻天还访看了宁夏兴隆镇单家集村的清真寺。

在新民主主义革命时期，在社会主义革命和建设时期，中国共产党的民族政策是革命成功和建设发展的战略性重要政策。

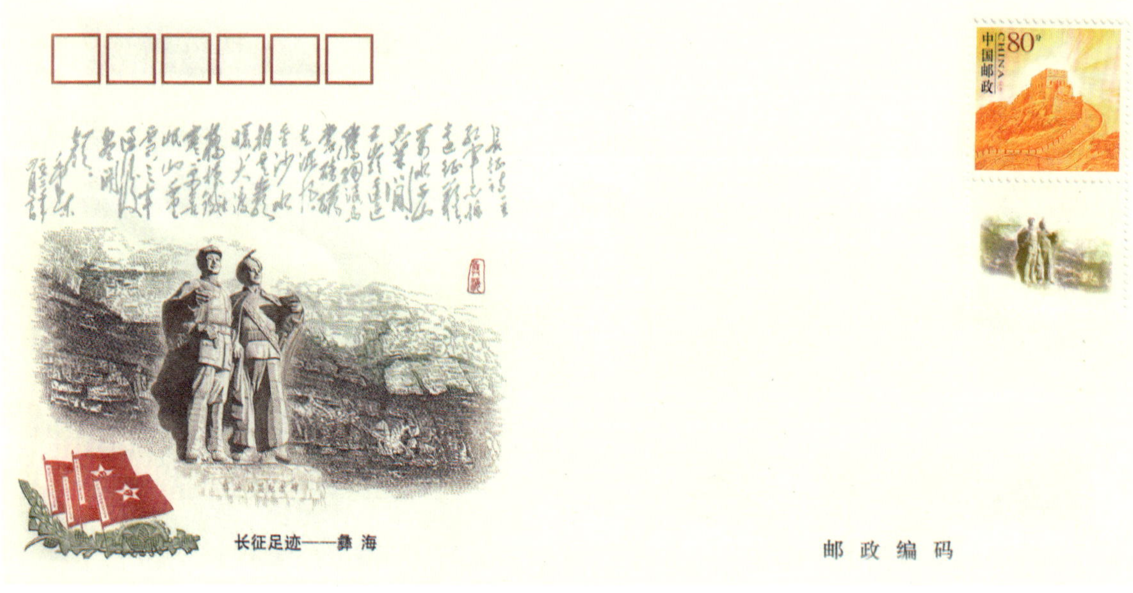

·“长征足迹——彝海”纪念封

共和国大门向世界敞开

早在 1949 年上半年，党中央和毛泽东主席就提出了中华人民共和国的基本外交方针，明确宣布新中国站在社会主义和世界和平民主阵营一边。这是新中国成立前夕为了争取苏联的支持，摆脱帝国主义的孤立和封锁，所采取的向苏联和社会主义阵营“一边倒”的外交方针。

根据这个重要的外交原则，1949 年 10 月 2 日，正值新中国屹立在世界东方的第二天，中华人民共和国就与苏维埃社会主义共和国联盟即“苏联”，建立了正式外交关系并互派大使。此后，又与保加利亚、罗马尼亚、匈牙利、朝鲜、捷克斯洛伐克、波兰、蒙古、德意志民主共和国、阿尔巴尼亚和越南等 10 个人民民主国家建立了外交关系。

1949 年 12 月，毛泽东访问苏联，与斯大林进行会谈。1950 年 2 月 14 日，《中苏友好同盟互助条约》和有关协定在莫斯科签订。这是新中国外交取得的重大成果。毛泽东指出：“这次缔结的中苏条约和协定，使中苏两大国家的友谊用法律形式固定下来，使得我们有了一个可靠的同盟国。”

苏联画家阿·吉利洛夫创作的油画《我们伟大胜利的旗帜——毛泽东和斯大林》，再现了当年两位领袖人物漫步在克里姆林宫的情景，这幅油画也出现在了中国邮政发行的邮票上。

1950 年 2 月 14 日，中国、苏联两国外交部部长周恩来和维辛斯基分别代表两国政府，在莫斯科签订了为期 30 年的《中苏友好同盟互助条约》《关于苏联贷款给中华人民共和国的协定》等多个条约。于同年 11 月生效的《中苏友好同盟互助条约》内容

·伟大的十月革命三十五周年纪念

· 中苏友好同盟互助条约签订纪念

主要是：防止帝国主义侵略以巩固远东和世界和平，发展和巩固两国间的经济、文化与合作关系。双方在换文中声明：于1945年8月14日由原苏联与中国国民党政府所缔结的条约与协定均告失效。

1950年12月1日，中国邮政发行了“中苏友好同盟互助条约签订纪念”邮票。这套邮票共3枚，图案同为毛泽东和斯大林握手的情景。两位国家领导人身后是两国地图和两国首都的标志性建筑——斯巴斯基钟塔与天安门，身前烘衬着两国庄严的国旗。

1955年，为“中苏友好同盟互助条约签订五周年纪念”发行的邮票，其中一枚以苏联著名画家德·阿·纳尔班迪安所作的油画《伟大的友谊》作为图案。邮图刻画了当年毛泽东和斯大林会面的场面，单色雕刻，细腻精致，色调庄重，堪称精品。另一枚邮票有一个很长的标题：“学习苏联先进经验，为我们祖国的工业化而奋斗”。用当时的话说，就是“向苏联老大哥学习”。图案上是苏联专家在指导中国工作人员。

1954年9月，苏联政府代表团访华，签订了7个文件。将以往苏联在双边关系中非正常占有的一些权利归还给中国；将4个中苏股份公司中的苏联股份移交给中国；为中国提供5.2亿卢布长期贷款；帮助中国新建15项工业企业和扩大原有141项企业设备的供应范围。此外，还签订了苏联在和平利用原子能方面给中国帮助的协定，为中国原子能工业的奠基提供了条件。中国邮政发行的“我国第一个原子能反应堆和回旋加速器”特种邮票2枚，记载了中国和苏联友好交往的成果。

· 伟大的友谊

· 学习苏联先进经验，为我们祖国的工业化而奋斗

· 原子反应堆

1960 年 2 月 14 日，中华人民共和国和苏联签订的《中苏友好同盟互助条约》已经过去 10 年。尽管当时中苏关系出现裂痕，但我国还是以大国风范纪念《中苏友好同盟互助条约》签订 10 周年。中国邮政发行 3 枚纪念邮票，以两国国旗为图案的那枚邮票，题为“友好同盟”。其他 2 枚邮票表现了“互助合作”与“保卫和平”。

· 友好同盟

1959 年，正值新中国成立十周年大庆，赫鲁晓夫率苏联代表团访问中国。尽管两国在一些问题上已有分歧，但中共中央仍安排苏联领导人登上天安门，和毛泽东站在一起，给以高规格外交礼遇。

从 1956 年苏共“二十大”召开，到 1957 年底莫斯科会议召开，中国共产党和苏共中央对于社会主义道路和无产阶级专政的探索有了完全不同的认知与实践。赫鲁晓夫提出的“和平共处、和平过渡、和平竞赛”等对内对外的方针政策，与中国共产党所奉行的路线背道而驰。党中央和毛泽东认为，这是背叛马克思列宁主义的修正主义。此刻，中苏关系蛰伏着越来越多的原则分歧，双方关系出现裂痕，直至 20 世纪 60 年代，中苏两党之间发生了一场意识形态大论战。

1963 年 7 月 14 日，苏共中央在中苏两党会谈期间发表《给苏联各级党组织和全体共产党员的公开信》，以错误路线全面攻击中国共产党。毛泽东亲自组织、亲自修改、亲自审定发表了九篇评论文章，即当年著名的“九评”。文章指出，中苏两党的分歧，早在 1956 年苏共“二十大”批判斯大林时就已出现，那是苏共领导走上修正主义道路的第一步。1962 年苏共“二十二大”通过的新纲领，形成了完整的修正主义体系。文章指出，从无产阶级专政和国际共产主义运动的历史上看，斯大林是一个伟大的马克思列宁主义者，是一个伟大的无产阶级革命家。中国邮政在为十月社

· 毛泽东和赫鲁晓夫（卢旺达邮票）

· 约·维·斯大林逝世一周年纪念

· 伟大的十月革命三十五周年纪念

会主义革命 35 周年、40 周年、45 周年发行的纪念邮票上，鲜明地体现了对于苏联革命传统和领袖的崇敬之情，以及坚持马克思列宁主义的立场。

1960 年，莫斯科举行各国共产党、工人党代表会议。会上，苏共中央大肆攻击中国共产党的正确路线。周恩来以及中共代表团，为抗议苏共中央反共反华言论提前回国。毛泽东和朱德等党中央领导人亲临机场迎接，表达了中共中央反对苏联修正主义的坚定决心。

在新中国刚刚诞生的年代，曾经流行一首歌——《莫斯科—北京》，咏唱的是苏联人民和中国人民的深厚友谊。早在苏联和中国的革命岁月，中苏两国人民和共产党人就有了战斗情谊。在新中国成立时刻，苏联首先与这个新生政权建交。在新中国百废待兴的日子里，苏联人民曾经给予中国无私援助。60 多年后，苏联已不复存在，但中苏友好是一代中国人难忘的情怀。中国与苏联、中国与俄罗斯两国人民的友谊是永恒的。

新中国刚刚成立，尽管百废待兴，但依然向世界敞开了大门。开国伊始，人民政权曾以东道主身份举行了国际性会议。1952 年 10 月，亚洲及太平洋区域和平会议召开。27 个国家的 367 位代表，以及列席代表和特约来宾来到北京参会，会期长达 11 天。

为庆祝新中国第一次外交盛会，中国邮政于会议开幕当天发行了“庆祝亚洲及太平洋区域和平会议”纪念邮票。邮票一套 4 枚，其中第一枚和第三枚采用了画家毕加索所绘的和平鸽，配以亚洲及太平洋区域地图作为图案。第二枚和第四枚邮票

· 迎接周恩来回国

的图案是和平鸽飞向亚洲及太平洋区域。

新中国成立以后，首与苏联建交。之后，立即和匈牙利、捷克斯洛伐克、民主德国、波兰、保加利亚、阿尔巴尼亚、朝鲜、越南等社会主义国家建立友好的外交关系，形成以苏联为首的社会主义阵营。

· 庆祝亚洲及太平洋区域和平会议

20 世纪 60 年代，中国邮政以“庆祝匈牙利解放十五周年”“庆祝捷克斯洛伐克解放十五周年”“庆祝朝鲜解放十五周年”“庆祝越南民主共和国成立十五周年”“庆祝蒙古人民革命四十周年”“阿尔巴尼亚独立五十周年”等为题发行了诸多纪念邮票；1950 年德意志人民民主共和国发行了“中德友好”纪念邮票，其中一枚以中国木刻作品毛泽东肖像为图案，社会主义阵营团结战斗的气象溢于方寸天地之间。这些邮票充分体现了共和国初期外交政策“一边倒”的形势。

· 庆祝匈牙利解放十五周年

· 庆祝捷克斯洛伐克解放十五周年

· 庆祝朝鲜解放十五周年

· 庆祝越南民主共和国成立十五周年

· 庆祝蒙古人民革命四十周年

· 阿尔巴尼亚独立五十周年

· 中德友好（民主德国邮票）

20 世纪 50 至 70 年代，中国政府和毛泽东多次发表讲话和声明，并组织各类活动支持国际上各民族人民反帝斗争和争取民族解放运动。这个重要的外交政策，也在同一时期频频发行的纪念邮票中体现出来。如古巴与帝国主义的斗争，在 20 世纪 60 年代始终是国际焦点。中国和古巴同为社会主义国家，1959 年古巴共和国成立后，一直受到外来军事包围和经济封锁，中国坚决支持英雄的古巴人民的正义斗争。1962 年，以“支持英雄的古巴”为题发行的 3 枚邮票，运用红、绿、蓝三种颜色，以古巴人民、士兵、民兵的形象，表现出古巴人民保护家园、保卫国土的英雄气概。接着，1963 年发行的“革命的社会主义的古巴万岁”邮票，一套 6 枚，出现了“保卫古巴”“古巴必胜”“胜利属于古巴人民”等以宣传鼓动性口号为题设计的邮票图案。1964 年又发行“庆祝古巴解放五周年”纪念邮票 2 枚。

· 支持英雄的古巴

· 庆祝古巴解放五周年

· 保卫古巴

· 古巴必胜

· 胜利属于古巴人民

1963 年，采用鲜明的标题，中国邮政发行了“支持越南南方人民解放斗争”，1964 年发行了“英勇的越南南方人民必胜”，1965 年发行了“支持越南人民抗美爱国正义斗争”等邮票，旗帜鲜明地表达了中国在外交政策上对于反帝斗争和民族独立所持的正义立场。

新中国成立以来，党中央和中国政府制定的外交政策，始终不渝对世界上受到帝国主义和资本主义压迫的弱小国家给以坚决支持。1953 年 12 月，我国政府首次

・支持越南南方人民解放斗争

・英勇的越南南方人民必胜

・支持越南人民抗美爱国正义斗争

提出“和平共处”五项原则。1954 年 6 月，周恩来总理兼外交部部长应邀访问印度和缅甸，发表联合声明，一致同意以“和平共处”五项原则作为指导相互关系的基本原则，并倡议将它作为处理国际关系的准则，在世界上产生了广泛影响。

1955 年 4 月，在印度尼西亚召开的“亚非国家国际会议”，即“万隆会议”，有亚非 29 个国家的政府首脑与会。周恩来率中国代表团赴会万隆。会议讨论保卫世界和平、争取民族独立、发展民族经济等各国共同关心的问题。周恩来代表中国政府向全世界郑重宣布“和平共处”五项原则，促进了亚非民族解放运动的发展。各国代表赞同中国代表团观点，达成了“和平共处、友好合作”的十项原则，使“和平共处”五项原则得到体现和发展，万隆会议取得圆满成功。1965 年，在中国邮政发行的“万隆会议十周年”纪念邮票上，就体现了“亚非人民欢庆团结”的会议成果。

1963 年，毛泽东写下了“四海翻腾云水怒，五洲震荡风雷激”的诗句。就在这一年，印度尼西亚首都雅加达举行了“第一届新兴力量运动会”。

・周恩来同志诞生一百周年

・万隆会议会场外景

・亚非人民欢庆团结

1962 年夏，第四届亚运会的东道国印度尼西亚拒绝中国台湾体育组织以“中华民国”的名义参与，拒绝以色列赴会。国际体育组织决定不承认这届亚运会，并撤销对印尼奥委会的承认，不定期禁止印尼参加奥运会。为了抗议这一决定，印度尼西亚总统苏加诺发起举办“第一届新兴力量运动会”。这一倡议得到亚、非、拉和欧洲一些国家的广泛支持，48 个国家和地区的 2404 名运动员参加了 1963 年 11 月在雅加达举行的这一国际盛会。中国支持这一倡议并派体育代表团赴会。

在贺龙副总理率领下，中国体育代表团参加比赛，在田径、举重、射箭等项目上创造了世界纪录，许多国家运动员也打破了本国纪录。这次运动会促进了新兴国家之间的友谊和了解。

为纪念这次盛会，中国邮政发行 5 枚纪念邮票。其中一枚为“新兴力量大团结”，图案是不同肤色的各国运动员并肩前进，背景为椰树掩映下的仪仗队，以示运动会在“万岛之国”印度尼西亚召开。另外 4 枚分别为“足球”“铁饼”“跳水”“体操”。整套邮票采用色线白描的方式，线条简洁明快，色调素淡雅致，给人清新质朴、蓬勃向上之感。

1958 年 4 月，由加纳总理恩克鲁玛倡议，在加纳首都阿克拉举行了非洲独立国家会议。会议决定，把每年的 4 月 15 日作为“非洲自由日”。中国重视同非洲国家的友好关系，支持非洲的民族解放运动。每年这一天，中国都要举行纪念活动。1964 年，中国邮政发行“庆祝非洲自由日”纪念邮票。这套邮票共 2 枚，一枚为“中非友好”，另一枚采用了当时广为流传的木刻作品进行设计：版画“战鼓”刻画了一位黑人昂扬击鼓的富于战斗气息的形象。

· 新兴力量大团结

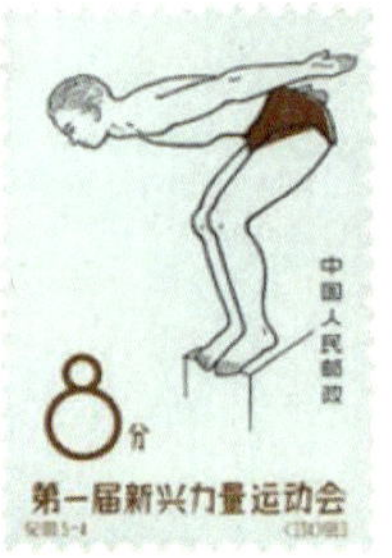

· 跳水

· 体操

1968 年 5 月 31 日，以“中国共产党中央委员会主席毛泽东同志支持美国黑人抗暴斗争的声明”为题，发行了 1 枚邮票。

1970 年 5 月 20 日下午，首都各界群众 50 万人在天安门广场隆重集会，支持世界人民反对帝国主义的斗争，拥护毛泽东审定的声明，即“五・二〇”庄严声明。

・战鼓

・“五・二〇”声明

毛泽东以马克思主义的“全世界无产者联合起来”思想，构建了中国外交宏图。拉丁美洲革命家切・格瓦拉的革命思想和实践，得到毛泽东的支持。这位革命家访问中国时，曾在北京与毛泽东亲切会面。毛泽东还曾和朝鲜党和国家领导人金日成、越南人民领袖胡志明亲切会面，表达了对于无产阶级政党和社会主义国家人民政权的支持和支援。许多邮票可以见证毛泽东在亚非拉各国人民中间享有的崇高威信。

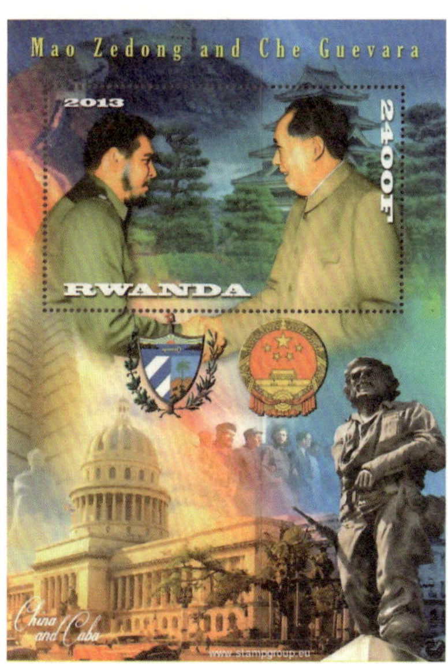

・毛泽东和切・格瓦拉（卢旺达邮票）

・毛泽东会见金日成（朝鲜邮票）

・毛泽东会见胡志明（越南邮票）

・毛泽东与亚非拉人民在一起（朝鲜邮票）

· 会徽　　· 中日青年友好大联欢　　· 中日青年友好联欢

自古以来，中国和日本是一衣带水的邻邦。发展睦邻友好关系，是中日两国人民的共同愿望，符合两国人民根本利益。1965 年 8 月，中日双方相关机构组织了“中日青年友好大联欢”活动。两批日本各界青年代表百余人，于 8 月和 11 月在北京、上海举行活动。当时，两国尚未建交。中国党和国家领导人毛泽东、刘少奇、周恩来、朱德、彭真等接见了参加联欢活动的日本客人。

为纪念“中日青年友好大联欢”，1965 年 8 月，中国邮政发行 5 枚纪念邮票。以“欢迎”“团结反帝”“友好”“联欢”“会徽”为题，记录了中国外交历史上这次盛大的中日友好活动。

1984 年 9 月，中国政府再邀 3000 名日本青年来华举行“中日青年友好联欢”。日本青年分四路来到中国，到西安、武汉、南京、杭州、上海参观，并于国庆节期间在北京聚集，同首都各界青年举行了友好联欢。1984 年 9 月，中国邮政又发行“中日青年友好联欢”纪念邮票 3 枚。其中一枚图案采用了西安大雁塔和日本奈良的唐招提寺。大雁塔是唐代长安的著名建筑物，历史上日本多次派“遣唐使”研习中国的政治制度与先进文化。12 只洁白的大雁乘着祥云，往返于大雁塔和唐招提寺之间，象征着中日友好亘古不断。

早在 1955 年 8 月，中美两国就开始了大使级会谈，为中美关系的改善打下了初步基础，多年来受美方限制无法回国的著名航天火箭专家钱学森等得以返回祖国。周恩来评价说：“我们要回了一个钱学森。单就这件事来说，会谈也是值得的，有价值的。”

1971 年 4 月，在日本举行的第 31 届世界乒乓球锦标赛上，中国运动员向美国同行伸出友谊之手。毛泽东敏锐抓住“小球推动大球”的形势，决策邀请美国体育代表团访华，“乒乓外交”拉开序幕。就在这一年的 11 月，北京举办了“亚非乒乓

· 亚非乒乓球友好邀请赛

· 亚非乒乓球友好邀请赛会徽

· 中华人民共和国展览会

球友好邀请赛”，并发行了纪念邮票。从这套充满友谊的邮票中，可以感受到新中国向世界敞开大门的开放气息，也可以看到“乒乓外交”的延续。

1972 年，中国政府邀请美国总统尼克松访华。周恩来在“空军一号”专机下与尼克松的握手，毛泽东与美国总统的交谈，为中美建交铺平了道路。

1980 年 9 至 12 月，在美国的旧金山、芝加哥和纽约举办了隆重的“中华人民共和国展览会”，中美两国进行了有历史意义的交流。

20 世纪 50 年代后期，中共中央和毛泽东认为需要有一个区别和划分国家性质的新概念。根据第二次世界大战后国际关系的新格局，毛泽东从 20 世纪 40 年代开始酝酿，到 20 世纪 60 年代初步形成“中间地带论”的外交战略，最终在 20 世纪 70 年代形成“三个世界”理论。

1974 年 2 月 22 日下午，毛泽东会见赞比亚共和国总统卡翁达。在这次会见中，毛泽东提出划分三个世界的理论。他说：“我看美国、苏联是第一世界。中间派，日本、欧洲、澳大利亚、加拿大，是第二世界。咱们是第三世界。”“第三世界人口很多”，“亚洲除了日本，都是第三世界，整个非洲都是第三世界，拉丁美洲也是第三世界”。此后，毛主席又和周恩来交谈，确定了对外政策上的“三个世界”战略以及“中国永远不称霸”的重要思想，奠定了中国在世界政

· 联合国成立七十周年

· 全世界无产者联合起来

治格局中的国际地位，为中国进行现代化建设创造了有利的国际条件。

在“三个世界”格局的推动和支持下，1971 年 10 月 25 日，第 26 届联合国大会通过第 2758 号决议，恢复中华人民共和国在联合国的一切合法权利。1974 年 4 月 10 日，邓小平在联合国大会第 6 届特别会议上发言，全面阐述毛泽东关于“三个世界”划分的理论，并表明了中国的对外政策。他指出：中国是一个社会主义国家，也是一个发展中国家，中国属于第三世界。中国同大多数第三世界国家具有相似的苦难经历，面临共同的问题和任务。中国把坚决同第三世界的其他国家一起为反对帝国主义、霸权主义、殖民主义而斗争看作是自己神圣的国际义务。“三个世界”划分的理论，作为中国外交政策的基础，结成了广泛的国际统一战线。

毛泽东关于“三个世界”的论断，在国际上引起巨大反响。全世界各国，特别是“第三世界”国家，都将毛泽东的形象印制在他们的“国家名片”上，以示友好和崇敬。

从屈辱贫弱的旧中国走来的新中国，在中国共产党和人民大众的奋斗中，在政治上站立起来，在经济上恢复发展；同时，也以一个大国姿态开始了有担当的外交，以开放的视野向世界敞开了大门。

· 毛泽东（喀麦隆邮票）

· 毛泽东（安提瓜和巴布达邮票）

曲折的探索

由新民主主义革命转入社会主义革命和建设时期，这对于中国共产党是一个挑战和考验，也是一个在践行中不断探索认知的过程。当然，这条道路避免不了曲折和挫折，也避免不了走弯路与犯错误。但是，中国共产党人探索的初衷和目标，始终是为巩固中国社会主义制度和坚持马克思主义学说，始终是建设社会主义国家和为人民谋幸福。因此，曲折的探索之路也是党和领袖为建成社会主义所进行的一个实践。

“路漫漫其修远兮，吾将上下而求索。”中华人民共和国成立前后，从延安的“窑洞对”到西柏坡的“万里长征走完第一步”，再到香山双清别墅的“进京赶考”，毛泽东始终在思考和探索社会主义革命和建设的道路、方向与去从。他的“求索”，在一幅题为“求索”的感动世界的油画上生动而深刻地体现了出来。

从20世纪60年代开始，毛泽东提出了“以阶级斗争为纲”的思想，导致了党中央在领导和指导工作上的一系列错误和挫折。

自20世纪60年代中期始，1966至1976年，在中国发生的“文化大革命”的内乱是在中国共产党发展历程中出现的严重曲折和全面性错误。

从文化领域的批判开始的“无产阶级文化大革命”，以1966年5月16日中央政治局扩大会议通过的《中国共产党中央委员会通知》（简称“五一六通知”）为纲领：“混进党里、政府里、军队里和各种文化界的资产阶级代表人物，是一批反革命的修正主义分子，一旦时机成熟，他们就会要夺取政权，由无产阶级专政变为资产阶级专政。”

•《求索》（吉布提邮票）

· 毛主席语录（第一枚）

1966 年，中国邮政只发行了 5 套邮票，但多枚邮票已经出现以红色为主调等带有“文化大革命”时期的设计特征，并第一次采用“毛主席语录”发行了邮票。到 1967 年，中国邮政沿袭 18 年带有“纪念邮票”和“特种邮票”志号的邮票基本停止发行，无志号的后来被称作“文”字的邮票系列开始发行。到 1970 年为止共发行 19 套 80 枚邮票，自 1970 至 1974 年又以编号方式发行了 21 套 95 枚邮票。这些“文化大革命”期间发行的邮票，在选题上与这场运动的进程紧密配合；在设计上则以“红海洋”式的宣传画为主，并有只以“毛主席语录”为图案的多枚邮票发行。

从 1966 年 5 月下旬起，北京市大中学校学生率先“造修正主义的反”，内乱开始出现。8 月 1 日，党的八届十一中全会举行，全会根据毛泽东的意见通过了《中国共产党中央委员会关于无产阶级“文化大革命”的决定》（简称“十六条”），对

· 毛主席语录

于运动的对象、依靠力量、方法等根本性问题做了规定。在1967年5月发行的一套“毛主席万岁”邮票上，第一枚就是以这次会议公报的一段话为图案。

从1966年8月18日到11月26日，毛泽东在北京连续8次接见了约1100万红卫兵和院校师生。“中央文化革命小组”策动造反派把攻击矛头集中转向各级党政领导机关。中央和地方许多领导干部受到批斗，机关工作陷于瘫痪、半瘫痪状态。

在一枚邮票上出现毛主席与“红卫兵”在一起的图案，另一枚邮票则以毛主席身穿军装、戴着袖章的照片为图案。

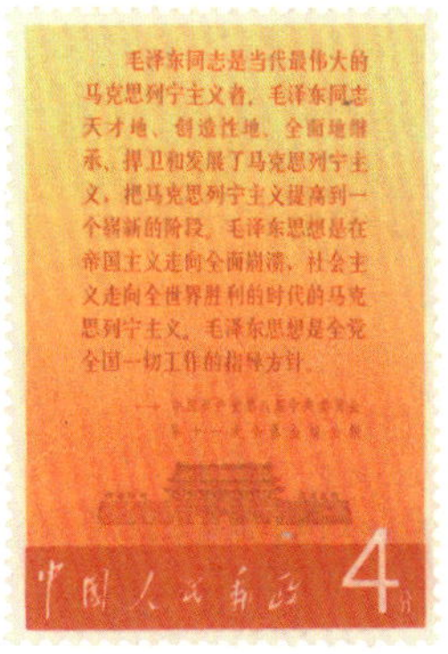

·中国共产党八届十一中全会公报摘录

·毛主席和红卫兵在一起

·毛主席万岁

1967年1月初，上海造反派组织夺取上海市的党政领导权。由此，各地掀起造反派夺权的所谓“一月革命”风暴。面对“左”倾错误和极左思潮，党的领导层内和广大干部群众中，始终有抵制和抗争。2月中旬，在中南海怀仁堂中央碰头会上，谭震林、陈毅、叶剑英、李富春、李先念、徐向前、聂荣臻等老同志，围绕坚持党的领导、保护老干部，以及稳定军队等一些根本性问题，拍案而起，质问“中央文化革命小组”。

在中国邮政为陈毅发行的纪念邮票中，有一枚是这位元帅和外交家亲笔书写的诗句：“大雪压青松，青松挺且直。要知松高洁，待到雪化时。”表达了陈毅和老一辈无产阶级革命家对内乱的抵制与抗争。

在“文化大革命”期间发行的“文”字邮票中，与“红海洋”格调不同，以“毛主席诗词”为主题

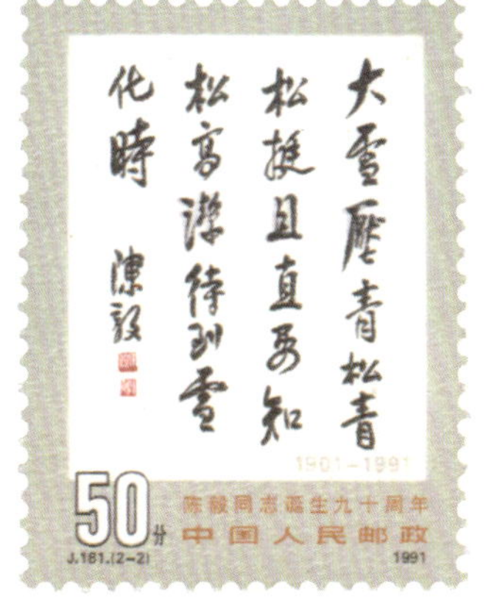

·陈毅同志诞生九十周年

· 毛主席在写作

·《七绝 · 为李进同志题庐山仙人洞照》

的 14 枚邮票，使用了白纸黑字展示毛主席手迹，只有边框为红。这套邮票的第一枚是毛主席写作的照片。其他 13 枚邮票图案，均取自不同时期毛泽东诗词的墨迹手稿。

1964 至 1967 年，各地文艺团体创作并演出了一批现代题材戏剧。京剧《红灯记》《智取威虎山》等 8 个现代戏在北京汇演后，在全国迅速推广。

“文化大革命”期间，有 9 枚邮票表现了“毛主席的革命文艺路线胜利万岁”，图案是“在毛泽东旗帜下的革命文艺队伍”，以及当年 8 个“革命样板戏”：京剧《智取威虎山》《海港》《红灯记》《沙家浜》《奇袭白虎团》，芭蕾舞《红色娘子军》《白毛女》和革命交响音乐《沙家浜》。

1970 年，邮票发行恢复了“志号”。以“志号”为编号的第一套邮票，就是

· 在毛泽东旗帜下的革命文艺队伍

·《智取威虎山》

·《红灯记》

·《沙家浜》

·《红色娘子军》

·革命现代京剧《智取威虎山》

·革命现代舞剧《白毛女》

"革命现代京剧《智取威虎山》"。这部京剧描写了人民解放军东北剿匪战斗，塑造了英雄杨子荣的形象。6枚邮票分别为"杨子荣""穿林海""胸有朝阳""深山问苦""发动群众"和"胜利会师"。

此外，编号邮票中还有4枚邮票以"革命现代舞剧《白毛女》"为主题。这部作品将著名歌剧移植到芭蕾舞舞台上，体现了"洋为中用"的理念。

至今，这些出自"文化大革命"期间的样板戏，还在舞台上和邮票上时有所见。2010年，中国邮政将《红色娘子军》作为"中国芭蕾舞剧"的经典作品，发行了2枚邮票。

·《红色娘子军》

1968年9月，全国（除台湾省外）29个省、市、自治区先后成立革命委员会，在一定程度上结束了"文化大革命"前期的无政府状态，承担起组织经济生产和社会管理的责任，恢复了部分日常工作，初步稳定了社会秩序。但是，以"造反"和"夺权"建立起来的这个机构，却存在体制的弊端及成分的严重不纯。

在党的"九大"开幕前夕，1969年3月，苏联军队多次武装侵入我国黑龙江省珍宝岛地区，中国人民解放军坚决回击。在一枚题为"严惩入侵之敌"的邮票上，刻画了珍宝岛自卫反击战的战斗场景，显示出中国人民捍卫国土的英雄气概。

·严惩入侵之敌

· 轮船

· 红旗渠

1972 年，中国邮政连续发行“轮船”“中国工人阶级先锋战士王进喜”“红旗渠”等邮票，显示出“文化大革命”期间恢复经济建设的一个转变。

广州出口商品交易会曾一度受到严重干扰。在周恩来的关心、指导下，1973 年 10 月 15 日，中国举办了第 34 届出口商品交易会，始于 1957 年的“广交会”恢复交易。参加交易会的世界各国贸易界人士及海外华侨约 2000 人。经周恩来批准并报毛泽东同意，我国陆续从国外进口了一批技术先进的设备，促进了我国经济发展和技术进步。

为此发行“中国出口商品交易会”邮票 1 枚，图案以交易会大楼为主体，树木、人群、红旗与主体图案错落有致，层次分明。明丽的天空，又把交易会气氛烘托得热烈隆重。这枚邮票的发行，显示了“文化大革命”期间对外开放的转折之始。第二年，1974 年又一次发行了“中国出口商品交易会”邮票。

· 中国出口商品交易会

1974 年 10 月，中共中央宣布近期召开第四届全国人民代表大会，同时传达毛泽东的意见：“无产阶级‘文化大革命’，已经八年。现在以安定为好，全党全军要团结。”并提出“把国民经济搞上去”。

1975 年 1 月，第四届全国人民代表大会第一次会议召开。大会由朱德委员长主持，重病在身的周恩来做了《政府工作报告》，他重申了在 20 世纪内实现四个现代化的宏伟目标："在本世纪内，全面实现农业、工业、国防和科学技术的现代化，使我国国民经济走在世界的前列。"人民的好总理最后一次在公众场合露面的难忘形象，留在了为他逝世一周年发行的纪念邮票上。

· 全国各族人民大团结

中国邮政为这一届人民代表大会发行了 3 枚纪念邮票，题为"全国各族人民大团结"，邮图是工、农、兵及各界代表欢聚人民大会堂。

1975 年 1 月 5 日，根据毛泽东提议，中共中央发出文件，任命邓小平为中共中央军委副主席兼中国人民解放军总参谋长。在党的十届二中全会上，追认邓小平为中央政治局委员，并选为中央政治局常委、中共中央副主席。邓小平复出后，进行大刀阔斧的"整顿"，并与"四人帮"斗争。

1976 年，一个大事云集、震天撼地的年代，一个大悲大喜、悲极喜极的年代，一个在共和国历史上风云变幻的年代，一个在新中国前进途中重大转折的年代。

1976 年，巨星陨落，周恩来、朱德、毛泽东三位开国元勋相继辞世。

· 周恩来

· 毛泽东

· 朱德

1976 年，山崩地陷，唐山大地震，一夜之间，损毁了一座城市。

国殇之刻，1976 年，又迎来了十年内乱的元凶"四人帮"的覆灭。

1976 年 10 月 6 日晚，华国锋、叶剑英代表中央政治局，也代表党和人民，对王洪文、张春桥、江青、姚文元及其帮派骨干实行审查。

1976 年 10 月 14 日，党中央公布粉碎"四人帮"的消息。人们欣喜若狂，奔走相告，开怀畅饮，神州大地一片欢腾。

在 1977 年发行的一枚邮票上，红旗招展，群情欢跃。至此，“文化大革命”结束。聚集在天安门前的中国人民，迎接一个新的历史时刻的到来。

1981 年，中共中央《关于建国以来党的若干历史问题的决议》指出：“我们党在马克思列宁主义、毛泽东思想指导下，领导全国各族人民进行社会主义革命和社会主义建设并取得巨大成就。”社会主义革命和建设极其艰巨复杂，这是前人从来没有做过的事业，党在探索中不可能顺利地沿着一条笔直的大道通往认识的自由王国。既然是探索，就很难避免会有失误和挫折。在探索适合中国国情的社会主义道路过程中，尤其是 1966 年开始的“文化大革命”时期，党和国家更是遭受严重挫折。

但是，中国共产党领导中国人民走过的 27 年历程已经表明，人民共和国取得了历史性的巨大成就——全面确立社会主义的基本制度，实现中国历史上最伟大、最深刻的社会变革，巩固了民族独立和人民解放的成果，为中国发展、进步创造了政治前提，奠定了制度基础。

1977 年，在一枚纪念邮票上，以鲜红的中国共产党党旗为指引，全国人民意气风发，热情昂扬，向着新的征程前进。

· 中国共产党第十一次全国代表大会

第八篇

换了人间

“萧瑟秋风今又是，换了人间。”这是毛泽东主席的一句词。在北戴河闲庭信步之刻，毛主席望海抒怀，写了下《浪淘沙·北戴河》。

从旧社会走来的新中国，开国伊始，一穷二白。但新生的国家为亿万人民带来了清新纯净的穹宇。毛泽东主席说过：一张白纸，好画最新最美的图画。高涨的社会主义建设的热潮，使共和国的最初时日，成为一个令人向往的和平建设年代。

共和国从废墟上崛起

从 1949 年 10 月到 1952 年底，经过全国人民三年多的艰苦奋斗，疮痍满目的国民经济得到全面恢复。

中国邮政发行的邮票留下了新中国经济发展的最初轨迹。在共和国初期发行的以社会主义建设为主题的邮票中，最早的一套是 1952 年的“伟大的祖国”特种邮票。其中一枚邮票以淮河水闸和毛泽东题词“一定要把淮河修好”为图案。

· 淮河水闸

· 南湾水库

· 南四湖二级坝水利枢纽

淮河是中国七大水系之一，流域跨豫、鄂、皖、苏、鲁等省，历来就是水患旱灾频发之地。1950 年 10 月，政务院颁布《关于治理淮河的决定》，开始了中国治理淮河的工程。

南湾水库位于河南省淮河支流浉河，是治淮初期首批兴建的大型水库。建成后，以防洪、灌溉为主，兼顾供水、发电等综合功能。此后，修建的临淮岗洪水控制工程、淮河入海水道，以及南四湖二级坝水利枢纽等淮河水利工程，完善了淮河的防洪体系，促进了水资源的综合利用。多年来，这些水利设施在防洪、灌溉、养殖以及航运等方面发挥了重要作用。

2010 年，在新中国治淮 60 周年之际，中国邮政发行的 4 枚纪念邮票，将“南湾水库”“临淮岗洪水控制工程”“淮河入海

·“治理淮河成就”明信片

·毛泽东同志诞生九十周年

水道”“南四湖二级坝水利枢纽”作为淮河治理的主要成就，记录在邮票图案之上。同时，还发行一枚纪念邮资明信片，将毛泽东的治淮题词作为邮资图案，将南湾水库作为衬饰图案，再次展现了新中国治淮成就。

水利是农业的命脉。在治理淮河的同时，中央政府也在规划黄河的治理。1952年，共和国刚刚建立、百废待兴之时，毛泽东亲临黄河视察。他坐在黄河边，面对大河，深沉思考。作为邮票图案，这张历史性照片给人们留下深刻印象。

黄河作为中华民族的母亲河，曾在战争年代成为战斗的屏障。硝烟中东渡黄河的壮举未消，与黄河边的百姓一样，在社会主义建设时期治理黄河，也成为党和政府以及领袖和人民的夙愿。自古以来，黄河是一大水患。新中国成立后，开始治理黄河，修建下游防洪工程。变害为利，造福于民，成为人民政权的一个历史性任务。1957年，中国邮政发行了“治理黄河”特种邮票，全套4枚，展示了这一宏大工程的过程与前景。第一枚为“示意图”，图示出了黄河综合利用一期工程及远景规划的轨迹，其他几枚表现了黄河干流上第一座大型水电工程、黄河通航的未来

·示意图

·灌溉

远景，以及以“灌溉”为题，描画的引黄河水灌万顷田的美好景境。

对于黄河，毛泽东有着深深的情结。他坐在母亲河身边，沉思凝望，勾画着治理黄河的蓝图。他还曾萌生过一个寄情于河汉的壮丽梦想，那就是在和平建设年代，自己骑马和专家从黄河源头巴颜克拉山走到入海口，考察黄河全流程。

中国邮政曾为黄河发行过一个长卷式的邮票“画卷”，9 枚邮票连在一起，全景展现了“黄河之水天上来，奔流到海不复回”的磅礴宏图，同时也展陈了黄河治理的成就。

土地改革完成了农村所有制改造，使农业生产力得到解放，成为国民经济其他领域恢复的基础。治理淮河、治理黄河、荆江分洪等水利工程项目，也促进了农业生产的迅速恢复和发展。

根据进行大规模经济建设的要求，1952 年 9 月，毛泽东提出“中国怎样从现在逐步过渡到社会主义去”的指导方针和大致设想，并在 1953 年形成党在过渡时期的总路线。诚如 1954 年《宪法》序言中表述的:“从中华人民共和国成立到社会主义建成，这是一个过渡时期。国家在过渡时期的总任务是逐步实现国家的社会主义工业化，逐步完成对农业、手工业和资本主义工商业的社会主义改造。”这条总路线是照耀新中国成立初期各项工作的灯塔。

1952 年，中共中央编制了我国从 1953 到 1957 年发展国民经济的第一个五年计划。计划的一个基本任务是集中主要力量进行以苏联帮助我国设计的 156 个建设项目组成的工业建设，以建立我国社会主义工业化的初步基础。1952 年 12 月，中共

· 黄河

中央在《关于编制一九五三年计划及五年建设计划纲要的指示》中指出:“工业化的速度首先决定于重工业的发展，因此我们必须以发展重工业为大规模建设的重点。”

当时，中国工业的恢复，重点放在国计民生急需的矿山、钢铁、动力、机器制造和主要化学工业上，同时恢复和增加纺织及其他轻工业生产。经过这一部署，我国工业化建设开始起步，并逐渐取得成果。三年之中，国家有计划地新建了一批急需的工业企业。

1954 年，中国邮政发行“经济建设”特种邮票，就将“自动化炼铁炉”“阜新露天煤矿”“重型机器厂”“东北自动化发电厂”等项目纳入邮图之中。

· 自动化炼铁炉

· 阜新露天煤矿

· 重型机器厂

· 东北自动化发电厂

此间，鞍山无缝钢管厂和大型轧钢厂，是苏联援建的工业重点项目，于 1953 年 12 月建成开工投产。这两个工厂的建成，标志着我国有了自己的钢铁冶金及机械制造工业。在 1954 年新中国成立 5 周年之际，中国邮政发行了“无缝钢管厂”和“大型轧钢厂”特种邮票。

1954 年 1 月，中国建成第一条 22 万伏超高压送电线路。全长 370 千米，送电铁塔 900 多座。通过这条线路，可以把东北松花江上充足的电力输送到东北南部。为此发行的一枚特种邮票，图案上耸入天际的超高压送电线路铁塔，鳞次栉比，一望无垠。邮票虽小，但高远的透视效果，给人以强烈的视觉冲击力。

交通运输业作为国民经济恢复和发展的基础设施，也展现在 20

· 无缝钢管厂

· 大型轧钢厂

· 新建二十二万伏超高压送电线路

· 天兰铁路

· 塘沽新港

世纪 50 年代发行的邮票上。一枚“天兰铁路”邮票图案，勾画了从天水到兰州的大西北运输线的畅通。而“塘沽新港”则将新中国入海港口风貌尽现方寸间，虽不见浩瀚大海，却能看到社会主义建设的壮阔远景。

为配合人民解放军进军西藏和促进西藏少数民族地区的经济建设，工程兵部队在海拔近 5000 米的六座大雪山和悬崖深谷之间，修筑了康藏公路和青藏公路。这是通往“世界屋脊”的第一条公路。当年，在青藏和康藏高原的悬崖绝壁上，工程兵战士留下这样豪壮的诗句：“跨过昆仑唐古拉，世界屋脊创奇迹。”

1954 年 12 月 25 日，青藏公路和康藏公路同时通车，沟通了祖国内地同边疆的联系。在 3 枚纪念邮票上，可见到这人间奇迹的种种奇观：一枚是沿着皑皑雪山开凿的公路线，蓝白色调衬托出自然天险下的交通成就。而“康藏公路上的大渡河钢索吊桥”，则让人们从雪山想到“大渡桥横铁索寒”，想到了长征精神筑就了交通

· 康藏青藏公路

· 康藏公路上的大渡河钢索吊桥

· 庆祝公路通车

· 川藏青藏公路建成通车六十五周年

线上的惊人业绩。公路通车的景象在红色暖调中，突出了胜利欢庆气氛。藏族人民的欢歌载舞，更是对于社会主义建设成就和党的民族政策的讴颂。

2019 年，正值康藏（川藏）青藏公路建成通车 65 周年，中国邮政发行纪念邮票。色彩斑斓的邮票以当代公路新貌，展现了半个多世纪川藏和青藏公路在民族交流和经济建设中所起到的重要作用。

自古长江为“天堑”，但武汉长江大桥使“天堑变通途”。在汉阳龟山和武昌蛇山之间修建的长江大桥，是我国第一座横跨长江的大桥。这座大桥于 1955 年 9 月动工，1957 年 10 月 15 日通车。大桥的建成，把中国南北地区的铁路网和公路网联为一体，对经济建设具有重要作用。1957 年 10 月 1 日，中国邮政发行纪念邮票，从侧景和鸟瞰两个视角，再现了武汉长江大桥的雄姿。特别是鸟瞰的大桥图，蓝色江水汇为邮图的主色调，大桥则若一条白练伸向远方。江中帆影点点，舟船竞渡，气势恢宏。邮图体现出毛泽东为武汉长江大桥所作辞章的意境：“风樯动，龟蛇静，起宏图。一桥飞架南北，天堑变通途……”

· 武汉长江大桥

从 1953 年开始，经济建设工作居于国家首要地位。全国人民掀起工业化建设热潮。工人阶级一马当先，努力生产，技术革新要和时间赛跑。1954 年的 4 月，鞍钢技术改革能手王崇伦等七名全国工业劳动模范向全国总工会发出了“开展技术革新运动”的建议书，促成全国技术革新运动蓬勃兴起。王崇伦发明和改造了“万能工具胎”，一年完成三年劳动定额；青岛青年女工郝建秀的细纱工作法全面推广，不断刷新生产纪录。

1954 年 12 月，中国邮政发行了“技术革新”邮票。一枚是“反围盘”，这是由鞍山小型轧钢厂工人张明光发明的，它安装在轧钢机前，不仅能提高劳动生产

· 反围盘

· 万能工具胎

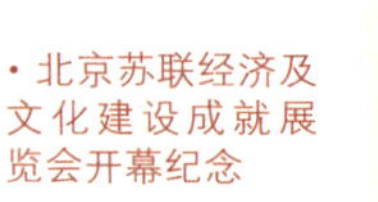
· 北京苏联经济及文化建设成就展览会开幕纪念

率，而且可杜绝职业病和烫伤事故。另一枚是“万能工具胎”，是鞍山钢铁总厂王崇伦创造的，它可扩大牛头刨床的加工范围，大幅度提高劳动生产率。2 枚邮票反映了中国工人的智慧和创造力，从一个侧面体现了当时社会主义经济建设的火热局面。“每一秒钟都为创造社会主义社会而劳动”——这个充满时代精神的口号，鼓舞着中国工人阶级和全国人民为实现社会主义工业化而奋斗。

1954 年 10 月 2 日，为了展示苏联经济和文化建设的成果，北京举办了“苏联经济及文化建设成就展览会”。展出期间，先后有 276 万人参观。10 月 25 日，毛泽东等党和国家领导人也去参观。为了纪念这次盛大展览，中国邮政发行邮票。邮票图案为在北京新建的苏联展览馆外景和毛泽东的题词：“我们要在全国范围内掀起学习苏联的高潮，来建设我们的国家”。

1955 年，中国邮政发行一套题为“努力完成第一个五年建设计划”的特种邮票，18 枚邮票分别为“冶金”“电力”“煤矿”“石油”“机器制造业”“国防”“纺

· 冶金

· 电力

· 煤矿

· 石油

· 机器制造业

· 国防

· 农业

· 畜牧

· 水利

· 高等教育

· 和平生活

· 工人疗养

织工业”“讨论计划”“农业”“畜牧”“水利”“手工业”“商业”“交通运输”“地质勘查”“高等教育”“和平生活”“工人疗养”。18 枚邮票上的 18 幅图案，全面表现了社会主义建设在各个领域中的成果，质朴生动的画面充满了浓厚的民族特色，洋溢着 20 世纪 50 年代难忘的清新纯真的时代气息。

· 厂房外景

在第一个五年计划期间，许多领域不仅提前完成计划，而且创下填补中国国产项目空白的业绩。在工业领域，1956 年，长春第一汽车制造厂生产出中国第一辆运输汽车。

· 总装配车间

为纪念这一盛事，中国邮政发行了一套纪念邮票。一枚邮票以长春第一汽车制造厂的热电站及两侧各主要生产厂的“厂房外景”为邮票图案。另一枚是汽车的“总装配车间”。总装配线上运行着几辆正在完成装配的“解放”牌汽车，并展示了各车间通往总装配车间的空中运输桥和地面运输道。在第一汽车制造厂建立 60 周年之际，一枚纪念邮资封上展示了“一汽”的今日风貌。

· “中国一汽建厂 60 周年”纪念封

1957 年，中国邮政发行“农业合作化”特种邮票。4 枚邮票以颇富民族风范的构图和色调，表现了中国农业合作化的新气象。这套邮票运用套色木刻技法，以简单的颜色、简洁的线条刻画了“农业合作化”主题。洗练、纯净、明快和质朴的艺术效果，使这套邮票充满了动人的魅力。

第一枚“入社”，一位饱经沧桑的老农，须发皆白，却洋溢着欢乐的笑容。他紧攥入社申请书，充满了希望。表达了农民对合作社的拥护和信任。在以绿色为基调的画面上，远处点缀几面飘扬的红旗，又增添了红火热烈的气氛。

第二枚“耕种”，一位年轻社员驾双轮铧犁耕地。画面色调明朗，充满朝气，烘衬了合作化后农民的生产热情。构图采用仰视角度，使人物突现在大地上。远处的人、车、马和树木，以起伏的地平线，强化了环境的氛围。

“植树”是第三枚邮票。画面清新，充盈着春的气息。早在20世纪50年代，党中央就在农业建设上有了高瞻远瞩的生态观念。邮票图案描绘了一个农村姑娘在给一株小树添土。小树挺秀，嫩叶扶疏，洋溢活力。远处新绿的山冈，以及明黄和嫩绿构成的整体色调，使这枚邮票充满诗一般的意境。

最后一枚“丰收”，以多层次形象构成喜庆丰收的场面。前景是女社员脱谷；中景处，男社员们正将粮食袋运；远处背景则是堆积如山的丰收谷禾。饱和的金黄色烘托出了丰收的欢悦景象。

与此同时，手工业、资本主义工商业的社会主义改造也加快步伐。至1956年底，基本完成了对生产资料私有制的社会主义改造，初步建立起公有制占绝对优势的社会主义经济制度。党和政府在这个改造过程中，统筹兼顾，统一安排，使生产发展不受影响，市场保持稳定，保证了有计划的经济建设的顺利进行。

一位民族资本家真诚地说：“五年计划开始了，全国兴建了许多大工厂，各地进行了大规模建设，一切实现得比梦想还要快，多么令人鼓舞！没有共产党，不走社会主义的道路，哪能有今天？”

· 入社

· 耕种

· 植树

· 丰收

到了1957年，第一个五年计划中所规定的基本建设完成，为我国建立独立完整的工业体系奠定了基础。五年间，工农业有较大幅度增长，各项事业较快发展，全国物价基本稳定，人民生活水平逐步提高。在大好的经济建设热潮中，1957年过去了，第一个五年计划超额完成了。

1958年1月，中国邮政发行“胜利超额完成第一个五年计划”纪念邮票。3枚邮票从工业、农业和交通运输业三个角度反映了社会主义建设取得的成果。邮票在一面象征着成绩和成果的锦旗框架中构图。第一枚是“和平建设”，绿色背景下的和平鸽以及建筑工地的场面，刻画了“和平”与“建设”这个重要主题。第二枚是“工业和农业”，麦穗和钢条这两个在当年最能代表农业和工业的象征物，成为构成邮图的主体。空中的飞机、水中的轮船以及奔跑在祖国大地上的火车，则成为第三枚邮票“交通运输”的构图元素。

我国全面完成国民经济发展的第一个五年计划，取得了巨大成就。这是我国大规模现代经济建设的开端。“一五”计划所取得的巨大成就表明，集中力量发展社会生产力，已经成为党和国家的主要任务。

· 和平建设

· 工业和农业

· 交通运输

阳光普照的社会主义河山

在社会主义建设时期，毛泽东系统思考了“物质与精神”两个领域的诸多新课题。1956 年 4 月，他以经济建设领域的新问题为依据，做了战略性报告《论十大关系》。报告提出：“我们一定要努力把党内党外、国内国外的一切积极的因素，直接的、间接的积极因素，全部调动起来，把我国建设成为一个强大的社会主义国家。”报告论述的十个问题即十大关系，对我国经济建设问题作了总结，对苏联经验的借鉴提出了思考。这个报告对适合中国国情的社会主义建设道路进行了初步的探索。

经过了国民经济恢复时期、土地改革阶段、农业合作化，以及镇压反革命、“三反五反”等政治运动，在抗美援朝取得胜利、1956 年 9 月生产资料私有制的社会主义改造基本完成以后，毛泽东建议召开党的第八次全国代表大会。

· 毛泽东在写作（朝鲜邮票）

· 毛泽东（阿尔巴尼亚邮票）

1956 年 9 月，中国共产党第八次全国代表大会在北京召开。除中国共产党的代表外，各民主党派、无党派人士的代表和 58 个国家的共产党、工人党、劳动党和人民革命党的代表应邀参加大会。这次大会在新中国由革命转为建设的历史转折关头适时召开，为探索一条适合我国国情的社会主义建设道路做出重要贡献。在党的历史上，这次会议具有重要意义。

党的“八大”政治报告以《论十大关系》为指导思想，突出经济建设的主题，毛泽东主席提出一个重要思想:“我国是一个东方国家，又是一个大国。因此，我国不但在民主革命过程中有自己的许多特点，在社会主义改造和社会主义建设的过程中也带有自己的许多特点。”他明确指出，要把马克思主义的基本原理同中国实际进行第二次结合。毛泽东强调，从中国的国情出发，强调创造性，努力找出在中国这块大地上建设社会主义的具体道路。

党的“八大”会议指出，全国人民的主要任务已经转变为集中力量发展社会生产力。这是一个把党的工作重心向生产建设领域转变的历史性论断。

在中共“八大”的政治报告中，刘少奇再次明确提出，毛泽东思想是社会主义整个历史阶段马克思主义与中国革命和建设实践相结合的理论成果，全党和全国人民都要把毛泽东思想作为中国革命和社会主义建设的指导思想。

党的八届一中全会选举毛泽东为中央委员会主席，刘少奇、周恩来、朱德、陈云为副主席，邓小平为总书记。党的“八大”宣告社会主义革命基本完成，社会主义制度基本确立，全面社会主义建设开始。

中国邮政为党的第八次全国代表大会发行了 3 枚纪念邮票，3 幅邮票图案均为天安门，并以象征工农的齿轮和农作物环绕簇拥，闪耀着熠熠辉彩。

正是在宣告新中国成立的天安门广场，在 1959 年国庆十周年来临之际，以人民大会堂为代表的首都“十大建筑”完成。在中国邮政发行的诸多邮票上，这些披着新中国社会主义建设成就辉彩的建筑，被记载于方寸画幅之中。

· 刘少奇同志诞生八十五周年

· 中国共产党第八次全国代表大会

坐落在天安门广场西侧的人民大会堂于 1959 年落成，从设计到竣工仅用一年时间。从 1959 到 2009 年，小邮票多次将大会堂作为主题，再现党和国家举行重要会议和活动的这一庄严场所。在人民大会堂的对面，还建筑了中国历史博物馆和中国革命博物馆。

此外，邮票中的首都“十大建筑”，还有“北京电报大楼”“民族文化宫”“中国人民革命军事博物馆”“全国农业展览馆”“北京铁路车站”，以及“首都机场”等，它们也在邮票上一展社会主义建设的成就与风采。

• 人民大会堂

• 中国人民革命军事博物馆

• “中国历史博物馆”明信片

• 北京电报大楼落成纪念

• 民族文化宫

• 全国农业展览馆

• 北京铁路车站

• 首都机场

在共和国崛起的最初年代，新华通讯社、人民日报、解放军报、中央人民广播电台、中国国际广播电台等党的新闻媒介，在社会主义革命和建设时期，为宣传新中国各个领域的成就做出了贡献。新兴媒介中国电视事业也在1958年开始起步。在中国邮政发行的邮票上，就多次出现标志着中国电视事业发展的中央电视台台址。

20世纪50年代中期，世界范围内的科学技术迅猛发展。党中央认识到发展科学技术和发挥知识分子作用的紧迫性、重要性，果断做出了要革技术落后的命、要革愚蠢无知的命的决策，号召全党努力学习科学知识。

国务院与数百位科学技术工作者投入到战略性的规划工程编制中。提出要追赶世界先进科技水平的《一九五六——一九六七年科学技术发展远景规划纲要》，从13个方面提出了57项重要科学技术任务和616个中心问题。

·“新华通讯社建社六十周年”明信片

·“人民日报四十周年”明信片

•“《解放军报》创刊50周年”明信片

•“中央人民广播电台建台五十周年”邮资封

•“中国国际广播电台开播四十周年”纪念封

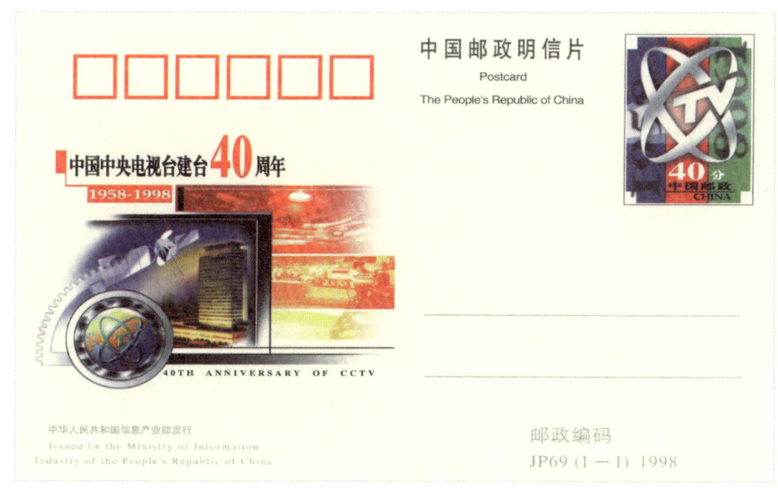

·“中国中央电视台建台40周年”明信片

火红的建设年代，为知识分子提供了施展才华的广阔天地。以钱学森、李四光、华罗庚、赵忠尧等为代表的一批在海外卓有成就的科学家，放弃优裕的工作环境和生活条件，先后回到祖国参加社会主义建设，并在科学技术各个领域发挥了重要作用，做出了重大贡献。在邮票上也留下了这些杰出科技工作者的形象。1964年2月6日，毛泽东与钱学森、李四光等科学家会面，谈到了中国科技与国防工业等一系列重大问题。一枚邮票上留下了这次会见亲切真诚的场景。

·毛泽东与钱学森（几内亚比绍邮票）

·李四光

·华罗庚

在发出“向现代科学进军”号召不久，党中央确定以“百花齐放，百家争鸣”作为发展科学文化事业的指导方针，即：在艺术上，要“百花齐放”；在学术上，要“百家争鸣”。这是促进艺术发展和科学进步的方针，是促进社会主义文化繁荣的方针。

从延安文艺座谈会到共和国成立初期，党中央确定了“文艺为人民服务，首先为工农兵服务”的基本方针，后来又提出“百花齐放”方针，为繁荣社会主义文化事业指明了方向。一批优秀文艺作品，如通讯《谁是最可爱的人》、小说《铜墙铁壁》、话剧《龙须沟》、歌曲《歌唱祖国》、电影《钢铁战士》等作品，受到人民群众的喜爱和欢迎。长篇小说《太阳照在桑干河上》《暴风骤雨》和歌剧《白毛女》还获得了1951年度“斯大林奖金”。

· 中国文学艺术工作者第三次代表大会

· 百花齐放　百家争鸣

· “老舍诞生 120 周年”明信片

在中国传统艺术中，京剧是重要的艺术门类；在京剧艺术门类中，梅兰芳是杰出代表。梅兰芳出身京剧世家，在长期的舞台实践中，对唱腔、念白、舞蹈、音乐、化妆等方面都有创造发展，形成了独特的艺术风格，世称“梅派”。其代表作有《宇宙锋》《贵妃醉酒》《霸王别姬》《穆桂英挂帅》等。他多次赴日本、美国、苏联等国演出，向世界传播了中国的传统文化艺术。

为纪念梅兰芳逝世一周年，中国邮政发行了“梅兰芳舞台艺术”邮票。全套8枚。第一枚为“梅兰芳像”，其余7枚均为梅兰芳在京剧中表演的不同角色，计有《抗金兵》的梁红玉、《游园惊梦》的杜丽娘、《霸王别姬》的虞姬，《穆桂英挂帅》的穆桂英、《天女散花》的飞天女、《生死恨》的韩玉娘、《宇宙锋》的赵艳蓉。此外，又发行一枚以《贵妃醉酒》剧照为图案的小型张，发行量只有3万枚。这套富有民族特色的纪念邮票，不仅以其精美画面享誉海内外，而且是一套价值颇高的中国珍邮。

·“梅兰芳舞台艺术”小型张

·梅兰芳像

·《游园惊梦》

·《霸王别姬》

·《宇宙锋》

中国曾被外国人视为“东亚病夫”，在体育领域也是积贫积弱。新中国成立后，党和政府十分重视“发展体育运动，增强人民体质”，这也体现在从20世纪50年

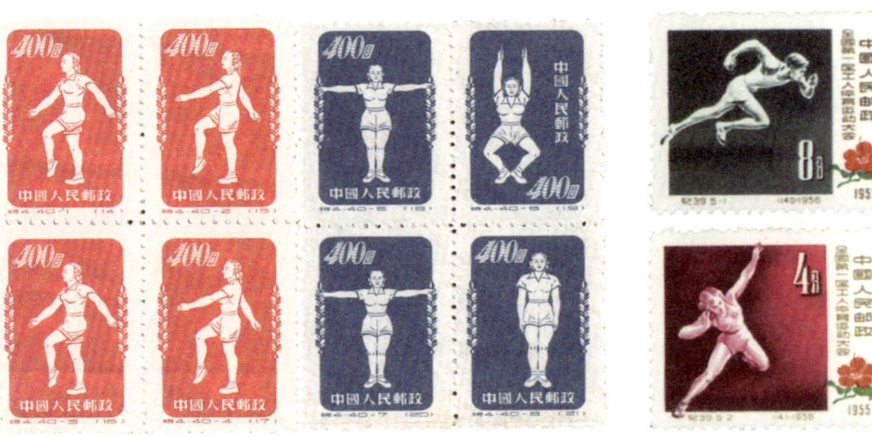

· 广播体操

· 全国第一届工人体育运动大会

代开始发行的体育题材的邮票上。

1952 年 6 月，中国邮政发行的“广播体操”特种邮票，是新中国第一套体育主题邮票。全套 40 枚，是早期邮票中枚数最多的一套，也是中国最早的异图相连邮票。这套邮票以普及教学的方式将第一套广播体操的全部动作作为邮票图案，连续展示，不啻为一个微型的体育示范教本。

1955 年 10 月，全国第一届工人体育运动大会在北京举行。党和国家领导人毛泽东、刘少奇、朱德等参加了开幕式，并观看了比赛。邮票上记录下了新中国最早一届全国性的体育运动盛会。

1959 年 9 月，中华人民共和国第一届全国运动会在北京隆重举行。毛泽东、刘少奇、周恩来、宋庆龄等党和国家领导人出席了开幕式和闭幕式。运动会共设 36 个比赛项目，参会的运动健儿共打破 4 项世界纪录，打破和刷新 106 项全国纪录。中国邮政发行 16 枚大套纪念邮票，以“运动场”“跳伞”“射击”“游泳”“乒乓球”“举重”“跳高”“划船”“田径”“篮球”“武术”“摩托车”“体操”“自行

· 运动场

· 跳伞

· 射击

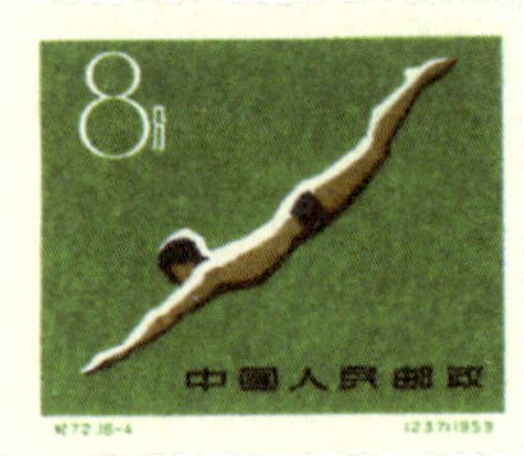

· 游泳

车”“赛马”和“足球”为图案，全面展现出中国运动员奋进拼搏的精神风貌和发展中国体育事业的勃勃雄心。

1959 年 3 月，在联邦德国举行的第 25 届世界乒乓球锦标赛上，中国 21 岁选手容国团夺得了男子单打世界冠军。第一次参加世界赛事的容国团，以顽强的精神、清醒的头脑和多变的战术，连续击败外国选手，为祖国争得了荣誉，展示了中国乒乓球运动的巨大潜力。5 个月后，1959 年 8 月，中国邮政发行了纪念邮票 2 枚，图案均为一位男选手挥拍扣杀，力重千钧，表现了我国运动员不畏强手、敢于拼搏的豪迈气概。

1961 年 4 月，在北京举行的第 26 届世界乒乓球锦标赛上，中国选手以独特的近台快攻打法，一举拿下男子团体、男子单打和女子单打三项冠军。这次乒坛的重大胜利，极大地鼓舞和增强了全国人民的民族自信心。为祝贺这次夺冠，中国邮政发行了 4 枚纪念邮票，同时发行了囊括了这 4 枚邮票的小全张。

为了全面反映中国体育事业的发展，以及倡导增强人民体质，方寸邮票还以“航空体育活动”“到大江大

· 第 25 届世界乒乓球锦标赛

· 第 26 届世界乒乓球锦标赛

· 少年儿童体育运动

· 工人做广播体操

海去锻炼”“少年儿童体育运动”“从小锻炼为革命”“工人做广播体操”等为主题，表现了党和政府“发展体育运动，增强人民体质”的方针。

中华人民共和国成立初期，是在旧社会废墟上开始建设新江山。在党的领导下，全国人民齐心奋斗，热情投入到社会主义建设热潮中，一个新兴国度正在东方地平线上崛起。

建设年代的跃进轨迹

1958年11月，中国制造的第一艘万吨远洋货轮下水。中国造船业历史悠久，但近代船舶工业十分落后。这艘货轮由大连造船厂建造，船上有先进的自动化装备，载货量为13400吨。在“中国制造第一艘万吨远洋货轮”邮票上，蓝色基调象征着壮阔的大海，画面上万吨货轮破浪远行。这艘货轮取名为“跃进”号，也显现了当时的时代特征。

· 中国制造第一艘万吨远洋货轮

为了尽快改变中国贫穷落后的面貌，党中央在1957年冬提出了15年赶超英国钢产量的发展目标，并在1958年正式制定了社会主义建设总路线，在全国开展了生产“大跃进”和“人民公社化”运动。

1958年10月，全国工业交通展览会在北京举行。这次展览会在国庆九周年之际开幕，是对第一个五年计划超额完成以及工业“大跃进”成果的一次检阅。这次展览显示了1958年经济建设的高昂形势，突出了这一年党中央的一个重要决策，那就是确定并践行了“社会主义建设总路线”。

中国邮政于1958年10月1日发行了“全国工业交通展览会”纪念邮票，第一枚就以“社会主义建设总路线”为题。邮票上印有由周恩来总理书写的“鼓足干劲，力争上游，多快好省地建设社会主义”，这是对总路线基本方针的概括表述。其余2枚邮票为“力争上游”和“生产大跃进”，邮图所描画的龙舟竞渡和万马奔腾场面，热烈激进，预示着一个热火朝天的“跃进时代”的到来。

1958年5月党的“八大”二次会议通过的社会主义建设总路线，尽管体现了尽快改变我国经济落后状况的良好愿望，但工农业生产追求高速度高指标的“大跃进”，则完全违背了经济运行规律。印有“社会主义建设总路线”方针的这套邮票，

· 社会主义建设总路线

· 力争上游

· 生产大跃进

揭开了 1958 至 1959 年间中国生产“大跃进”和农村“人民公社化”运动的序幕，留下了建设时代的“跃进”轨迹。

这条总路线在国民经济的综合平衡中，强化了主观意志的作用。在宣传中和经济工作中，又片面强调一个“快”字，提出“速度是总路线的灵魂”。“快”的标志，就是追求工农业生产和建设的高速度，不断地大幅度地提高计划指标和缩短完成时间。于是，“大跃进”热潮在中国大地上铺天盖地而来。

在 1958 年发行的邮票上，留下了当年“大跃进”的最初痕迹。

1958 年共发行了 24 套邮票，这是自 1949 年 10 月以来发行邮票数量最多的一年。

1958 年“大跃进”的标志性决策，是“全民炼钢”运动。在邮票上，这个生产运动也多有反映。当时，全国上下大炼钢铁，一派火红。

中国邮政为 1958 年钢铁生产“大跃进”发行了 3 枚纪念邮票。“全民炼钢”邮票的图案为毛泽东浮雕头像和鲜红的旗帜，下端印有“为 1070 万吨钢而战”的口号。在以“土洋结合”为题的第二枚邮票图案上，既有炼钢厂设备，又有土法炼炉，

· 全民炼钢

· 土洋结合

· 庆祝完成计划

反映了当年大炼钢铁群众运动的一个侧面。最后一枚邮票题为“庆祝完成计划”，图案中心为天安门，两侧是高炉和转炉，鲜红的色彩强化了喜庆气氛，钢花又似礼花开放在天安门上空。这枚邮票在1959年5月27日发行，比全套邮票发行日推迟了三个多月，这个推迟就是为了表现钢产量指标的最终统计完成。在第一枚邮票上有“为1070万吨钢而战”的标语，在最后一枚迟发的邮票上印上了“1958年庆祝生产1108万吨钢”的最后完成数字。这套邮票上的大炼钢铁场面是当时“大跃进”特殊岁月的一个真实记录。

1958年钢产量的指标比1957年翻了一番，要求超额完成1070万吨指标。但最终完成的1108万吨，合格的只有800万吨。“全民炼钢”的群众运动，造成了当时国民经济比例的严重失调以及自然资源和生态环境的严重破坏。

1959年4月，中国邮政又发行了题为“1958年农业大丰收”的纪念邮票，那是农业“大跃进”在方寸天地中留下的一个记录。1958年，农业生产提出“以粮为纲”。高指标带来高估产，引发严重浮夸风。通过“并田”造假，竞放高产“卫星”。粮食亩产浮夸到万斤乃至更多，产量指标也要比1957年增产80%，达到7000亿斤左右。

这套邮票由呈“田”字形的连印4枚邮票构成，每幅画面均以五星红旗为衬托，上面分别绘有麦、稻、棉花、花生，画面简单，明确直白。邮票通体的红色显现出了当年的时代色彩。

· 1958年农业大丰收

与此同时，农村开始了“人民公社化”运动。按照当时的构想，人民公社是“中国劳动群众集体所有，农林牧副渔五业并举，农业、工业、商业兼融的社会主义经济组织”，同时也是中国农村的基层体制。

1958年8月，中共中央政治局北戴河会议做出了《关于在农村建立人民公社问题的决议》。决议认为，要实现农业向全民所有制的过渡，生产资料公有化、社员生活集体化、工农商学兵等一体化，“看来，共产主义在我国的实现，已经不是什么遥远将来的事情了”。

· 北戴河

1959年9月，中国邮政发行了12枚邮票，全面展示了人民公社的优越性。其中几枚反映了“工农商学兵”五位一体的人民公社体制，反映了大办集体食堂的所谓共产主义生活方式，反映了毛泽东赞扬的“人民公社好”。这套邮票画面质朴简洁，色调明朗，具有浓郁的民间色彩和民族风格。这是一个至今已不复存在的农村体制的历史身影。

“大跃进”期间发行的各类邮票，在设计上和色调上有一个共同特点，那就是宣传式的夸张构图和夺目的大红色彩。

“大跃进”年代，秉持“水利是农业生产的命脉”的理念，大兴水利工程建设。有些水利设施违背自然规律，造成了损失；也有一些水利设施至今还造福于民，如毛泽东主席亲自参加劳动并题词的北京“十三陵水库”，至今仍是首都北京的一个重要水源。

· 工农商学兵相结合

· 食堂

· 人民公社好

1959 年，正值中华人民共和国成立 10 周年。为了庆祝这个节日，中国邮政以同一主题发行了多组邮票。其中第三组的 8 枚邮票，以祖国建设为题，包括了“钢铁”“煤炭”“机械制造”“交通运输”“农业”“水利电力”“纺织工业”“化学工业”。这组邮票带有来自 1958 年“大跃进”的鲜明印记。

从历史角度来看，1958 年开始的“大跃进”和“人民公社化”运动，是一个违背经济规律的冒进运动。不切实际的高指标，导致了浮夸风泛滥，国民经济受到损害。

毛泽东是“大跃进”和“人民公社化”运动的倡导者和推动者，也是较早通过调查研究觉察到运动出现问题并努力加以纠正的领导人。他认为，需要让大家冷静下来，“联系中国社会主义经济革命和经济建设”去读一些马克思主义理论著作，“使自己获得一个清醒的头脑”。1958 年 11 月至 1959 年 7 月间，党中央和毛泽东开始采取措施压低工农业生产指标。

· 十三陵水库

· 钢铁

· 农业

· 水利电力

1959 年 7 至 8 月，中央政治局扩大会议在江西庐山召开。会议要求统一全党认识，认真总结经验教训。会议期间，中央政治局委员彭德怀同志以对党和人民负责的精神和实事求是的态度，给毛泽东写了一封长信，指出“大跃进”以来发生的一些严重问题及其原因。这封信被认为是严重右倾论调。

党的八届八中全会在庐山通过了《为保卫党的总路线、反对右倾机会主义而斗争》等文件。“反右倾”斗争的展开，以及“大跃进”“人民公社化”运动纠“左”进程的中断，致使党和人民面临着 1949 年以来最严峻的经济形势。

从 1960 年开始的三年严重经济困难时期开始了。

在这期间，毛泽东在周恩来、陈云等领导人的配合下，对国民经济实行“调整、巩固、充实、提高”的方针，初步纠正了“大跃进”和“人民公社化”运动中的错误，使国民经济得到较快的恢复和发展。

1962 年，在北京人民大会堂召开了中央工作会议。中央、省、地、县四级主要领导人 7118 人参加会议，史称“七千人大会”。会上，毛泽东和党中央主要领导人

· 庐山仙人洞

· 毛泽东诞生一百一十周年

• “周恩来同志诞生一百周年”明信片

对于自 1958 年以来的失误进行了实事求是的总结与批评和自我批评。

会议之后，全党大兴调查研究之风，为各领域的调整提供了重要的思想基础。工业领域调整，降低了钢产量等指标，整顿了企业秩序，并解决了城乡手工业和商业政策问题。在粮食短缺严重的局面下，党中央下决心减少城镇人口，压缩城镇粮食销量。

同经济工作调整相配合，科学、教育、文化等领域也进行了调整。调整了党和知识分子的关系，落实了知识分子政策；坚持“百花齐放，百家争鸣”方针；制定“科学十四条”和“高教六十条”，废除“白专道路”的提法。这些举措在知识分子中引起了强烈反响。

1981 年 6 月，党的十一届六中全会通过的《关于建国以来党的若干历史问题的决议》中指出：“一九五八年，党的八大二次会议通过的社会主义建设总路线及其基本点，其正确的一面是反映了广大人民群众迫切要求改变我国经济文化落后状况的普遍愿望，其缺点是忽视了客观的经济规律。……由于对社会主义建设经验不足，对经济发展规律和中国经济基本情况认识不足，更由于毛泽东同志、中央和地方不少领导同志在胜利面前滋长了骄傲自满情绪，急于求成，夸大了主观意志和主观努力的作用，……使得以高指标、瞎指挥、浮夸风和‘共产风’为主要标志的‘左’倾错误严重地泛滥开来。”

就在国民经济走向恢复，正在渡过三年困难的 20 世纪 60 年代，鉴于国际共产主义运动中出现了修正主义，为巩固无产阶级政权，毛泽东特别关注对于社会和青年一代进行社会主义思想教育，以及对于革命接班人的培养和历练。

1963 年，为宣传“为人民服务”的高尚品格，对于雷锋这位“全心全意为人民服务”的光辉楷模，毛泽东题词号召全国人民“向雷锋同志学习”，匡正了社会风气，提倡了道德正气。半个世纪以来，直至 2013 年，雷锋的形象多次出现在中国邮票上。

· 向雷锋同志学习

· 毛泽东为雷锋题词

· 学习雷锋

河南兰考县委书记焦裕禄同志，心中装着人民百姓，唯独没有自己。他带领全县人民摆脱贫困，鞠躬尽瘁，展现了一个优秀共产党员和优秀县委书记的理想情操。邮票上留下了这位“人民公仆”质朴坚毅的感人形象。

这一时期还出现了许多直至今日仍是人们学习榜样的青年模范人物，如知识青年上山下乡的典型人物邢燕子、侯隽等人，就得到毛泽东以及全国人民的肯定和赞许。

当时，党中央和毛泽东提出，知识青年与工农兵相结合是“广阔天地，大有作为”。成千上万的知识青年踊跃来到农村和边疆，经受了劳动锻炼，接触了生产实践，以青春的奉献为开发和振兴祖国欠发达地区做出了不可磨灭的贡献。当年青年人蓬勃向上的革命精神，至今仍是可贵的正能量。

这一时期有多套以知识青年与工农结合为题材的邮票发行。“知识青年在农村”邮票，就以“生产劳动”“向老农学习”“学习毛主席著作”和“赤脚医生”为邮票图案，并融合中国传统装饰性绘画技法，以朱红、桃红、湖蓝、柠檬黄、翠绿、青莲紫、煤黑等7种纯色，创造出色彩绚丽的基调，颇具特色。“在广阔天地里”邮票，表现了知识青年把科学知识带到农村和偏远地区。“改天换地的新一代”“接过南泥湾的老镢头”“把知识献给农业”“读书学习”等场面，反映了知识青年的理想和志向。

· 焦裕禄

· 雷锋

· 爱岗敬业

1969年8月15日，位于中苏边境的逊

· 知识青年在农村

· 改天换地的新一代

· 接过南泥湾的老镢头

· 把知识献给农业

· 革命青年的榜样

别拉河突发洪水，国防物资被冲到水中，上海知识青年奋力抢救国家财产，年仅 20 岁的金训华壮烈牺牲。当时，上海《解放日报》美术组连夜组织创作金训华事迹的作品。水粉画《向革命青年的榜样金训华同志学习》，成为一枚题为“革命青年的榜样”的邮票的图案，至今令人感怀和敬仰。

社会主义建设对于一个刚刚从革命硝烟中走来的政党，是一个新的课题和考验。共和国初期所走过的建设之路，造就了经济成就，也留下了历史经验。

为共和国腾飞奠基

从20世纪初叶到60年代初期，新中国在社会主义建设中进行了有成就有曲折的探索。但是，在党中央和全国人民齐心奋斗中，度过了困难时期。共和国最初的经济建设成就，为中国后来的改革开放与腾飞奠定了基础。

国民经济“调整、巩固、充实、提高”决策在工农战线初见成效之刻，中国以高科技为基础的国防建设取得了震惊世界的成就。1964年10月，我国自行研制的原子弹试验成功。从为中华人民共和国成立60周年发行的一枚个性化邮票上，我们可以感受到中国人民为“两弹一星”的伟大成就而迸发出来的喜悦与激动。

早在1955年1月，中共中央和毛泽东主席不失时机地把发展国防尖端技术提上国防现代化的议事日程上来，做出发展原子能事业、研制原子弹的决定。这是一项很有远见、很有胆识的战略决策。

继1964年10月我国第一颗原子弹试验成功之后，1966年10月我国第一次成功进行了发射导弹核武器的试验，1967年6月成功爆炸了第一颗氢弹，1969年9月首次成功进行了地下核试验。1971年8月第一艘核潜艇建成并完成系泊试验，1974年4月完成试航任务。

第一颗原子弹试验成功六年以后，1970年4月，我国成功发射的第一颗人造地球卫星“东方红一号”，标志着中国在宇宙航天技术方面取得历史性的突破。那一天，“东方红”乐曲响彻寰宇。1971年9月，我国洲际火箭首次飞行试验成功。我国第一颗返回式遥感人造地球卫星也于1975年11月发射成功。

· 庆祝中华人民共和国成立六十周年

· 乐声环宇

· 天外归来

· 腾飞万里

在中国邮政发行的“航天”特种邮票上，“乐声环宇”和“天外归来”“腾飞万里”的画面记录了“东方红一号”卫星的发射和回收以及火箭升空的辉煌瞬间。

“两弹一星”，即核弹、导弹和人造卫星的试验与运行成功，作为中华人民共和国前 30 年科技实力发展的标志性事件，是中国近代在科技、军事等领域独立自主、团结协作、创业发展的重大成果。“两弹一星”年代的科技成就，为中国航天事业进一步发展打下了坚实基础。

“中国现代科学家”纪念邮票中，钱学森、钱三强以及为“两弹一星”做出卓越贡献的另外 5 位科学家，他们生动的肖像留在了新中国历史的丰碑上。这些终生报效祖国的科学家为中国的科技事业和经济建设做出了卓越贡献，成为中国知识分子的杰出代表。从那时开始形成的“两弹一星”精神，至今仍给人们以敬业报国、勇攀高峰的强大动力。

20 世纪 60 年代，无论国内还是国外，都是不平静的一段时期。但是，中国科学家却以科研成果，屡屡做出了杰出贡献。在生物技术以及成功培育杂交水稻等领

· 钱学森

· 钱三强

· 王淦昌

· 赵九章

· 郭永怀

· 邓稼先

· 朱光亚

域，我国也取得重大突破。

1964 年，袁隆平率先在国内开展水稻杂交优势利用研究。一粒种子改变了世界。杂交水稻的育成与应用，是水稻科技生产上的一次重大突破，是我国水稻生产的一次飞跃，创造了巨大的社会和经济效益，为解决中国和世界粮食问题做出了贡献。在“杂交水稻”邮票上，以“制种”和“丰收”两个主题，将这一农业高科技成就，简洁准确地刻画在了邮票图案中。

1965 年，我国首次人工合成结晶牛胰岛素成功。为这一成就发行的纪念邮票上，主图为显微镜下的人工合成牛胰岛素晶体，记载了中国高科技研究的里程碑性的创举。这枚邮票首次采用无色变金珠光油墨印刷，票面可在光下闪闪发亮，与邮票主题相契合。

科学领域的这些重大成就，显示了党领导下的社会主义科技事业的成就。这不仅增强了我国的国防战略防御能力，而且具有重大的政治意义。邓小平后来说过：如果 20 世纪 60 年代以来，中国没有原子弹、氢弹，没有发射卫星，中国就不能叫

· 制种

· 丰收

· 人工全合成结晶牛胰岛素五十周年

·“纪念周恩来同志诞辰95周年”明信片

有重要影响的大国，就没有现在这样的国际地位。

1965年1月，第三届全国人民代表大会第一次全体会议在北京闭幕。周恩来总理宣告：调整国民经济的任务已经基本完成，整个国民经济将进入一个新的发展时期。1966年将开始执行第三个五年计划。

让全国人民备受鼓舞的是，这次大会郑重提出实现“四个现代化”的历史任务。周恩来总理在政府工作报告中宣布：在不太长的历史时期内，把我国建设成为一个具有现代农业、现代工业、现代国防和现代科学技术的社会主义强国。

1966年，党中央制定的经济建设的“第三个五年计划（1966—1970年）”开始实施。在中国邮政发行的纪念邮票上，这个经济建设计划以带有鲜明时代色彩的标题“高举毛泽东思想伟大红旗，为实现第三个五年计划而奋斗”被表现出来。第一枚邮票为“工业建设”，第二枚为“农业建设”。2枚邮票以大庆工人、大寨农民、

·工业建设

·农业建设

· 团结起来，争取更大的胜利

· 工业学大庆

· 农业学大寨

· 神圣领土不容侵犯

解放军战士、科技工作者、纺织女工、女民兵等工农兵形象为主图，并置于红旗与毛主席著作背景下，表现了毛泽东思想指引是实现“三五”计划的保证。

1974 年，正值中华人民共和国成立 25 周年。一枚题为“团结起来，争取更大的胜利”大票幅邮票，国徽红旗之下的队伍融在一派欢庆的红色热潮中；同一套另有 3 枚邮票题为“工业学大庆”“农业学大寨”和“神圣领土不容侵犯”，工农兵的形象满溢着时代色彩。

当时，大庆人和大寨人，以及人民军队为建设祖国经济和保卫祖国所显示出来的奋斗精神，成为社会主义经济建设和思想建设的重要标志，党中央发出号召：“工业学大庆，农业学大寨，全国人民学习解放军”。至今，这仍是可贵可敬可承续的宝贵精神财富。

1974 年，为纪念“农业学大寨”运动 10 周年，中国邮政发行了“大寨红旗”特种邮票 5 枚。首先，在题为“革命豪情”的邮票图案中，以农民手中的毛主席著作和身后的红旗，表现了以毛泽东思想为指导的总方针；同时，邮票上也以“艰苦奋斗”展现了以陈永贵为代表的大寨农民的创业精神；“科学种田”邮票则体现出农业生产中务实的科学态度；大寨所取得的成就体现在“大丰收”邮票的图案中；大寨人所

· 革命豪情

· 艰苦奋斗

· 科学种田

· 大丰收

· 大寨红旗

彰显的建设社会主义的高昂热情，则以“大寨红旗”作了影响深远的展示。大寨党支部书记陈永贵等共产党员，开山修梯田、艰苦夺丰产的奋斗气概，为传统的中国农业生产赋予了新的时代风采。

以王进喜为代表的大庆石油人喊出了“宁肯少活20年，拼命也要拿下大油田”的豪迈口号，体现了社会主义建设时期中国工人阶级崇高的精神风貌。1964年，中国邮政发行了“石油工业”邮票，从“钻井”到“炼油”，方寸画幅中表现了中国石油工业起步的成就。

· 铁人王进喜

· 大庆石油工人

· 钻井

· 炼油

· 两论起家

· 科学管理

· 新型矿区

1974年，中国邮政发行了“大庆红旗”邮票。邮图以具有时代特征的“两论起家”为题，表现了大庆人在毛泽东的《矛盾论》《实践论》指导下创业奋斗的场面。邮票上还展示了“科学管理”下的“新型矿区”，体现了作为工业战线的一面旗帜的大庆“爱国、创业、求实、奉献”精神。

“工业新产品”特种邮票展示了中国机械工业的成就。这些新产品到1965年，已经试制成功千余种。邮票上就有“移动式变压器”“电子显微镜”“仿形车床”“立式车床”“齿轮磨床”“自由锻造水压机”“双柱铣床”“静电加速器”等8个图案。设计采用写实手法，以项目底色背景衬出了清晰细致的主体实物。

随后，在1973年发行的“工业产品”特种邮票中，“双水内冷机轮发电机组”“机动水稻插秧机”“万能外圆磨床”“露天潜孔凿岩机”等4种产品成为邮票的主要图案。这套邮票既有根据毛泽东关于“不搞矿山就是无米之炊”“农业的根本出路在于机

· 电子显微镜

· 移动式变压器

· 仿形车床

· 静电加速器

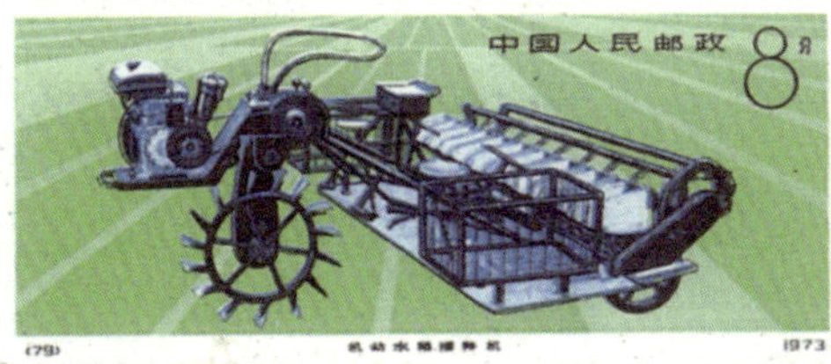

· 机动水稻插秧机

· 露天潜孔凿岩机

械化”指示而开发的工业产品，也有着眼于发展国家工业必须搞好基础工业的指导思想而研发的工业产品。

1966年5月10日，中国邮政发行了标记为“特75”志号的特种邮票。这套邮票题为“服务行业中的妇女”，表现了中国妇女在服务行业中的重要作用。其中9枚邮票表现了普通的“列车员”“农村卫生员”“保育员”“清洁员”“理发员”“汽车售票员”“背篓商店售货员”“食堂服务员”“乡村邮递员”。最后一枚邮票以“一切工作都是为了革命”，点明了“为人民服务”的根本宗旨。

“轮船”邮票的第一枚是上海造船厂1970年建造的“风雷”号，这艘12600吨的远洋货轮正迎着旭日出航。第二枚是大连红旗造船厂1971年建造的15000吨的“大庆30”油轮，正破浪前进

· 列车员

· 农村卫生员

· 乡村邮递员

· 一切工作都是为了革命

·“风雷”号远洋货轮

·“大庆 30”油轮

·“长征”号远洋客货轮

·“险峰”号挖泥船

在蔚蓝的海洋上。第三枚是上海沪东造船厂建造的我国第一艘 7500 吨大型远洋客货轮“长征”号，正出行在海天云水之间。第四枚为上海江南造船厂 1971 年建造的 10400 吨的大型自航耙吸式挖泥船“险峰”号，正承载重任乘风向前。

1969 年，中国邮政发行了“南京长江大桥胜利建成”4 枚邮票，这是编为“文”字志号的 19 套“文革”系列邮票中唯一一套反映经济建设成就的邮票。4 枚邮票分别表现了“铁路桥”“公路桥”“大桥全景”以及“庆祝建成”的场景。

20 世纪 70 年代初期，党中央、国务院制订了《第四个五年计划纲要》。纲要提出，第四个五年计划要初步建成我国独立的、比较完善的工业体系和国民经济体系，促进国民经济新飞跃。到了 1976 年，我国胜利完成第四个五年计划。

这一年，中国邮政发行了“胜利完成第四个五年计划”邮票。这套邮票共有 16 枚，分别为“农田”“灌渠”“小化肥”“纺织”“钢铁”“煤炭”“水电”“造船”“石

·大桥全景

·庆祝建成

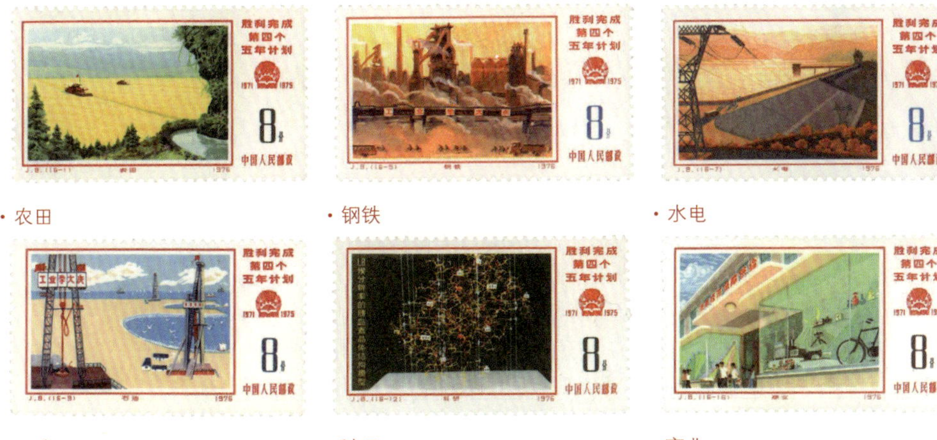

· 农田　· 钢铁　· 水电

· 石油　· 科研　· 商业

油”“油港”“铁路”“科研”“牧区小学”“公社卫生院”“职工宿舍”和“商业”。

1976 年 7 月 28 日凌晨 3 时 42 分，河北省唐山市遭受 7.8 级强烈地震。顷刻之间，一个城市 95.8% 的建筑遭到摧毁，基础设施遭到严重破坏，20% 的农田被毁，24 万同胞遇难。地震之下，一片废墟。在党和国家决策与部署下，在全国军民全力支援下，从毁灭的那一刻开始，经过重建，唐山又获新生。一个崭新的唐山屹立在曾天崩地裂的那片土地上。一套邮票展现了今日唐山新貌：“农舍”“工厂”“街景”“海港”。正如“唐山抗震纪念碑”碑文所铭：“此间一砖一石一草一木都宣示着如斯真理：中国共产党英明伟大，社会主义制度无比优越，人民解放军忠贞可靠，自主命运之人民不可折服。”

从 1949 到 1976 年，在“一穷二白”的基础上中国建立了独立的、比较完整的工业体系和国民经济体系，使我国大大缩短了同发达资本主义国家在经济发展方面的差距。在中国共产党的领导下初步取得的历史性的巨大进展，是社会主义制度具有巨大优越性的初步而有力的显示。

中华人民共和国最初 30 年在经济建设上所取得的伟大成就，为改革开放新时期的到来，为中华民族在新时期的腾飞奠定了基础。

· 农舍

· 海港

第九篇

春风杨柳

春天，是万物复苏的崭新季节。在中国，这个春天又是一个呼吸着时代变革气息和掀动着社会转型的新的辰光。如果说，1949 年 10 月是崭新的第一春，那么，从 20 世纪 70 年代末叶开始，中国的又一个春天来到了！

这是即将开始一个伟大历史转折的新时期，也是开创中国特色社会主义道路的新时期。

“春风杨柳万千条，六亿神州尽舜尧。”从 1978 年开始，人们看到春风、春潮和又绿九州的春天。

春风，吹拂大地

· 热烈庆祝党的第十一次全国代表大会胜利召开

· 永远高举毛主席的伟大旗帜

· 伟大的、光荣的、正确的中国共产党万岁

打开邮册，3 枚邮票之中，醒目的图案上红旗林立，迎风招展。那是 1977 年 8 月发行的“中国共产党第十一次全国代表大会”纪念邮票。那里，有党旗指引前程，有毛泽东思想旗帜引领前进的方向。

1977 年 8 月，中国共产党第十一次全国代表大会在北京举行。这次大会初步总结了粉碎“四人帮”斗争的经验，强调恢复并发扬党的优良传统和作风，对于动员全党建设社会主义现代化强国有着重要意义。

面对世界经济的快速发展、科技进步的日新月异，全国人民期盼着中国社会主义建设事业重新奋起，希望党和国家在大政方针上尽快做出政治决断和战略抉择，以顺应时代潮流和人民愿望。

1978 年 5 月 10 日，中央党校内部刊物《理论动态》发表《实践是检验真理的唯一标准》一文。次日，《光明日报》以特约评论员名义公开发表这篇文章，并由新华社向全国转发。文章鲜明提出：社会实践不仅是检验真理的标准，而且是唯一的标准。

在一枚红彤彤的邮票上，一头奋力前行的拓荒牛形象作为中国改革开放的一个象征和标志，上面印有一行文字：“实践是检验真理的唯一标准”。中国的改革开放，正是从这个重要理念的确立开始的。改革开放的实践也表明，真理标准问题的讨论是党在实现伟大历史转折时期的思想先导，这个理念为党重新确立马克思主义的思想路线、政治路线和组织路线奠定了思想基础。

重新参与党中央领导工作的邓小平一直在思考中国前进的新方向。

1978 年 3 月，邓小平指出：“独立自主不是闭关自守，自力更生不是盲目排外。”实现四个现代化是一场根本改变我国经济和技术落后面貌的伟大革命。

·实践是检验真理的唯一标准

1978 年 12 月，在中央工作会议闭幕的那一天，邓小平做了《解放思想，实事求是，团结一致向前看》的重要讲话。他强调：“再不实行改革，我们的现代化事业和社会主义事业就会被葬送。”这个讲话实际上成为随后召开的十一届三中全会的主题报告。

1978 年 12 月 18 日，中共十一届三中全会召开。这次会议实现了中国共产党成立以来党的历史上具有深远意义的一个伟大转折，确定把全党工作重点转移到社会主义现代化建设上来，开启了改革开放和社会主义现代化建设的新时期。

在一枚邮政明信片上，留下了邓小平以党的“实事求是”作风，在“实践是检验真理的唯一标准”讨论中和在具有历史转折意义的党的十一届三中全会上的决策场面。

为纪念中国共产党十一届三中全会的召开，中国邮政曾发行纪念邮票 2 枚。第一枚的图案就是邓小平在十一届三中全会上讲话的珍贵历史照片；另一枚题为“历史上的伟大转折”，图案是这次会议的历史性的文件。

·“喜迎祖国六十华诞”明信片

· 历史上的伟大转折

· 改革开放

党的十一届三中全会作为一个伟大的转折点，载入党的史册。这次会议揭开了中国改革开放的序幕，标志着中国共产党人在新的历史时期的伟大觉醒，并由此开始了新时期从理论到实践的伟大创造。

随着国民经济调整的深入进行，中国改革开放加快了步伐。解决经济体制问题，要对社会主义的一些具体制度实行突破和改革，并开辟出适合中国国情的社会主义建设新路。

改革，首先在农村取得了突破性进展。

1978 年，安徽省遭受旱灾，秋种遇到严重困难。在严峻的形势下，安徽省委决定把部分土地借给农民种麦种菜，所产粮菜不征购，不计口粮。这一应急措施，立即将群众的积极性调动了起来。同年 11 月，有些地方的基层干部和农民冲破旧体制限制，自发地采取了包干到组和包产到户的做法，凤阳县梨园公社小岗村 18 户农民创造出“包干到户”方式。四川省委也支持农民搞包产到组，允许和鼓励社员经营正当的家庭副业。其他一些省份也采取了类似做法。这些大胆的尝试，揭开了我国农村改革的序幕。

在一枚邮资明信片上，图案是一座铭记历史的雕塑，刻画了安徽小岗村农民联名签字进行“联产承包”责任制的情景。邮资明信片被明确冠以“农村改革发源地——小岗村”标题。在为国庆 60 周年发行的纪念邮票上，其中一枚表现改革开放新时期，采用了游行队伍中高举“联产承包好”标语的壮观画面，深刻地体现了 1978 年的时代精神。

坚持从实际出发，从改革的实际效果出发，改革使农村面貌显现出生机和活力。改革开放，联产承包，使农业、农村、农民的面貌发生了重大变化。

农村改革调动了亿万农民的生产积极性，解放了农村生产力，使农业生产迅速

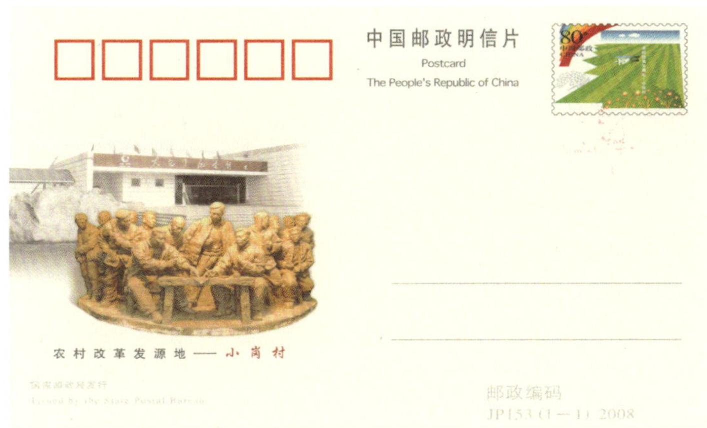

·“农村改革发源地——小岗村”明信片

·农业

·林业

·牧业

·副业

·渔业

扭转长期徘徊不前的局面。1979 至 1984 年，农业总产值以年均 7.3％的速度增长，1984 年粮食产量达到 4073 亿公斤，人均 393 公斤，接近世界人均水平。

1979 年，在党的十一届三中全会召开的第二年，中国邮政发行了一套邮票。美感的具象画面将农、林、牧、副、渔五业兴旺，书写在小小的邮资凭证上。

“今日农村”特种邮票也反映了党的十一届三中全会以后，“对外开放、对内搞活经济”政策使广大农民走上了劳动致富道路，中国农村出现了繁荣景象。4 枚邮票的图案以富有民族特色的农民画形式，从几个侧面描画了农村新貌。色彩热烈明快，线条纯真率直，构图别致，人物夸张，具有浓郁的乡土气息。邮票所用原画选自上海市金山县的农民画。

·江南小镇

·看电影

·喂牛

·新菜上市

·“改革开放四十周年”明信片

·希望的田野

在这个时期，党中央开始采取支持城镇集体经济和个体经济发展的方针，允许多种经济形式同时并存，指出：“在社会主义公有制经济占优势的根本前提下，实行多种经济形式和多种经营方式长期并存，是我党的一项战略决策。”在一枚纪念邮资明信片上，对从小岗村开始的农业改革和硕果累累的场景，做了简明的刻画。

当春风吹拂祖国大地，改革热潮造就了希望的田野。一枚纪念邮票就以“希望的田野”为题，刻画了农业改天换地的新面貌。绚丽彩虹下的新农民，瞩望着中国在改革开放新时期收获更多更大的成果。

“科学技术是生产力。”邓小平在1978年召开的“全国科学大会”上，提出了这个马克思主义观点。

1978年3月，“全国科学大会”在北京召开。中国邮政为这次大会发行了3枚

· 科学的春天

· 向四个现代化进军

· 努力攀登科学高峰

纪念邮票。

全国科学大会提出，科学技术现代化是实现四个现代化的关键，包括科技人员在内的广大知识分子是为社会主义服务的脑力劳动者，是工人阶级的一部分。这使科技、教育、文艺等领域的知识分子受到极大鼓舞。会上，邓小平同志振聋发聩地提出“科学技术是生产力”的观点，更为中国社会主义建设指明了走向改革开放的道路。

知识得到尊重，人才得到使用。在科技领域，科技工作者发挥了创造力，成为中国科技在新时期腾飞的一个契机。

春潮，涌动九州

· 电力机车

· 铁路大桥

· 机场大楼

· 飞机跑道

1979 年 4 月，党中央召开工作会议，确立了对国民经济实行“调整、改革、整顿、提高”的新“八字方针”。这一年，经济建设的主题也频频出现在邮票上。邮花之上，已开始涌动改革开放掀起的经济建设热潮。

在交通建设成就上，1979 年发行的“铁路建设”3 枚邮票，将“电力机车”“铁路新线”“铁路大桥”尽收方寸之中。后又有邮票“首都国际机场”发行。为适应改革开放初期经济发展的需要，首都机场进行了扩建和新建，成为中国当时规模最大、技术设备现代化的民用机场。机场可以在复杂的气候下保证各种型号飞机昼夜起落。新建的候机大楼壮丽雄伟，从空中鸟瞰，好像一架展翅欲飞的巨型飞机。首都机场联通中国和世界各地的多条航线，是中国改革开放的交通枢纽。

1982 年，邮票上出现一系列选题——“国际饮水供应和环境卫生十年”“九星会聚”“中国人口普查”“第二次联合国探索及和平利用外层空间会

・国际饮水供应和环境卫生十年

・九星会聚

・中国人口普查

・第二次联合国探索及和平利用外层空间会议

・中国地质学会成立六十周年纪念

・世界粮食日

议”“中国地质学会成立六十周年纪念”“世界粮食日”等。这些不连贯的主题，反映了我们生存的这个小行星上的人类共同课题。这些邮票从浩渺宇宙到地球上的地质、饮水、人口与粮食，几乎囊括了生态平衡的所有重要领域。这表明，在我国改革开放之初，在经济建设的发展中，中央已经科学地关注到了与自然生态的和谐共存。从邮票上所反映出来的这些先进观念，在改革开放几十年中已经形成了重要的战略性认知并被付诸实践。

在改革开放的最初岁月，邓小平关于“科学技术是生产力”的理论，是推动社会主义经济建设的强大动力。

1980 年 3 月，中国科学技术协会第二次全国代表大会在北京召开。这次大会贯彻党的十一届三中全会以来的方针政策，确认了科学技术协会的性质和任务：

· 中国科学技术协会第二次全国代表大会

“担负着动员和组织广大科学技术工作者积极参加祖国四个现代化的伟大建设、广泛开展学术交流、普及科学技术知识，以及同世界各国科学技术群众团体进行科学技术交流”。中国邮政为这次大会发行了纪念邮票，这枚邮票以深邃的蓝色太空为背景，以现代“飞天”的造型象征着科技进步的无限空间。

接踵而至的“纪念阿尔伯特·爱因斯坦诞辰一百周年”邮票，异军突起一般出现在新中国邮册上。在这个时期隆重纪念世界著名物理学家爱因斯坦，是继 1953 年发行“世界文化名人”科学家哥白尼纪念邮票以来，近 30 年后再一次为外国科学巨擘造像于方寸天地中。这体现了改革开放的中国对于人类科技的重视与尊重。

· 纪念阿尔伯特·爱因斯坦诞辰一百周年

即使只在邮票这个领域，从 1978 年开始，从选题到设计，一股清新之气直面而来，这是改革开放新时期的中国走向欣欣向荣的一个新的气象。

1981 年 6 月，党的十一届六中全会一致通过了《关于建国以来党的若干历史问题的决议》。决议对一些重大历史事件和重要历史人物做出了实事求是的评价，科学地总结了中华人民共和国成立以来社会主义革命和社会主义建设的历史经验。全会以后，从中央到地方按照实事求是、有错必纠的原则，先后为“文化大革命”中的各种冤假错案平反。

· 刘少奇同志接见劳动模范时传祥

1983 年，正值刘少奇诞辰 85 周年。这位为中国人民解放事业以及社会主义革命和建设事业奉献毕生精力的党和国家领导人，在他辞世 14 年之后，党和人民在邮票中为他做了隆重的纪念与追悼。这套纪念邮票共 4 枚，采用了刘少奇不同历史时期的照片作为图案。其中，第四枚邮票以“刘少奇同志接见劳动模范时传祥”照片为主图，尤为感人。时传祥是北京一名淘粪工人，刘少奇以国家主席身份亲切接见时传祥，反映了党和政府对普通劳动者的尊重。

20 世纪 80 年代初，社会主义现代化建设各项事业开始逐步摆脱困境，呈现出蓬勃发展的生机和活力。科技、国防、教育、文化等领域的面貌发生了显著变化。

1985 年 3 月，中共中央做出《关于科学技术体制改革的决定》，提出经济建设必须依靠科学技术、科学技术工作必须面向经济建设的战略方针。科技体制改革激发了广大科技工作者的积极性，1986 年 3 月，王大珩、王淦昌、杨嘉墀、陈芳允等科学家向中共中央提出跟踪世界先进水平，发展高技术的建议。11 月，中共中央、国务院转发《高技术研究发展计划纲要》，提出了将生物技术、航天技术、信息技术、先进防御技术、自动化技术、能源技术和新材料等 7 个领域中的 15 个主题项目，作为我国发展高科技的重点。这个被称为“863 计划”的文件，实施后有力地推动了我国科技事业的发展。

20 世纪 80 年代中后期，每秒一亿次的“银河”计算机系统、我国第一座高能加速器——北京正负电子对撞机，以及重离子加速器、同步辐射实验室、多种运载火箭和卫星等一批具有世界先进水平的高科技成果相继诞生。

中国是火箭的故乡。古代中国就有很多遨游太空的幻想。中国古代的科学技术是现代航天事业的起点，这是国际科学界公认的事实。

1981 年 9 月 20 日，我国首次用一枚运载火箭发射三颗卫星进行空间物理探测，获得成功。1982 年 10 月，我国用潜艇在水下向预定海域发射运载火箭获得成功。这两项实验标志着我国运载火箭和空间技术达到新的水平。

中国现代航天技术发展到了 1986 年，已整整 30 个年头。30 年中，中国有了发射人造卫星、大型运载火箭、同步通信卫星等一系列成果，充分证明了中国在高科技领域的聪明才智和发展潜力与实力。

在国防现代化的进程中，中国的“火箭”以高科技成果取得令世界瞩目的成就。20 世纪 50 年代中期，中华人民共和国成立了战略火箭研究机构。60 年代中期，成功研制了中近程和中程战略火箭。1980 年，新研制的固体潜地战略导弹水下发射成功。目前，中国已建立了能研制各类人造卫星、运载火箭、战略导弹等项目的科研

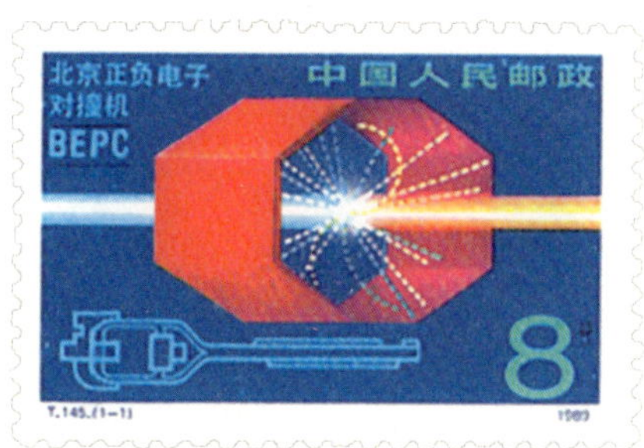

· 北京正负电子对撞机

·发射

·飞行

生产体系，在低温燃料运载火箭、同步卫星发射和卫星回收、测控技术等方面跨入了世界先进行列。

1989年，以“国防建设——火箭腾飞”为题发行的一套邮票，以4幅图案表现了火箭发射的基本程序——开进、检测、发射、飞行。流线型的火箭造型置于横幅与直型的邮票票幅间，透现出一种轰然而起直向云天的壮观气势。

以祖国大好山河和传统艺术等为主题的邮票，展现出改革开放了的中国更加壮丽多彩。从“庐山”新姿伟貌到“泰山”云海日出，从“桂林山水”的三山远眺到“苏州园林——留园”的春到曲溪楼，从“峨眉山”的金顶宝光到“西双版纳风光”的风情万种，从“宫灯”的精巧精湛到“风筝”雏燕飘逸，从“秦始皇陵兵马俑”的厚重奇崛到“辽代彩塑”的美轮美奂，从“盆景艺术”的天工弄巧到“京剧脸谱”的厚重醇久，从“中国古代钱币”的圆钱绝奇到“磁州窑系”的双凤神韵等，过去被视作“风花雪月”的题材，在改革开放中如万紫千红的百花，绽开在邮票的天地之间。这春风骀荡、春光万千的气象，汇成春潮从“国家名片”上奔涌而出，让神州现出“春风杨柳万千条”的风采。

·庐山

·泰山

·桂林山水

·留园

·峨眉山

·西双版纳风光

· 宫灯

· 风筝

· 秦始皇陵兵马俑

· 辽代彩塑

· 盆景艺术

· 京剧脸谱

· 中国古代钱币

· 磁州窑系

1979 年，中国传统文学《西游记》首次进入邮票之中。这是后来发行“四大名著”系列邮票的先声。以 8 枚精致的邮票组成的“西游记”，有“水帘洞”“战哪吒”“蟠桃园”“八卦炉”“打白骨精”“芭蕉扇”“盘丝洞”“取经路”8 个场景。邮票设计吸取了京剧特点，运用民间年画处理手法，工笔单勾，重彩浓染，略事夸张，使以孙悟空形象为主的图案生动再现了名著《西游记》的艺术魅力。

· 水帘洞

· 打白骨精

· 取经路

《红楼梦》是中国古代优秀的长篇小说，也是世界文学宝库中的珍品。这部古代名著以贾宝玉和林黛玉的爱情故事为主线，通过四大家族的兴衰历史，揭示了封建社会的衰亡命运。作品中 400 多个人物，独具个性、栩栩如生。除封建叛逆者贾宝玉外，还有包括林黛玉在内的女性艺术形象群体，那就是“金陵十二钗”。这个美丽群像出现在 1981 年发行的特种邮票中。12 枚邮票上飘逸着她们俏丽动人的身影。

“金陵十二钗”有“黛玉葬花”“宝钗扑蝶”“元春省亲”“迎春诵经”“探春结社”“惜春构图”“湘云拾麟”“李纨课子”“凤姐设局”“巧姐避祸”“可卿春闲”“妙玉奉茶”12 枚。邮票采用中国传统绣像形式，以身姿外形刻画人物性格。这套邮票还有一枚小型张题为“双玉读曲”，将《红楼梦》的主人公贾宝玉和林黛玉，置于花团锦簇的大观园，一对有情人在读情溢卷外的《西厢记》。

• 黛玉葬花

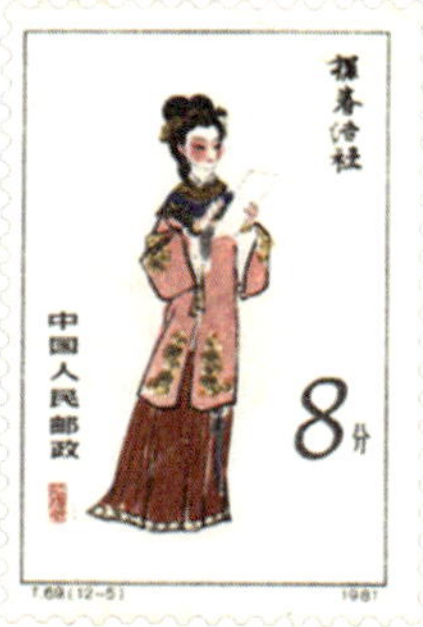

• 宝钗扑蝶

• 探春结社

• 湘云拾麟

• 凤姐设局

• 可卿春闲

• 双玉读曲

1987年，中国邮政始发“中国古典名著——《水浒传》”特种邮票。这是《水浒传》邮票的第一组，4枚邮票以“史进习武”“鲁智深倒拔垂杨柳”“林冲风雪山神庙”和“宋江义释晁盖”为图案。小型张题为“智取生辰纲”，刻画了晁盖等人设计醉倒杨志、智取生辰纲的大场面。

“中国古典文学名著——《水浒传》”邮票分5组发行，最后一枚小型张以超大票幅将水泊梁山108将形象绘画于邮图之上，是一幅巧妙精美之作。

• 梁山英雄排座次

· 林冲风雪山神庙

· 智取生辰纲

· 宋江义释晁盖

1988 年开始为另一部中国四大古典文学名著《三国演义》发行邮票。这部名著叙写了东汉灭亡以后，魏、蜀、吴三国夺权征战的过程。书中塑造了诸葛亮、关羽、曹操等栩栩如生的人物形象。

这套邮票有“桃园三结义”“三英战吕布”“凤仪亭”“煮酒论英雄”4 个场景。小型张为“千里走单骑”，取自《三国演义》中关公千里走单骑、过关斩将的故事。

与《水浒传》一样，这套邮票采用工笔画法，线条传神，写意夸张，使人物形神兼备。画面则以赭黄为底，颇具古典韵致。

· 桃园三结义

· 凤仪亭

· 千里走单骑

· 中国艺术节

为促进中国艺术事业发展，扩大中国艺术的国际影响，自 1987 年开始举办“中国艺术节”。为此发行纪念邮票一枚，选用中国北宋著名书画家米芾的行书“艺”字，仅以一个汉字为主题，表现了中国艺术的源远流长、博大精深。邮票红底、金饰、黑字，烘托出富丽大气的中国风范。

改革开放的春潮蓬勃掀起，轰轰烈烈的建设场面也将小小邮票点染得丰富多彩。一套3枚的“长江葛洲坝水利枢纽工程”邮票，把长江“三峡工程”的“前奏”，全方位再现于邮票图案之上。长江葛洲坝水利枢纽工程位于湖北省宜昌市，是长江流域规划中的长江干流主体工程——三峡水利枢纽的一个组成部分。这个工程具有防洪、发电、航运、灌溉等综合作用。3枚邮票分别是“大江截流”“主体工程”和“二号船闸”。邮票虽以工程为主，但也展现了长江三峡壮丽的景观，在反映现代化工程的同时，显示了这座水利枢纽工程给三峡增添的动人色彩。

· 大江截流

· 二号船闸

“住房”是关系着人们生活质量的一个国际性课题。中国改革开放以来，计划经济年代的住房分配制度逐步向市场化转变。1987年是“国际住房年”，这不仅是一个中国参与的国际活动，其主旨也契合着正在改革的中国住房国情。“国际住房年”纪念邮票1枚一套，图案由红、白、灰三色组成，采用民间剪纸形式，以红色房屋为主图、灰色砖纹为背景，主图背景之间，配以白色屋形。红喜鹊剪纸造型又表达了人们渴望美好生活的愿望。画面朴实雅静，设计新颖简洁。

一枚面值仅仅8分的“庚申年”邮票，时隔40余年，其价格竟然上涨了20万倍以上。这在中国邮票史上绝无仅有，在世界邮票历程中也堪称罕见。

在改革开放之初，冲决了一段时间对于传统文化的无视甚至批判和禁止，以开放的姿态推出了中国生肖邮票的系列发行。作为1980年邮票发行的“龙头”，这只炯炯有神的金猴，开始了这个系于每个人的生肖邮票的发行。从这一年的“庚申年”即猴年开始，我国每一年连续发行系列的生肖邮票，至今已进入第四轮。

· 国际住房年

· 庚申年

1984 年 10 月，党的十二届三中全会通过《关于经济体制改革的决定》，突破把计划经济同商品经济对立起来的传统观念，提出我国社会主义经济是“公有制基础上的有计划的商品经济”。这是党在计划与市场关系问题上得出的新认知。

正是在十一届三中全会后的这个时期，党中央开始进行城市经济体制改革。改革侧重于扩大企业自主权，增强企业活力，实行严格的经济核算，认真执行按劳分配原则。在新的政策思想指引下，集体经济、个体经济又有了新的大发展，出现了全民、集体和个体联营的经济形式。

1982 年 9 月，中国共产党第十二次全国代表大会在北京举行。邓小平致开幕词，明确提出“建设有中国特色的社会主义”的重大命题。胡耀邦做了《全面开创社会主义现代化建设的新局面》的报告。大会确定了党为全面开创社会主义现代化建设新局面而奋斗的纲领，把继续推进经济建设作为全面开创新局面的首要任务。根据我国经济落后和发展不平衡的实际情况，把 20 世纪末奋斗目标由“实现四个现代化”改为“实现小康”。大会还实事求是地将农业、能源、交通以及教育和科学技术规定为经济发展的战略重点。

党的十二届一中全会选举胡耀邦为中央委员会总书记；决定邓小平为中央军事委员会主席。

中国邮政为党的“十二大”发行了一枚纪念邮票，图案一改重大政治事件常用的浓墨重彩的画风，仅以天安门、党徽和用黄、绿线条组成的“12”字样完成设计，构图简洁明快，色彩淡雅清新，带有耳目一新、春意盎然的气息。

· 中国共产党第十二次全国代表大会

邓小平提出的关于“建设有中国特色的社会主义”的思想，回答了进入改革开放新时期后中国走什么道路这一重大课题，是党的“十二大”的指导思想，也是指引新时期改革开放和社会主义现代化建设的伟大旗帜。

党的改革开放国策为古老的中国带来了改天换地的新面貌。从最初的春风吹拂，到各领域的春潮涌动，一个具有深远意义的改革开放新局面，显示出了绿荫万代的春天正在到来。

春天，绿荫万代

党的“十二大”召开以后，创办“经济特区”，实行对外开放，成为一个伟大创举。早在 1979 年 4 月中央工作会议期间，广东首先打开了“南风窗”，对外开放先行一步。毗邻港澳的深圳、珠海和汕头创办了出口加工区。福建省委也提出类似设想。党中央同意粤闽两省实行对外开放的设想，在计划、财政、外贸、金融方面实行新的体制。

对于这个新兴的区域，邓小平明确指出，还是叫“特区”好。1980 年 5 月，正式定名为“经济特区”。

党的十一届三中全会后，中共中央、国务院决定在广东省的深圳市、珠海市、汕头市和福建省的厦门市以及后来的海南省，各划区域试办“经济特区”。作为我国社会主义市场经济体制的试验场，“经济特区”在共和国的历史上已经成为中国改革开放和经济发展的示范窗口。

在中国邮政发行的一套“经济特区”特种邮票中，以 5 枚邮票将改革开放中的深圳、珠海、汕头、厦门以及海南经济特区分别展现出来，反映出开放形势下特区生气蓬勃的建设气象。

1984 年 1 月，邓小平视察深圳、珠海、厦门等经济特区，写下了“深圳的发展和经验证明，我们建立经济特区的政策是正确的”题

· 深圳

· 珠海

· 汕头

· 厦门

· 海南

词。他还指出：“特区是个窗口，是技术的窗口，管理的窗口，知识的窗口，也是对外政策的窗口。”

作为改革开放的前沿，深圳经济特区所取得的成绩是中国改革开放成就的缩影。2000 年，一套题为“深圳经济特区建设”的邮票发行，再次咏唱了“春天的故事”。这套邮票采用 5 枚邮票连印的形式，展现了深圳特区出口加工工业和旅游业的主要建筑和区域，其中包括了“金融中心区”“中国国际高新技术成果交易会展览中心”“盐田港区”“深圳湾旅游区”以及“蛇口工业区”。

· 深圳经济特区建设

1984 年 4 月，党中央、国务院决定进一步开放天津、上海、大连等 14 个沿海港口城市，同年 5 月又批准在开放的沿海港口城市兴办“经济技术开发区”。具有优越的投资政策和良好的投资环境、以兴办高新技术产业和创汇企业为主的开发区，经过开发、建设、发展，已成为我国吸收国内外投资最集中、经济增长速度最快的区域。

在党中央决策的推动下，全国各地以“经济技术开发区”“工业园区”等方式建设与发展，迅速成为国内外关注的改革开放窗口。

在以“中国经济技术开发区二十周年”为主题的一枚纪念邮票上，邓小平的题词“开发区大有希望”，赫然在目。在开阔辽远的蓝色基调下，经济技术开发区的现代化建筑，充满了绿荫蓬勃的春天气息。

在长江三角洲的通海水域，古老的苏州在改革开放年代建立了现代化的工业园区。这是中国与新加坡两国政府间最大的合作项目。苏州工业园区已成为中国发展速度最快、开发水平最高、吸引外资最多的高科技工业园区。

以“中国新加坡合作——苏州工业园区成立十周年”为主题发行的邮票中，以充满青春气息的蓝色为基调，以标志性的现代雕塑为主图，以苏州工业园区的建筑群为背景，简洁鲜明地突出了这一经济实体“大有希望”。

· 中国经济技术开发区二十周年

· 苏州工业园区成立十周年

对外开放迎来了新的机遇。在这个时期，邓小平提出：“我们还要开发海南岛，如果能把海南岛的经济迅速发展起来，那就是很大的胜利。”

1988 年，为了适应改革开放的需要，加速海南的开发建设，中国行政建制将原属广东的海南岛，单独建省。根据第七届全国人民代表大会第一次会议决议，正式设立海南省。为此，中国邮政发行了“海南建省”纪念邮票 4 枚。

“五指山”是海南象征，它横亘于海南岛中南部。森林覆盖、云雾弥漫的五峰，形同伸掌，故此得名。此外，这套邮票上还出现风光旖旎的“万泉河”、海水共蓝天一色的“天涯海角”和有着美丽传说的“鹿回头”。邮票设计者将“海南建省”四字设计成为一枚海南省地图形状的随形印章，附于每枚邮票上端，与主图构成一体，令人耳目一新。

另一套“海南特区建设”特种邮票，着重反映了改革开放中的“海南特区”巨大成就，表现了海南经济飞速发展、建设日新月异的气象。

设立海南省和建立海南经济特区，体现了党中央加快改革开放的魄力和决心。在全面改革的推动下，1984 至 1988 年，

· 五指山

· 鹿回头

· 三亚凤凰国际机场

· 亚龙湾国家旅游度假区

我国经济经历了一个加速发展的阶段，国家经济实力和综合国力迈上了一个新台阶。

1987 年 10 月，中国共产党第十三次全国代表大会在北京举行。大会报告系统阐述了社会主义初级阶段的理论，指出：社会主义初级阶段党和国家的主要任务是发展生产力，推动社会主义现代化建设。报告把党在社会主义初级阶段的基本路线概括为“一个中心，两个基本点”，即以经济建设为中心，坚持四项基本原则，坚持改革开放。实践证明，党的基本路线是党和国家的生命线。

· 中国共产党第十三次全国代表大会

党的十三届一中全会选举赵紫阳为中央委员会总书记；决定邓小平为中央军事委员会主席。

在为党的十三大召开发行的纪念邮票上，党旗飘扬，旭日正升，预示了改革开放的新时期新路线前程辉煌。

20 世纪末，改革开放奋斗的战略目标是“实现小康”。战略部署从解决人民的温饱问题，到实现国民生产总值再增长，人民生活达到小康水平；直到 21 世纪中叶，人均国民生产总值达到中等发达国家水平，人民生活比较富裕，基本实现现代化。这个战略目标布局了中国迈向现代化的正确途程。

党的十一届三中全会以后，在毛泽东、周恩来等老一辈无产阶级革命家关于争取和平解放台湾思想的基础上，党中央正视历史和现实，创造性地提出“一国两制”的构想，开辟了以和平方式实现祖国统一的新途径。

1982 年 12 月，第五届全国人大五次会议通过的《宪法》第三十一条规定：“国家在必要时得设立特别行政区。在特别行政区内实行的制度按照具体情况由全国人民代表大会以法律规定。”这个规定体现了“一国两制”构想，为在香港、澳门设立特别行政区提供了宪法依据。

1981 年 12 月，中共中央做出 1997 年 7 月 1 日收回香港的决定。中国政府确定了两条原则：在 1997 年收回香港，恢复行使主权，不能再晚；在恢复行使主权的前提下，保持香港的稳定和繁荣。

1982 年 10 月，中英关于香港问题的谈判正式开始。12 月 19 日，中英两国政府正式签署《关于香港问题的联合声明》，确认中华人民共和国政府于 1997 年 7 月 1 日

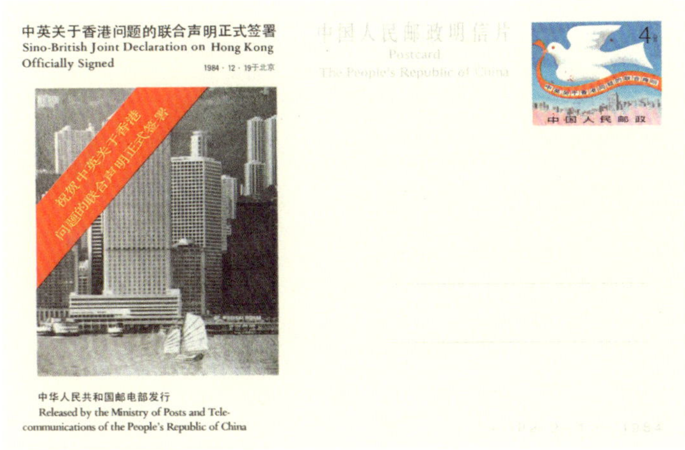

· “中英关于香港问题的联合声明正式签署”明信片

对香港恢复行使主权。从此，香港进入回归祖国的过渡期。

在中国邮政发行的 2 枚纪念“中英关于香港问题的联合声明正式签署”邮资明信片上，分别以邓小平和英国首相撒切尔夫人参加的签约仪式照片和香港市容图片作为明信片主图，以和平鸽衔彩带的造型为邮资图，将这一历史时刻铭记在了邮政用品上。

当香港回归进程启动之后，澳门回归问题也提上了日程。1986 年 6 月，中国和葡萄牙两国政府开始就澳门问题进行谈判。1987 年 4 月 13 日，中葡两国政府正式签署《关于澳门问题的联合声明》，宣布中国政府将于 1999 年 12 月 20 日对澳门恢复行使主权。

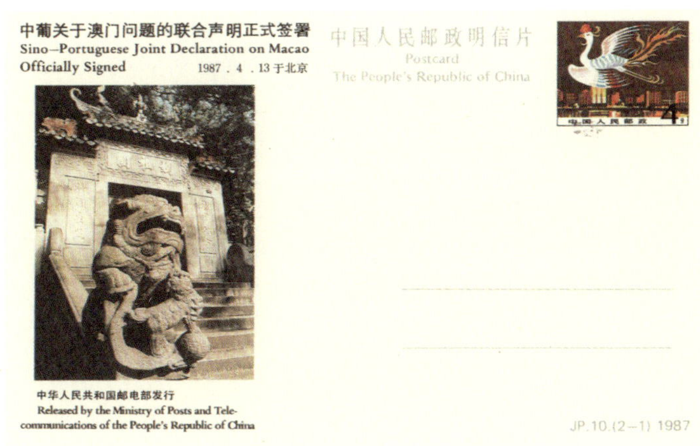

· “中葡关于澳门问题的联合声明正式签署”明信片

· 中国社会主义改革开放和现代化建设的总设计师邓小平同志逝世一周年

· 南方讲话

· 邓小平

· 邓小平同志诞生一百周年

中国邮政为“中葡关于澳门问题的联合声明正式签署”发行了2枚纪念邮资明信片，分别以签约仪式照片和澳门妈祖阁图片为主图，邮资图上的凤凰翔飞，则寓意澳门回归犹如“凤凰涅槃”一般新生。

从1992年1月开始，邓小平先后到武昌、深圳、珠海、上海等地视察，发表重要谈话。他指出，革命是解放生产力，改革也是解放生产力。改革开放胆子要大一些，要敢于试验。姓“资”还是姓“社”，判断的标准主要看是否有利于发展社会主义社会的生产力，是否有利于增强社会主义国家的综合国力，是否有利于提高人民的生活水平。社会主义的本质，就是解放生产力，发展生产力，消除两极分化，最终达到共同富裕。邓小平认为，解决中国的发展问题，不坚持社会主义，不改革开放，不发展经济，不改善人民生活，只能是死路一条。

在一枚纪念邮票上留下了邓小平同志风尘仆仆在南方考察讲话时的历史身影。

邓小平同志的南方谈话，是把改革开放和现代化建设推向新阶段的又一个解放思想、实事求是的宣言书。1992年5月16日，中共中央通过《关于加快改革，扩大开放，力争经济更好更快地上一个新台阶的意见》，做出一系列加快改革开放和经济发展的决定。

改革开放的辉煌成就证实了党的改革开放伟大决策的英明与正确。这个里程碑式的决策，来自中国社会主义改革开放和现代化建设的总设计师邓小平。

2004年，正值邓小平诞生100周年，中国邮政发行纪念邮票隆重纪念。这套邮票包括2枚邮票和1枚小型张。2枚邮票选取了邓小平在改革开放年代的最新的肖像，一枚是“中共中央总书记”，一枚是“中共中央军委主席”；小型张则采用了邓小平晚年亲切慈祥的大幅肖像。与此同时，中国香港邮政和中国澳门邮政也发行了纪念邓小平诞辰百年的邮票和小型张。

党中央和邓小平提出的“改革开放”决策，实质是在解放和发展社会生产力中，进一步解放思想，建设有中国特色的社会主义。40多年来，在“改革开放”的旗帜下，中国人民取得了举世瞩目的经济发展和建设成就。

2008年和2018年，正是具有历史意义的十一届三中全会召开30周

· 邓小平同志诞生一百周年

· 邓小平诞生一百周年

· 邓小平诞生一百周年

年和 40 周年的日子，也是中国走过“改革开放”30 周年和 40 周年历程之时。中国邮政发行纪念邮票和纪念邮资封，将这个改变中华民族面貌的伟大时代，用欣欣向荣、壮举汇聚的热烈色彩和宏大构图，做了象征性的展示和揭示。

改革开放新时期，是一个咏唱“春天的故事”的年代。人们仿佛回到共和国创业的初始岁月。不过，这时已有了完全不同的社会与时代的大背景，已有了前所未有的经济发展的大推动，已有了与世界并进同行的大视野，已有了以躬耕奋斗实现强国之梦的大目标。

这些尽染了春绿的邮票，犹如“春风杨柳万千条”，处处留下了改革开放新时期的“春风”“春潮”“春天”般的开拓奋进的历史图景。

· 改革开放三十周年

·“改革开放四十周年”纪念封

第十篇

百舸争流

20 世纪末叶，改革开放的春风，已在中国大地催动了经济建设的春潮，并预示着 21 世纪到来之时将更加美好的春天。在这个春风骀荡、春潮涌动、春天在望的新世纪，中华九州如千帆竞发、百舸争流一般，在发展进程中，以巨大成就使一个古老国度发生了前所未有的巨大变化。

中国，在走过世纪之交时，以改革开放的新姿态跨进了新纪元。21 世纪拉开帷幕之刻，时代潮流在古老的中国，以“毫不动摇”“一以贯之”之势，向着新的世纪汹涌而来。

这大势磅礴之象，正如毛泽东在词中所刻画的那个壮观图景——千帆竞发，百舸争流。

改革开放的时代潮流

在经历了 1989 年春夏之交的政治风波之后，1989 年 6 月 23 至 24 日，党的十三届四中全会召开，全会明确了当前和今后一个时期的方针和任务，并对党中央领导机构进行调整。全会选举江泽民为中央委员会总书记。

全会上，江泽民讲话指出：党的十一届三中全会以来的路线和基本政策没有变，必须继续贯彻执行。在这个最基本的问题上，要“坚定不移，毫不动摇”“全面执行，一以贯之”地保证改革开放和现代化建设事业沿着中国特色社会主义道路健康发展。

就在这个时刻，国际局势发生了重大变化。只从邮票发行这一角度来看，那个时节，苏维埃社会主义国家联盟以“苏联”这个国家名义发行了最后一套邮票。这是为“俄国历史学家”发行的纪念邮票。历史学家以冷峻的目光看着苏联已然结束了的 69 年历史。

从 1989 年下半年起，在苏联和东欧社会主义国家长期执政的共产党先后失去执政地位。接着，“十月革命”故乡、红色政权苏联解体。尽管国际形势动荡不安，世界正处在大变动时期，但在充满各种矛盾的格局中，“和平”与“发展”仍是当今世界两个重大主题。

· 俄国历史学家（苏联邮票）

1990年和1991年，中共中央在应对国际复杂局面、维护国内政治稳定和社会稳定的同时，仍坚持思考、研究、布局和践行中国特色社会主义的经济发展和深化改革开放的重大战略。

• 中国共产党第十四次全国代表大会

1992年10月，中国共产党第十四次全国代表大会在北京举行。江泽民做题为《加快改革开放和现代化建设步伐，夺取有中国特色社会主义事业的更大胜利》的报告。

在中国邮政发行的纪念邮票上，依然突出地让党的“斧镰”徽志高高居于主图位置，徽志下方以弥漫的红色为坚实的根基。这寓意了中国共产党坚持马克思主义、坚持社会主义道路的政治信仰。

• 中华人民共和国第八届全国人民代表大会

党的十四大做出三项具有深远意义的重大决策：抓住机遇，加快发展，集中精力把经济建设搞上去；明确我国经济体制改革的目标是建立社会主义市场经济体制；确立邓小平建设有中国特色社会主义理论在全党的指导地位。

党的十四届一中全会选举江泽民为中央委员会总书记；决定江泽民为中央军事委员会主席。1993年3月，八届全国人大一次会议选举江泽民为中华人民共和国主席、中华人民共和国中央军事委员会主席。

1993年11月，党的十四届三中全会审议通过《中共中央关于建立社会主义市场经济体制若干问题的决定》，决定指出：社会主义市场经济体制是同社会主义基本制度结合在一起的。在抓住机遇、加快发展的方针指导下，我国经济得到较快发展。

从这一时刻开始，中国进入了改革开放的新纪元。把中国特色社会主义建设事业全面推向21世纪，是这一时期党和人民重要的历史使命。

这一时期，党中央指出：对于发展“经济特区”的决心不变，基本政策不变，以及“经济特区”在全国改革开放和现代化建设中的历史地位和作用不变。“经济特区”要增创新优势，更上一层楼。

1992年，我国对外开放又迈出新步伐。从最早作为改革开放的“窗口”的珠江三角洲，延伸至长江三角洲的开发。上海浦东就是率先迈进的典范。

中国邮政为“上海浦东”专门发行了大套特种邮票。6枚邮票分别展示了上海浦东的陆家嘴金融贸易区、金桥出口加工区、张江高科技园区、外高桥保税区，以及生活社区。此外，还发行一枚小型张，再现了“上海浦东”的鸟瞰全景图。

· 上海浦东陆家嘴金融贸易区

· 上海浦东金桥出口加工区

· 上海浦东外高桥保税区

· 上海浦东的生活社区

· 上海浦东

上海浦东的开发，是中国对外开放战略的重大举措。党中央 1990 年 4 月批准开发开放浦东，在浦东实行经济技术开发区和某些经济特区的政策。这一决策不仅催生了一个外向型、多功能、现代化的新城区在长江出海口的崛起，促进了上海的迅速发展，而且对长江三角洲以及整个长江流域乃至全国的改革开放和经济发展都具有辐射效应。

以上海浦东为龙头，开放芜湖、九江、岳阳、武汉、重庆 5 个沿江城市和三峡库区，逐步形成了从沿海到沿江、从沿边到内陆，多层次、多渠道、全方位开放的新的格局。同时，利用外资的领域又逐步扩大到金融、贸易、商业、交通、旅游和其他第三产业。

在改革开放大潮中，国营企业以及东部沿海沿江城市的成就令人瞩目，邮政部门发行的 2 枚纪念邮资封片上，展示了各个领域改革与发展的新成果新成就。

为促进大西南的改革开放，党中央和国务院决定设立重庆为直辖市。1997 年 3 月 14 日，第八届全国人大五次会议通过了设立重庆直辖市的决议。

重庆市位居四川盆地东部，下辖万州、涪陵等 19 个行政区和綦江、潼南等 21 个县，是中国当时行政辖区最大、人口最多、管理行政层次最多的特大型城市。

重庆直辖，为古老山城带来了新的发展机遇。在为设立重庆直

· 重庆市人民大礼堂

· 重庆港

· 重庆建设

辖市发行的 2 枚“重庆风貌”邮票上，一枚是重庆标志性建筑“重庆市人民大礼堂”，这是一座颇具古代建筑特色的现代建筑；另一枚是已经旧貌变新颜的“重庆港”，长江和嘉陵江交汇处的朝天门，曾以古码头老口岸闻名遐迩，进入 21 世纪的老地界朝天门，已成为现代化港口。从这里重庆与外部世界有了更广阔更高速的沟通。

2007 年，中国邮政再以“重庆直辖”为主题发行“重庆建设”邮票，一枚双联印制的方寸画幅，以交通与城建为主图，展现了直辖市设立十年后的新貌。

1997 年 11 月 8 日，长江三峡水利枢纽工程实现大江截流，这是三峡工程中第一个具有里程碑意义的重大成果。

继三峡前期工程“葛洲坝水利枢纽”的邮票发行之后，为三峡截流工程顺利完工，中国邮政发行了“长江三峡工程 · 截流”特种邮票。2 枚邮票以连票方式印制，形成一个横幅阔大的空间，展示了大江截流的规模和气势。

· 长江三峡工程 · 截流

· 长江三峡工程 · 发电

长江三峡工程是改革开放和现代化建设的新时期实施的一项跨世纪大型水利工程。它具有防洪、发电、航运、环保等综合利用效益。三峡工程不仅在我国的水利建设史上是空前的，在世界水利建设史上也属罕见。

在“长江三峡工程 · 截流”特种邮票发行之后，根据工程进程，邮政部门又发行了“长江三峡工程 · 发电”特种邮票 3 枚，将这一工程的阶段性成果，“水库蓄水”“船闸通航”“电站发电”，尽收方寸之中，展现了长江三峡工程的伟态雄姿。

在三峡水利工程全面施工的同时，2001 年，另一个出现在邮票上的水利工程是二滩水电站。在四川西南攀枝花境内，在雅砻江与金沙江的交汇口规划建设的 21 座梯级电站中的第一座，就是二滩水电站。其装机容量 330 万千瓦，是我国 20 世纪末建成投产的最大水电站。二滩水电站汇集了世界多项先进技术和设备，创造了我国水电建设工程中安装速度的最高纪录。2001 年 10 月，邮政部门发行“二滩水电站”小型张一枚，以开阔的边纸和大型的票幅，展示了水电站大坝的壮观气象。

· 二滩水电站

同一年，又发行“引大入秦工程”邮票 4 枚。这个水利建设工程是将流经青海的大通河水，跨流域调到甘肃省兰州市北部的秦王川地区。这是中国西北地区规模最大的自然灌溉工程。在 880 千米的沿线上，建造一条规模宏大、气势雄伟的人工地下长河，这是古今中外罕见的壮举，被誉为“西北都江堰”。在邮票上，可以看到“渠首引水枢纽”“先明峡倒虹吸”“总干渠隧洞”“庄浪河渡槽”等我国水利建设工程中处于领先水平的建设成果。

· 总干渠隧洞

· 庄浪河渡槽

“引大入秦工程”工程的总干渠盘道岭隧洞，位居世界第七，中国第一；引水隧洞目前仍居世界第一。庄浪河渡槽全长 2194.8 米，横跨兰新铁路、312 国道和汉代明代长城遗址。这项工程是改革开放与自力更生结合的典范。长河灌溉千古荒原，造福当地人民，产生了经济、生态和社会效益，灌区将成为兰州经济发展的新区域。

· 钢水奔流

钢铁产量与质量是衡量一个国家综合国力的重要标志。我国的冶金技术有着悠久的历史和辉煌的成就。到了近现代，我国钢铁产量在世界上并不处于领先的地位。1996 年，我国钢产量突破一亿吨，这是一次大的飞跃，是改革开放的重大成果。为此，中国邮政发行了“1996 年中国钢产量突破一亿吨”纪念邮票，全套 2 枚。一枚为“中国古代冶金”，另一枚以“钢水奔流”的现代冶炼场景为邮票图案。2 枚邮票以时空穿越的方式，将中国钢铁工业的发展轨迹记录在了小小邮花上。

1997 年，以经济建设为题的邮票是这一年改革开放走向深入的一个缩影。中国首次农业普查是在新形势下对于我国的农业生产形势的一次调查，目的是在农业改革开放中更好推进和促进农业机械化，实现建设社会主义新型农业的目标。“中

· 中国首次农业普查

国首次农业普查”邮票，全套 1 枚。邮票图案是广阔田野上三台拖拉机正在进行耕作，简洁的构图传达和表现了这次普查的目标和成果。

在世纪之交，改革开放中交通建设成就的一个亮点，就是首都北京的立交桥。作为城市建设与发展的重要标志，北京市现代化立交桥的建设，令人瞩目。邮政部门发行了展示北京现代化城市面貌的“北京立交桥”特种邮票，全套 4 枚。邮票图案分别是各具特点的四元桥、天宁寺桥、玉蜓桥和安慧桥。邮图用装饰性的素描笔法绘制，每图均用两个视角透视景物，构图新颖，充满现代气息。

· 四元桥

在党的十四届五中全会上，确定经济和社会发展目标时，把实施“科教兴国”战略作为必须贯彻的重要方针之一。“科教兴国”战略，是改革开放走向深入阶段，在科学技术对我国经济建设的推动作用日益受到重视的基础上逐步形成的。

1995 年 5 月，党中央、国务院在北京召开“全国科学技术大会”。江泽民在会上指出，没有强大的科技实力，就没有社会主义现代化。他强调，当代世界科技进步日新月异，技术更替不断加速。创新是一个民族进步的灵魂，是国家兴旺发达的不竭动力。

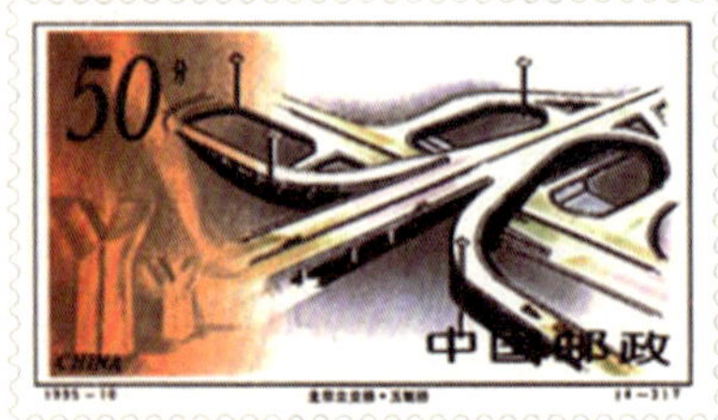

· 玉蜓桥

党中央、国务院做出《关于加速科学技术进步的决定》，正式提出“科教兴国”战略。决定指出：实施“科教兴国”战略，要全面落实“科学技术是第一生产力”的思想，坚持教育为本，把科技和教育摆在经济、社会发展的重要位置，增强国家的科技实力及向现实生产力转化的能力，提高全民族的科学文化素质，把经济建设转移到依靠科技进步和提高劳动者素质的轨道上来，促进和加速实现国家的繁荣强盛。

1999 年 9 月，党中央、国务院、中央军委做出决定，表彰为研制“两弹一星”做出突出贡献的 23 位科技专家，并授予“两弹一星功勋奖章”。2001 年 2 月 19 日，在党中央、国务院举行的国家科学技术奖励大会上，又颁布了 2000 年度国家科学技术奖励获奖项目和人选，数学大师吴文俊、“杂交水稻之父”袁隆平等人荣膺国家最高科学技术奖。

1999 年 11 月 20 日，我国载人航天工程第一艘试验飞船“神舟”号发射成功，并在完成各项科学考察任务后顺利返回，准确着陆。此次发射的试验飞船和新型运载火箭均由我国自行研制，这一成果标志着我国和平利用空间领域的进一步发展，是我国航天史上的又一里程碑。

中国邮政发行了“中国‘神舟’飞船首飞成功纪念”邮票 2 枚。这 2 枚邮票表现了“火箭腾飞”和“飞船遨游”的场景，并以有冲击力的三角形异形票幅，突现出航天特点。以 6 套邮票组成的小版张，更以大型篇幅和深蓝色调，打开了如宇宙一般的开阔空间，构思新颖，富于创意。

· 中国“神舟”飞船首飞成功纪念

作为当时通信建设的一个重要成果，由中华人民共和国邮电部电信总局和韩国通信部共同投资建设的五次群海底光缆通信系统，分别在中国青岛和韩国泰安登陆，全长 550 千米。1995 年 4 月动工，1995 年底投入使用。其设计容量 15120 条数字电话，不仅提高了中韩两国之间的通信能力，而且也提高了其他地区经由中韩两国的转传通信能力，成为当时国际通信网的重要组成部分并具有国际先进水平。

为此，中国邮电部邮政部门发行了“中韩海底光缆系统开通”纪念邮票 1 枚。蔚蓝色的基调显示了大海的深邃，地域线路和光缆形态又显示了通信沟通的快捷功能，整体画幅充满现代气息。

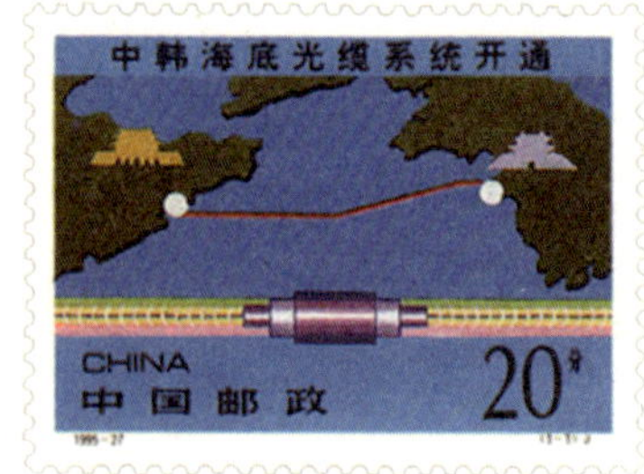

· 中韩海底光缆系统开通

“科教兴国”战略在教育领域的体现，反映在对于青少年教育特别是农村和贫困地区办学方面。共青团中央、中国青少年发展基金会实施的救助贫困地区失学少年儿童的“希望工程”，就是以改善贫困地区办学条件，建设希望小学，资助失学儿童重返校园的方式，从基层从青少年开始，促进基础教育的发展。

在中国邮政发行的一枚邮票上，邓小平书写了“希望工程”4个字，一群孩子打开课本，读书学习。设计者将翻开的书页设计成萌芽初绽的形态，应和着邮票上端的初升旭日，寓意祖国下一代在文化教育的培灌下，茁壮成长。

· 希望工程实施十周年

1997 年 9 月，中国共产党第十五次全国代表大会在北京举行。江泽民做题为《高举邓小平理论伟大旗帜，把建设有中国特色社会主义事业全面推向 21 世纪》的报告。大会首次使用“邓小平理论”这个概念，并把邓小平理论同马克思列宁主义、毛泽东思想一起作为党的指导思想写入党章。

· 中国共产党第十五次全国代表大会

大会提出：建设有中国特色社会主义的经济，就是在社会主义条件下发展市场经济，不断解放和发展生产力；建设有中国特色社会主义的政治，就是在中国共产党领导下，在人民当家做主的基础上，依法治国，发展社会主义民主政治；建设有中国特色社会主义的文化，就是以马克思主义为指导，以培育有理想、有道德、有文化、有纪律的公民为目标，发展面向现代化、面向世界、面向未来的，民族的科学的大众的社会主义文化。

党的十五届一中全会选举江泽民为中央委员会总书记；决定江泽民为中央军事委员会主席。

中国邮政为党的十五大发行了纪念邮票。1 枚一套的邮票上，党的徽志“斧镰”图，鲜明夺目，位居主图；并以人民大会堂葵花灯的造型样式，烘托出辉煌灿烂的光华。这个光芒四射的设计图案，表达了党指引着中国稳步跨进新的世纪，努力完成党的十五大所提出的目标任务。

改革开放的时代潮流奔涌在世纪之交的中国大地上。在行将进入 21 世纪的日子里，为波澜壮阔的 20 世纪再树的历史性丰碑，就是香港、澳门回归祖国的世纪盛典。

港澳回归的世纪盛典

1984年12月，中英签署《关于香港问题联合声明》，香港回归已经提到议事日程。1996年1月26日，香港特别行政区筹备委员会成立，标志着中国政府对香港恢复行使主权的准备工作进入具体实施阶段。

1995年，中国邮政发行邮票，开始为香港回归做铺垫。“香港风光名胜”特种邮票是新中国第一套以香港为题材的邮票。全套4枚，介绍了香港4处景观。“香港维多利亚港湾”，位于港岛和九龙之间，是以英国维多利亚女王命名的深水良港。“中环广场”是香港岛标志性建筑。“香港文化中心”，位于九龙海滨，是融现代科技与文化于一体的建筑。“香港浅水湾”，素有“天下第一湾”和“东方夏威夷”之称。那里，沙滩宽阔，沙粒细绵，滩坡平缓，海水碧清。

1997年7月1日，在具有划时代意义的这一天，香港终于回归祖国。

· 香港维多利亚港湾

19世纪中叶，香港被划为英国殖民地。一个多世纪过去，到了1997年6月30日23时59分59秒，在这最后一秒钟，这块祖国的土地终于结束了殖民的屈辱，英国国旗和香港域旗缓缓降下；1997年7月1日零时，中国人民解放军进驻香港，中华人民共和国国旗和香港特别行政区区旗在香港冉冉升起，经历了百年沧桑的香港在这个历史性时刻，终于回到了祖国的怀抱。

· 香港浅水湾

为纪念这一举世瞩目的重大事件，中国邮政发行了“香港回归祖国”纪念邮票。2枚邮票以香港回归的历史性文献为主图，并环以绚烂的花环，分别展现了《中英联合声明》和《中华人民共和国香港特别行政区基本法》。小型张则以邓小平肖像为主图，鲜明书写了“一国

· 中英联合声明

· 中华人民共和国香港特别行政区基本法

· 香港会议展览中心

· 海港

· 风帆

两制”字样，并在边纸上绘制了香港维多利亚港湾上空绽放的欢庆礼花。这枚小型张在普通小型张之外，还印制了金碧辉煌的金箔小型张。

1997 年 7 月 1 日，中国香港邮政发行第一套邮票——“中华人民共和国香港特别行政区成立纪念”。6 枚邮票分别以“古宅”“街景”“香港会议展览中心”“海港”“风帆”和“欢庆”为题，小型张则以欢庆回归的热烈气氛为图案表达喜悦之情。

香港回归祖国之后，在中国香港邮政发行的邮票上，留下了共同发展的足迹。为庆祝“中华人民共和国成立五十周年”，中国香港邮政发行 4 枚纪念邮票。在设计中，每一枚邮票都由一句富有诗意的话语作为构思题旨，并以一天四时变幻的特殊手法，将庆祝祖国生日的盛景记录下来——“国旗、区

· 香港回归祖国

· 中华人民共和国香港特别行政区成立纪念

· 国旗、区旗在晨曦中飘扬

· 夜幕下烟花璀璨

旗在晨曦中飘扬”“午后洋紫荆徐徐开放”“黄昏时分金龙欢腾起舞”“夜幕下烟花璀璨”。

1996 年，在香港回归祖国的前夕，中国邮政发行了建设中的“京九铁路”邮票，表现了这条沟通内地和香港的重要交通线路的建设成果。2002 年，中国香港邮政发行“京九直通车”邮票，从香港的“中环商业楼群”，经武昌、郑州，到北京的“天坛”，写实与写意融在一起，勾画出连通内地与香港的一条交通热线。

· 京九铁路

· 香港中环商业楼群

· 北京天坛

· 香港特别行政区成立 5 周年纪念

· 威武文明之师

· 开放日

在香港回归 5 周年之际，中国香港邮政发行了纪念邮票。这套邮票以中华白海豚、珊瑚、洋紫荆、白鹭、香港会议展览中心、维多利亚湾，以及国旗、区旗等图案构成欢庆喜悦的氛围。

在香港回归 7 周年前夕，中国香港邮政发行了“中国人民解放军驻香港部队”邮票。7 年之中，驻香港部队按照“一国两制”方针，履行防务职责，成绩卓著。邮票中，“威武文明之师”一枚以江泽民题词“保持人民军队本色，维护香港繁荣稳定”为背景，表现了威武之师的风姿。另一枚题为“开放日”的邮票，在“军民一家”的书法图案中，刻画了驻港部队与香港同胞的交流。此外，邮票还以“陆军”“海军”“空军”邮图再现了驻香港部队的英武风貌。在一枚发寄的义务兵免资军邮简上，盖销了“中国人民解放军驻香港部队军邮局收发专用”以及纪念邮戳、深圳日戳等戳记，留下了驻港部队邮政通信的真实记录。

· 军用邮简

2007 年 7 月 1 日，香港回归祖国 10 周年。10 年来，香港特区政府带领广大市民共同努力，使香港社会稳定、经济繁荣、民主进步、充满活力。中国邮政和中国香港邮政同时发行了纪念邮票。中国邮政以“欢庆”“合作”“繁荣”为题发行了 3 枚邮票。其中以“紫荆花冠”雕塑和国旗、区旗为图案的第一枚邮票“欢庆”，与中国香港邮政采用了相同图案，这一图案同时出现在双方印行的一枚纪念小全张上。中国香港邮政发行的“香港特别行政区成立十周年”6 枚邮票，以晨昏变幻，将富于朝气的新香港纳于方寸之中。从“朝”到“暮”，清新淡雅，构思精巧，勾画出和谐美好的气氛。小型张则描画出了欢庆的美丽夜景。

· 香港回归祖国十周年

· 朝

· 暮

· 香港特别行政区成立十周年

香港回归以后，澳门回归提到日程上来。1987 年 4 月，中国和葡萄牙两国签订了《关于澳门问题的联合声明》。1993 年 3 月，全国人民代表大会八届一次会议通过《中华人民共和国澳门特别行政区基本法》。1999 年 5 月，澳门特别行政区筹备委员会正式成立。

1997 年 11 月，中国邮政发行了“澳门古迹”邮票，这是新中国第一套以澳门为主题发行的邮票。这套邮票成为澳门回归的“前奏”。

400 多年来，澳门的各式建筑，反映了中西文化传统多元交汇的风貌。这套邮票分别展现了澳门四大古迹。其中，第一枚邮票上的“澳门妈阁庙”是有着 500 多年历史的澳门著名古迹。妈阁庙背山面海，沿崖建筑，风光优美。庙殿有石狮镇门、飞檐凌空，是一座富有中国文化特色的古建筑。第三枚邮票上的“澳门大三巴牌坊”是圣保禄教堂的前壁遗迹。1637 年竣工的教堂由意大利神父设计，经三次大火，屡焚屡建，至今只剩下教堂前壁。这是见证澳门融合西方文化的一座标志性建筑物。

· 澳门妈阁庙

· 澳门大三巴牌坊

自古以来，澳门就是中国领土，16 世纪后被葡萄牙租占。1999 年 12 月 20 日，中国对澳门恢复行使主权，澳门终于回归祖国。

1999 年 12 月 19 日午夜至 20 日凌晨，中葡两国政府举行澳门政权交接仪式。葡萄牙国旗和澳门市政厅旗降下，中华人民共和国国旗和澳门特别行政区区旗冉冉升起。从这一刻起，澳门的发展进入了一个崭新时代。澳门回归，是中国人民在 20 世纪最后时刻推进祖国统一大业的又一座丰碑，是继香港回归祖国后中华民族的又一盛事。

1999 年 12 月 20 日，中国邮政发行“澳门回归祖国”纪念邮票。2 枚邮票分别以《中葡联合声明》和《中华人民共和国澳门特别行政区基本法》的历史性文件为图案，表现了澳门回归的历史进程；小型张则以邓小平的肖像和“一国两制”的文

• 澳门回归祖国

• 中葡联合声明

• 中华人民共和国澳门特别行政区基本法

字为图案。普通小型张以澳门建筑为装饰，特别发行的金箔小型张以烫金的云龙纹饰表现出举国同庆的热烈气氛。

澳门回归之后，中国澳门邮政发行了第一套邮票——“中华人民共和国澳门特别行政区成立纪念”。6枚邮票分别为“舞龙”“赛龙舟”“圣诞树”“赛车”“欢庆”“音乐节”。小型张图案是“光明未来”。

2004年，中国澳门邮政发行了“中国人民解放军驻澳门部队”邮票6枚和小型张1枚，在江泽民题词“发扬我军优良传统，建设威武文明之师”背景下，表现了中国人民解放军驻澳部队的严明风纪。

2000年，在澳门回归1周年之时，中国澳门邮政发行了“澳门特别行政区

• 中华人民共和国澳门特别行政区成立纪念

· 中国人民解放军驻澳门部队

· 澳门特别行政区成立一周年纪念

成立一周年纪念”邮票，小型张刻画了当年中葡关于澳门政权交接的盛典场景。

2003年是澳门回归5周年，也是“澳门基本法颁布十周年”，中国澳门邮政发行纪念邮票2枚。一枚是澳门特别行政区总部和《澳门特区基本法》封面，另外一枚展示了少年欢庆场面和澳门典型建筑物。

2009年，正值澳门回归祖国10周年。中国邮政发行3枚纪念邮票，中国澳门邮政也发行了3枚纪念邮票。两套邮票的第一个图案都是国旗、区旗和盛事莲花的雕塑。在一枚小全张上将中国邮政和中国澳门邮政邮票汇聚在一起，体现了澳门回归祖国十周年的欢庆气象。

香港、澳门回归祖国的事实证明，设立香港、澳门特别行政区，坚持特区基本法，在一国两制原则下的港人治港、

· 澳门回归祖国十周年

· 中华人民共和国澳门特别行政区成立纪念

· 澳门基本法颁布十周年

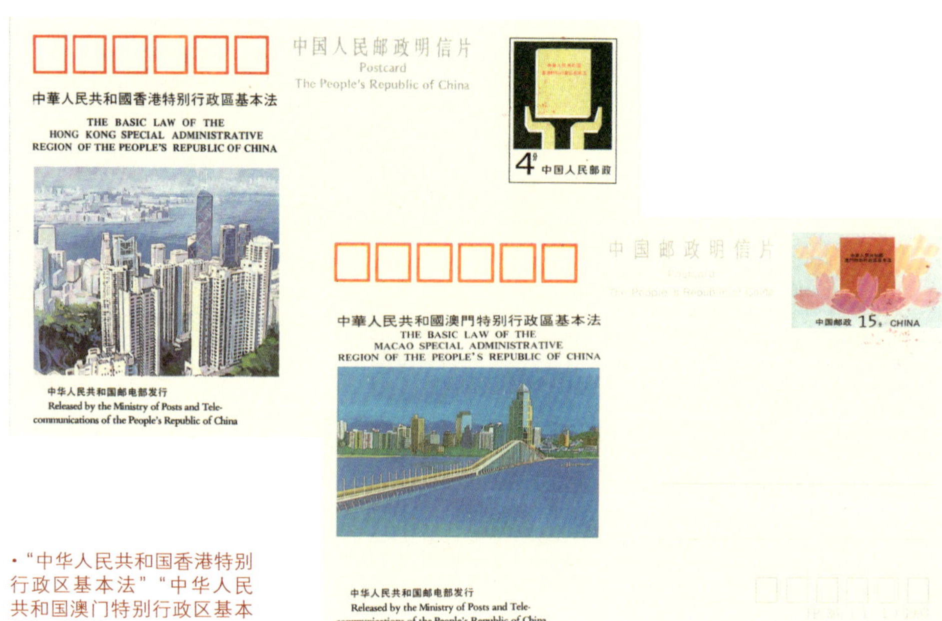

·“中华人民共和国香港特别行政区基本法”“中华人民共和国澳门特别行政区基本法”明信片

澳人治澳的高度自治方针是正确的。中国邮政发行的 2 枚纪念邮资明信片，再次将两个《基本法》作为邮资主图记录在“国家名片”之上。

在 20 世纪的最后一天，1999 年 12 月 31 日，中国邮政发行了“世纪交替 千年更始——20 世纪回顾”纪念邮票。8 枚邮票以“票中票”的方式，回顾了“辛亥革命”“五四运动”“中共诞生”“抗战胜利”“开国大典”“两弹一星”“改革开放”，以及“港澳回归”等重大历史事件。在 20 世纪百年历程中，中国共产党领导中国人民实现了新民主主义革命胜利并坚持社会主义革命和建设，更在坚持改革开放中走出一条中国特色社会主义道路，向着新的世纪前行。

·辛亥革命

·中共诞生

·开国大典

· 港澳回归 世纪盛事

2000 年 1 月 1 日，中国邮政运用特别发行方式，在 1997 年和 1999 年港澳回归金箔小型张上加盖了“港澳回归 世纪盛事”八个烫金字样，以新的邮资凭证记载了民族统一的百年梦想，汇聚了九州一统的同胞情感。一纸邮图盈溢出融融喜气、祥祥瑞气，并以这两枚小型张开启了新世纪新千年的邮坛之门。这两枚大票幅邮票以金碧辉煌的光彩，宣告改革开放的中国跨入了新世纪。

开创未来的崭新纪元

21 世纪第一天，发行了题为“世纪交替 千年更始——迈入 21 世纪”的邮票 5 枚。这套邮票的第一枚，以北京世纪坛为背景，将世纪交替的历史性时刻，刻镂在日月之间。发行在新纪元第一天的这套邮票，分别以“世纪交替”“和平发展”“保护自然”“科技之光”“中华复兴”为题，展现了中国共产党从 20 世纪末到 21 世纪初始，在新时期、新世纪、新起点、新时代为实现中国特色社会主义事业所做出的战略决策和伟大践行。

2001 年 6 月 1 日，中国邮政又发行“世纪交替 千年更始——21 世纪展望”纪念邮票。在“儿童节”这一天发行的 8 枚邮票，采用儿童画为图案，以纯真孩子的眼睛展望了新世纪的美好前景。8 幅邮图以丰富的想象、质朴的色彩，表现了孩子心目中的美丽梦想——“奔向新世纪”“我造大桥通台湾”“树上宫殿”“保护地球”“新世纪的交通”“遨游太空”“地球变年轻了”“世界和平”。

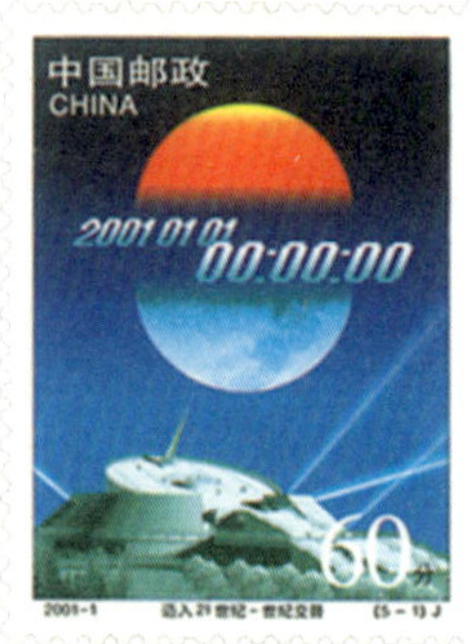

· 世纪交替

· 中华复兴

就在世纪交替的时刻，在北京矗立起一座独特的造型建筑物——中华世纪坛。同时，这座为千禧

· 奔向新世纪

· 保护地球

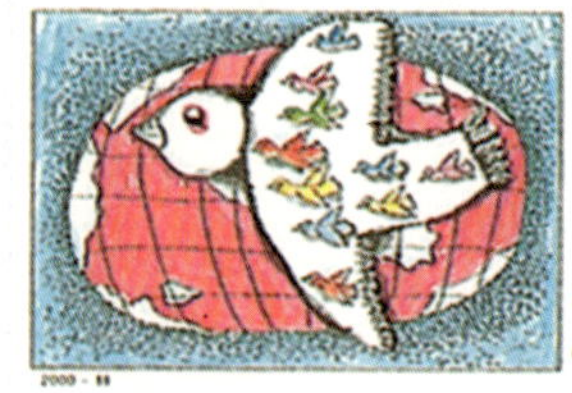

· 世界和平

之岁所筑的富有现代风范的纪念性地标也登上了邮票的舞台。

在新世纪即将到来的2000年，中国香港邮政发行2套邮票。一套是“共庆新纪元”，这是一枚以22K金打造的名贵邮票，图案为香港标志性建筑群；一套是“踏入新纪元”，4枚邮票也是以儿童画的形式表达了对新世纪的展望。

同一天，中国澳门邮政发行了“澳门新纪元”小型张1枚，以“澳门南湾观光塔”迎接着新千年新百年的到来为主图，表达了澳门回归后正在繁荣进步中走向新的纪元。

世间万事万物的发展，风浪风雨总会伴随着前行的路程。在中国迈入新纪元的时刻，也曾走过风风雨雨。

1998年夏天，我国遭遇了一场历史罕见的特大洪涝灾害。长江、嫩江、松花江等流域发生特大洪水，珠江流域的西江和福建闽江也发生水患，受灾人口达2.3亿。面对特大灾情的考验，党中央、国务院、中央军委正确决断、周密部署。广大军民不畏凶险、奋力抗灾。全国上下万众一心，共克时艰，夺取了抗洪抢险斗争的全面胜利。

1998年9月10日，灾患刚过，中国邮政发行了“抗洪赈灾”附捐邮票。面值之外的附捐资费50分为赈灾捐款，以3000万枚

· 中国共产党成立九十周年

· 踏入新纪元

· 共庆新纪元

· 澳门新纪元

· 抗洪赈灾

· 联合国人类环境会议二十周年

邮票发行量计，这套邮票捐助款项可达 1500 万。这套邮票由中国邮政邮票印制局图稿创作部集体创作。图案以山岳一般的红色峰巅，连成坚不可摧的红色巨浪，盖过了远去的洪水波峰，运用双色对决表达了全国上下万众抗洪的英雄气概。

在这个重大考验中，摆在人们面前的一个课题是：保护生态，永远是留给地球人的深层思考。

1994 年，我国发表了《中国 21 世纪议程——中国 21 世纪人口、环境与发展白皮书》，向世界提出了保护生态平衡的中国方案。中国邮政发行的“联合国人类环境会议二十周年”纪念邮票，展示了联合国人类环境会议第一届会议通过的《人类环境宣言》的宗旨。

“只有一个地球”是《人类环境宣言》的主题。宣言呼吁：“如果人类继续增殖人口，掠夺性地开发自然资源、肆意污染和破坏环境，人类赖以生存的地球，必将出现资源匮乏、污染泛滥、生态破坏的灾难。”

这枚邮票的画面是一枝洁白的鲜花，它扎根在一片洁净的土地上。蔚蓝的天空与白云中，鸟在飞翔；清澈的水中，鱼在游弋；绿色丛林中，犹传来美妙的音乐。图案配以地球图形，并与经纬线巧妙组合，象征了纯洁、美好、和谐的理想世界，令人向往。这是中国对于人类生态保护理念的一个宣示。

南极洲是指地球南纬 60° 以南的陆地与岛屿，那里矿产资源、水生资源丰富，有着重要的军事和经济发展前景。20 世纪初，英国宣布对南极一部分领土拥有主权。此后，阿根廷、澳大利亚、新西兰、英国、美国和苏联等 12 国代表于 1959 年 12 月协商签署了《南极条约》，有效期 30 年。条约主要内容是：南极地区只用于和平目的；科学考察自由，实行环境保护；科研人员和资料交换自由；禁止在南极建立军事基地，不准进行核试验、核爆炸和倾泻放射性废物等。

1983 年 6 月，中国加入《南极条约》，并于 1984 年 11 月组队首赴南极考察。1985 年 2 月，中国建立第一个南极科学考察站——长城站；1989 年 2 月又建立了第二个中国南极考察站——中山站。

·《南极条约》生效三十周年

在《南极条约》生效三十周年之际，中国邮政发行纪念邮票一枚。图案以大面积白色绘出南极地图，并饰以“白色大陆”上的典型生物——企鹅。邮票色调以蓝白为主，刻画了南极世界的纯净无瑕、毫无污染、海天一色的自然景观，表现了南极是地球上至今尚未被开发的人类最后的天然圣地。

1996 年，国务院发布了《关于环境保护若干问题的决定》。“三北”防护林体系的建设、天然林的保护、退耕还林（还草）的措施、京津风沙源的治理、湿地的保护与恢复、野生动植物的保护及自然保护区的建设，以及速生丰产林建设等工程的启动，在我国生态建设中发挥了重要作用。

1990 年，中国邮政发行 4 枚“绿化祖国”邮票。第一枚为“全民义务植树”，图案上有层层林木，深浅有致，表明提高森林覆盖率的关键是植树育林。第二枚是“城市绿化美化”，图案中现代城市置于绿郁林海之中，表现了城市园林化是人类的

· 全民义务植树

· 城市绿化美化

· 建设绿色长城

· 林茂粮丰

共同追求。第三枚题作“建设绿色长城”，邮票描绘了西北、华北、东北防护林建设对防范土地沙化所起到的重要作用。最后一枚为“林茂粮丰”，图案上缀苍松翠柏，中置累累硕果，下衬层层麦浪，现出一派生态平衡的喜悦气象。这套题为“绿化祖国”的特种邮票，刻画了祖国绿化、植被繁盛的前景，鲜明体现了人与生态和谐共存的时代理念。

1999 年的春日五月，在春城昆明举办了“1999 昆明世界园艺博览会”，历时 184 天的全球性园艺盛会，主题是“人与自然——迈向 21 世纪”。中国邮政为这次盛会发行了 2 枚纪念邮票。一枚是“保护大自然”，图案为昆明市花——山茶花；另一枚是昆明世界园艺博览会的三个主要会场——国际馆、中国馆和人与自然馆，三馆被囊括在一株绿树葱郁的轮廓线条中，充满了生态之美。

在跨越新纪元的同时，中国也进入了改革开放新阶段。开创中国特色社会主义的道路延伸到了 21 世纪。

2000 年，党的十五届五中全会通过《中共中央关于制定国民经济和社会发展第十个五年计划的建议》，指出：从新世纪开始，我国将进入全面建设小康社会，加快推进社会主义现代化的新的发展阶段。

在中国改革开放的新纪元，一个国际性会议在中国召开。“上海合作组织”是由中国参与推动建立，并以中国城市命名的地区性合作组织。“互信、互利、平等、协商，尊重多样文明、谋求共同发展”的“上海精神”，是当代处理国际关系中一个重要的外交精神。在一枚“上合组织”成员国哈萨克斯坦发行的纪念邮票上，展

• 保护大自然

• 博览会场馆

• 上海合作组织会徽（哈萨克斯坦邮票）

现了这个重要的国际组织标志性的会徽。

· 亚太经合组织 2001 年会议

亚太经济合作组织（APEC），是亚太地区最重要的经济合作论坛，成立于 1989 年，现有成员国 19 个。中国于 1991 年加入该组织。亚太经合组织每年举行部长级会议和领导人非正式会议。1993 年 11 月，首次亚太经济合作组织领导人非正式会议在美国西雅图举行，应美国总统克林顿邀请，中国国家主席江泽民前往出席。两国最高领导人举行正式会晤。

2001 年 10 月，亚太经合组织第九次领导人非正式会议在中国举行。会议的主题是“新世纪、新挑战：参与、合作，促进共同繁荣”。中国邮政发行题为“亚太经合组织 2001 年会议”的纪念邮票。邮票以华表和彩带为主图，显示出了中国风范，“APEC 中国”字样则成为会议标志。

世界贸易组织（WTO）是一个重要的国际经济组织，其宗旨是“在互惠互利的基础上，削减关税及其他贸易壁垒，消除国际贸易中的差别待遇”；“扩大商品的生产与交换，促进各缔约国经济的发展”。加入世界贸易组织是我国改革开放进程中具有历史意义的一件大事。

1986 年 7 月，中国政府申请恢复我国关贸总协定缔约国地位，随即进行对外谈判。经过长达 15 年的艰难谈判，1999 年 11 月 15 日，中美双方达成双边协议。2001 年 11 月 10 日，在卡塔尔首都多哈举行的世界贸易组织第四届部长级会议上，通过了中国加入世界贸易组织的决定。加入世界贸易组织，使中国经济得到更为广阔的发展空间，对经济体制改革和现代化建设产生深远影响，标志着我国对外开放在新纪元进入了一个新的阶段。

2001 年 12 月 11 日，中国邮政发行 1 枚邮票，以中国华表和世界贸易组织“WTO”的标志为主图，纪念中国改革开放进程中的这一重要事件。在 1 枚纪念邮资封上，也以鲜明的世贸组织标志和中国华表为图案，体现了中国向世界开放的新纪元的到来。

· 中国加入世界贸易组织

·“中国加入世界贸易组织 10 周年”纪念封

以江泽民同志为核心的党的第三代中央领导集体，秉承党的“改革开放”基本路线提出的“三个代表”重要思想，集中概括了党的十三届四中全会以来，党和国家全部理论活动、实践活动，包括一切工作的根本方向、根本准则、根本依据，成为指引党和国家在新世纪进军的行动指南。

从这一时刻开始，中国进入改革开放的新阶段和把中国特色社会主义全面推向 21 世纪的新征程。

第十一篇

只争朝夕

奔腾汹涌的黄河壶口瀑布，犹若天上之水磅礴而来。在声震寰宇的浩大气势中，“与时俱进，一往无前”八个金色大字映入眼帘。

这情景，让我们自豪地感受到母亲河身边的中华民族正在腾飞。

这场面，让我们深情地想起毛泽东诗词中鼓舞人心的那一句话：“一万年太久，只争朝夕。”

新起点 新作为 新成就

2002 年 11 月，中国共产党第十六次全国代表大会在北京举行。江泽民做题为《全面建设小康社会，开创中国特色社会主义事业新局面》的报告。党的十六大是在新世纪召开的第一次全国代表大会。大会主题是：高举邓小平理论伟大旗帜，全面贯彻“三个代表”重要思想，继往开来，与时俱进，全面建设小康社会，加快推进社会主义现代化，为开创中国特色社会主义事业新局面而奋斗。

大会强调，根据党的十五大提出的到 2021 年建党 100 年和新中国成立 100 年的发展目标。在 21 世纪头 20 年，要集中力量，全面建设惠及十几亿人口的更高水平的小康社会，使经济更加发展，民主更加健全，科教更加进步，文化更加繁荣，社会更加和谐，人民生活更加殷实。

大会把“三个代表”重要思想同马克思列宁主义、毛泽东思想、邓小平理论一道，确立为党的指导思想并写入党章。

大会着眼于党的兴旺发达和国家长治久安，顺利实现中央领导集体的新老交替。党的十六届一中全会选举胡锦涛为中央委员会总书记；决定江泽民为中央军事委员会主席。2003 年 3 月，第十届全国人民代表大会第一次会议选举胡锦涛为国家主席；决定江泽民为中央军事委员会主席。

· 黄河壶口瀑布

在党的十六大开幕之刻，中国邮政发行了一枚小型张。这枚小型张画面与以往的设计不同，整张图案没有出现具象的党的标志，也没有纪念邮票惯有的主题题名，只是运用了宏浩的黄河壶口瀑布景境，以及“与时俱进 一往无前”八个大字，寓意了党和人民在 21 世纪头 20 年集中力量全面建设小康社会的宏旨，以及全党和全国人民

“只争朝夕”的进取精神。

党的十六大闭幕不久，2002 年 12 月，胡锦涛率领中央书记处到河北平山西柏坡学习考察，深情回顾了党领导人民进行伟大革命斗争的历史，重温了毛泽东 1949 年在党的七届二中全会上的讲话。

回望邮票上屡屡出现的西柏坡这个革命圣地，光荣历史铸就的辉煌，永远激励党和人民奋斗向前。

· 西柏坡

胡锦涛向全党特别是党的领导干部提出四点希望：牢记我国的基本国情和我们党的庄严使命，树立为党和人民长期艰苦奋斗的思想；牢记全心全意为人民服务的宗旨，始终不渝地为最广大人民谋利益；牢记党的基本理论、基本路线、基本纲领和基本经验，以艰苦奋斗的精神做好各项工作；牢记党和人民的重托和肩负的历史责任，自觉在艰苦奋斗的实践中加强党性锻炼。在西柏坡这个承继革命传统的圣地，总书记首次提出“权为民所用，情为民所系，利为民所谋”的重要理念。

党的十六大后，我国经济体制改革向重点领域和关键环节稳步前进，推动经济全面发展。

2006 年 3 月，十届全国人大四次会议审议通过了“十一五”规划纲要，提出了“十一五”规划时期经济和社会发展的主要目标。这是与全面建设小康社会的目标相衔接，又是改革开放新起点经济和社会发展的阶段性纲领。

· “西柏坡”纪念封

2006年10月，胡锦涛在党的十六届六中全会上提出“扎实促进经济又好又快发展”的新要求。指导经济发展的方针，从“又快又好”到“又好又快”，“好”与“快”顺序的调整，体现了科学发展的本质要求，保持了经济平稳快速的发展。

区域、城乡发展的不平衡，制约着我国经济建设和社会发展。在世纪之交实施的“西部大开发”政策，经过不懈努力，基础设施建设取得重要进展。其中重点展开了青藏铁路、西电东送、西气东输等标志性工程建设。

中国邮政以小型张形式发行了“青藏铁路开工纪念”邮票。邮资图以勘测和线路走向为主图，勾画出铁路开工前科学规划的场面。小型张的边纸上，装饰性地绘上了青海的塔尔寺和西藏的布达拉宫。在白云与绿地的掩映下，这条承载着“西部大开发”重任的交通线开工了。这是继20世纪50年代青藏和川藏公路修建之后的又一壮举。

青藏铁路起于青海省西宁市，终点为西藏自治区首府拉萨市，全长1956千米。青藏铁路的建设要穿越最高海拔点5072米，是世界上海拔最高的铁路，也是世界上最长的高原铁路，以及世界上穿越冻土里程最长的铁路；青藏铁路还建设了世界上海拔最高的铁路车站，位于海拔5068米的唐古拉山车站；青藏铁路建设了世界最长的高原冻土铁路桥清水河特大桥，全长11.7千米。青藏铁路工程的建设解决了多年冻土、高寒缺氧、生态脆弱等世界性三大工程技术难题。

· 青藏铁路开工纪念

2006年7月1日，经过工人、技术人员在恶劣自然条件下极其艰苦的施工，青藏铁路终于全线竣工通车。通车之际，中国邮政发行纪念邮票3枚，以“穿越可可西里”“翻越唐古拉山”和“拉萨火车站”为图案，表现了这一世界壮举的胜利完工。

· 拉萨火车站

青藏铁路建成通车，对于青海、西藏两省区加快经济和社会的发展、改善各族群众生活，对于促进民族团结和巩固祖国边防，具有重大意义。

· 中国高速铁路

以青藏铁路为标志，从党的十六大这个新的起点开始，中国铁路建设步入了一个“又好又快”的发展时期。许多邮票记载下了中国高速铁路发展的轨迹。在中国铁道部与国际铁路联盟（UIC）共同主办的“第七届世界高速铁路大会”上，中国高铁的起步与发展引起世界瞩目。

会议期间，中国邮政发行了“中国高速铁路”邮票。这枚邮票以奔驰的高铁列车为图案，流线型的列车风驰电掣，强烈的速度掠带起五色缤纷的动感线条。从蒸汽列车到内燃机车到电力机车，火车形象在中国邮票上并不鲜见。但在改革开放新起点飞速而来的“高铁”的高速崛进，第一次在邮票

· 和谐铁路建设

的方寸天地里出现。这个新兴交通工具日后的普及以及所产生的巨大社会效益，在这枚邮票中留下了值得纪念的最初形象。

2008 年 4 月开工、2011 年 6 月全线通车的京沪高铁，是连接北京市与上海市的高速铁路。京沪高铁线路全长 1318 公里，是中国改革开放年代制定的《中长期铁路网规划》中“八纵八横”高速铁路主通道之一，也是中华人民共和国成立以来投资规模最大的建设项目之一。为这条铁路线路通车发行的纪念邮票，再一次展现出中国高铁的新形象。

中国是目前世界上高速铁路发展最快、系统技术最全、集成能力最强、运营里程最长、运营速度最高、建设规模最大的国家。这不仅书写了中国基础建设的成就，也彰显出改革开放的中国经济建设健康高速发展的态势。

作为“西部大开发”的标志性建设工程，“西气东输”和“西电东送”相继竣工，这是中国资源的全局性配置和改革开放全面深入到一个新的起点的重大成就。

2002 年开工、2004 年全线建成投产的“西气东输”工程，从新疆轮南开始途经 4000 千米，抵达东南沿海的上海市和浙江省。这项工程促进了沿线产业结构和能源结构的调整和经济效益的提高。为这一工程竣工发行的纪念邮票，以褐黄和蔚蓝构成西东两域的象征色调，以一条从轮南到上海的醒目路线为贯穿，2 枚邮票连印在一起，形象地表现了源头的“输”和终点的“收”。

· 京沪高速铁路通车纪念

· 西气东输工程竣工

2000 年 11 月，“西电东送”工程全面启动。2004 年 12 月，由新疆轮南至上海的输送工程全线建成并正式运营。中国邮政发行了“电网建设”特种邮票，3 枚连印邮票表现了电资源的发展与应用。中间一枚邮票上，精心设计的图案表现了高山长城之上强大电流的远程输送。方寸票幅从一个侧面透视了“西电东送”的重大意义：这个工程的建成有利于将西部能源资源优势转化为经济优势。

・科技强电　　・坚强电网　　・户户通电

由于我国水资源分布不均，“南水北调”工程规划通过三条水路与长江、黄河、淮河和海河四大江河勾连，以平均每年调引长江水资源 500 至 600 亿立方米的效能，实现我国水资源的南北调配、东西互济的合理配置格局。

2003 年，“南水北调”工程开工。中国邮政发行了“南水北调工程开工纪念”小型张。图案以古典风范的清澄水波纹为底衬，象形篆书“水”字，与东线中线西线三条南北纵向调水线路巧妙暗合。以中国地图的江河走向与南水北调工程线路示意图，以生命的绿色与水的蓝色的基本色调，通过色彩渐变和水的流向，表现了“南水北调”工程实施后将产生巨大的社会、经济与生态环境效益。

・南水北调工程开工纪念

从20世纪末开始建设的长江三峡工程，已实现了大江截流。中国邮政继1997年发行“长江三峡建设·截流”邮票之后，于2003年8月，又发行“长江三峡工程·发电”邮票。3枚邮票分别为“水库蓄水”“船闸通航”“电站发电”，这是三峡工程建设最终要实现的三大目标。这套邮票以清新明快的色彩，表现了三峡工程蓄水、通航、发电三大项目建成的壮观景象。20世纪启动建设、跨世纪竣工完成的长江三峡水利枢纽，在“国家名片”上画上了一个辉煌的句号。

· 水库蓄水

· 船闸通航

· 电站发电

· 治理黄河

黄河是我国第二大河，流经9个省市区，是与长城并行的一条象征中华文明的“母亲河”。半个多世纪以来，黄河的治理与开发取得了突飞猛进的进展。

早在1957年，中国邮政曾发行“治理黄河”特种邮票，其中一枚展示了治理黄河的示意图。在党的十六大以后发行的“黄河水利水电工程”特种邮票上，则将黄河水利水电建设成就，写在了方寸画幅之间。

这套邮票由4枚邮票和1枚小型张组成，邮票分别展现了李家峡、刘家峡、青铜峡、三门峡水利水电工程；小型张则表现了小浪底水利枢纽的大气磅礴的景象。邮票图案虽以水利水电工程为主图，但设计运用褐黄色调，象征性地突出了黄河的大河风范。这套邮票所选择的五大水电站分别位于黄河的上、中、下游，涵盖了黄河整个流域，完整地表现了黄河在中华文明发展和现代化建设中的作用。

在党中央把中国特色社会主义事业不断推向前进的进程中，经济开发区的建设方兴未艾。“上海浦东新区”“天津滨海新区”的开发开放，踏上了新的里程。长三角、珠三角和京津冀三大都市圈，构成我国经济发展的“三大引擎”。

2011年，中国邮政发行的“天津滨海新区”特种邮票和小型张，刻画了环渤海经济区的核心地域的崛起，显示了改革开放30多年我国经济建设上的又一成

· 小浪底水利枢纽

· 李家峡水电站

· 刘家峡水电站

· 青铜峡水利枢纽

· 三门峡水利枢纽

就。这套邮票以富于现代感的新颖设计，张扬着改革开放的时代风采。邮票以“宜居新城”“于家堡金融区”“国家动漫园”以及“港口”为主要视角，表现了滨海新区的新貌。邮图采用近景与全景的结合，具象与抽象的结合，加上鲜丽的色彩、放逸的线条，以及小型张突破性运用弧度曲线的异形齿孔，使这套邮票沉浸在时代的新锐氛围中。

· 港口

· 宜居新城

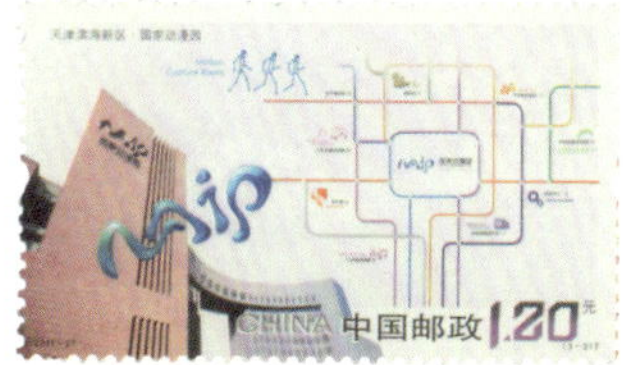

· 国家动漫园

· 全面取消农业税

随着农村经济的发展，党和政府还采取了一系列重大措施，切实减轻农民负担。2005 年 12 月，第十届全国人大常委会第十九次会议决定，废止《中华人民共和国农业税条例》。从此，中国农民告别了绵延两千多年的“皇粮国税”。这一重大决策，让亿万农民激动万分。

2006 年 9 月，河北省灵寿县青廉村农民王三妮拿出自己的钱，铸成一个“告别田赋鼎”，用这种特殊的方式表达了农民对“全面取消农业税”的喜悦心情。

中国邮政发行了“全面取消农业税”邮票 1 枚，图案由一个醒目的“税”字和以“翻篇”形式铭刻的一个历史性日子“2006 年 1 月 1 日”，昭示出农业新政让广袤土地充满了生命绿色。邮票上“税”以及“日期”“土地”三个元素，记录下了这个具有历史意义的事件。

· 中国旅游年

旅游是人类生活的美好追求，是文化产业，也是促进经济发展的一个重要的领域。伴随着改革开放，中国旅游业发生重大变化，正进入发展的黄金时期。改革开放 40 多年来，中国旅游业取得了令人瞩目的成绩，提升和巩固了中国作为旅游大国的地位。旅游，开始成为国民经济中发展速度最快的行业之一。

1997 年，国家旅游局确定这一年为“中国旅游年”，并以“马踏飞燕”为中国旅游的徽志。

自 2000 年起，在世界不同城市每年召开一次“世界旅游旅行大会”。这个大会由非政府的国际组织“世界旅游业理事会”主办。由于会议规模大、规格高，又被称为“旅游界的奥林匹克”。

2010 年 5 月，“第十届世界旅游旅行大会”在北京举行。这是首次在中国召开的大型国际性旅游会议。大会主题为“旅游，世界第一大产业，迈向新领域”。来自 50 多个国家的会员、政要和业内人士千余人参加了会议。中国邮政为“第十届世界旅游旅行大会”发行了纪念邮票。这枚大票幅邮票采用了艺术大师黄永玉先生的巨幅作品《荷》作为邮图。此作色彩强烈，造型放逸，所绘鲜丽的映日荷花，寓意着世界和平与和谐。

· 第十届世界旅游旅行大会

在改革开放的新起点，我国经济向“又

好又快”发展，为科技进步提供了重要支撑。2005 年，党的十六届五中全会提出“建设创新型国家”。在创新战略推动下，重要学科前沿和战略必争领域取得了一批重大自主创新成果。载人航天、探月工程、超级计算机等项目实现重大突破。

2003 年 10 月 15 日 9 时整，“神舟”五号飞船成功实现载人航天飞行。中国第一位走向太空的宇航员杨利伟，绕地飞行 14 圈，共飞行 2 小时 23 分钟。这是中国航天史上一个划时代的成就，表明了中国航天事业已跻于世界航天强国之列。

2003 年，中国邮政发行“中国首次载人航天飞行成功”纪念邮票。中国香港邮政、中国澳门邮政也同时发行了邮票。中国邮政的 2 枚邮票题为“凯旋、英姿”，中国香港邮政的 2 枚邮票题为“遨游、发射”，中国澳门邮政的 2 枚邮票题为“待发、测控”。规制划一、风格接近的 6 幅邮票，组成中国为这一震惊世界科技成就发行的一大套纪念邮票，存载史册。

· 凯旋、英姿

· 遨游、发射

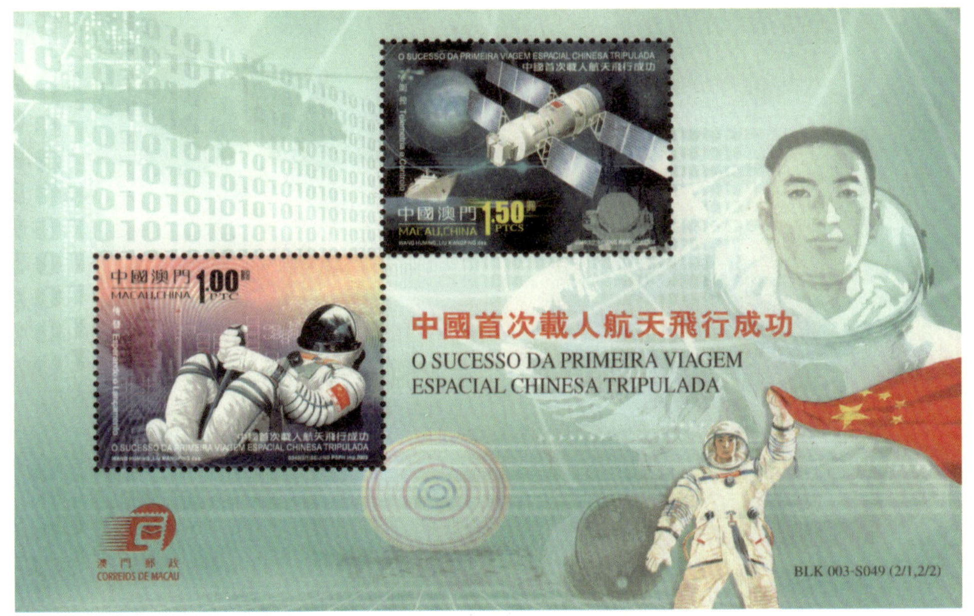

· 待发、测控

· 地球空间探测双星　　· “神舟”六号载人飞船

2005 年 10 月 12 日 9 时整，“神舟”六号载人航天飞行成功。中国第二批航天员费俊龙、聂海胜在太空飞行 4 天 19 小时 33 分钟，绕地飞行 76 圈。在中国航天事业创建 50 周年之际，中国邮政发行 2 枚“连体”印制的纪念邮票，一枚是“地球空间探测双星”，另一枚就是“‘神舟’六号载人飞船”。

2008 年 9 月 25 日 21 点 10 分，“神舟”七号载人航天飞行成功。航天员翟志刚、刘伯明、景海鹏飞行 2 天 20 小时 28 分钟，绕地飞行 45 圈。一枚个性化邮票的附票，就以翟志刚舱外活动的照片为图案，表现了中国航天员成功进行了第一次太空漫步。

2007 年 10 月 24 日 18 时，“嫦娥”一号探月卫星在西昌卫星发射中心发射升空，揭开了中国月球探测的序幕。这是我国继“两弹一星”工程和载人航天工程以后的又一重大航天工程，是中国航天发展的又一个里程碑。

2003 年 2 月中下旬，中国广东等地发生了非典型肺炎病例。很快，这个名为

· 太空漫步

· 中国探月首飞成功纪念

·万众一心　抗击"非典"

·万众一心　抗击"非典"

"非典"的疫情蔓延全国。这次疫情对人民的身体健康和生命安全构成严重威胁，给经济和社会发展带来严重冲击。对于这种尚未被人类完全认识的新型传染病，世界卫生组织将其命名为"严重急性呼吸综合征"（SARS）。

疫情危急之刻，党中央、国务院高度重视并精心部署"非典"的防治防疫工作，坚持把人民群众身体健康和生命安全放在第一位，做出一手抓防治"非典"不放松，一手抓经济建设不动摇的重大决策。广大医务工作者以无私无畏的奉献精神，日夜奋战在抗击"非典"第一线。全国人民万众一心、众志成城，齐心协力、共克时艰。经过几个月奋战，终于取得抗击"非典"的胜利。

2003 年，令世界瞩目的中国人民战胜"SARS"疫情的壮举，深深铭记在人们心里，也铭刻在中国历史上。"万众一心 抗击'非典'"这八个大字，还铭记在中国邮政发行的纪念邮票上。在"非典"疫情基本得到控制的时刻，一枚出现抗击疫患的象征性图案：以无数红心组成的强大力圈，将"SARS"困围，并斥以禁止符号；而以戴口罩的"白衣天使"为主图的邮票小版张，则让全民族不可忘却那个伟大的时刻。

2008 年 5 月 12 日，四川省汶川县发生里氏 8.0 级特大地震，造成 6.9 万人遇难，1.8 万人失踪，受灾群众多达 1510 余万人。在党中央、国务院、中央军委领导下，全国迅速组织起历史上救援速度最快、动员范围最广、投入力量最大的抗震救灾活动。一方有难、八方支援，全民动员、抗震赈灾，集中力量办大事的体制优势，得到充分发扬。

· 抗震救灾　众志成城

· 美好新家园

在汶川地震艰难的日子里，当集邮者看到一个个镌刻着“汶川”的地名邮戳，当集邮者捧着一枚枚赈灾的附捐邮票，当集邮者一次次以各种方式捐筹善款，此时，“四川汶川”已经是一个融聚全民族情感的历史性地名。

2008 年 5 月 20 日，地震发生后的第 6 天，中国邮政代表人民意愿发行了“抗震救灾 众志成城”附捐邮票。每枚邮票除邮资外附捐 1 元，以邮票发行量 1300 万枚计，向灾区捐助了 1300 万元。这枚邮票简约的色调与构图，寄托了全国人民的信心与祝愿。这将是留在人们心中的一份特殊的情感记忆。

在夺取抗震救灾胜利之后，党和政府迅速制定灾区灾后恢复重建计划，到 2010 年 9 月底，三年重建任务在两年内基本完成，受灾地区的基本设施和群众的生产、生活，超过灾前水平，创造了灾后重建的奇迹。

为了反映汶川地震灾后重建成就，“美好新家园”邮票，以一个具有展望性的美丽标题，刻画了在地平线上新升起的一座美好的新家园。邮票图案层次巧妙，色彩明朗，一眼望去就会感受到方寸天地洋溢着吉祥、愉悦、幸福和安宁。集邮者评论说，这套邮票具有强烈的时代精神。

科学　持续　和谐

突发性的自然灾害，引起党和政府对影响经济社会发展的突出矛盾和问题的思考。党中央正确判断我国发展的阶段性特征，强调要解决中国的发展问题，必须牢固树立和认真落实科学发展观。

2003 年 4 月，胡锦涛在广东考察时提出要坚持全面的发展观。同年 8 月底 9 月初，在江西考察时，又明确提出要牢固树立协调发展、全面发展、可持续发展的科学发展观理念。

2003 年 10 月，党的十六届三中全会上，第一次正式完整地提出了“科学发展观”理念，阐释了坚持“以人为本，树立全面、协调、可持续发展”的丰富内涵。

坚持“以人为本”，就是要以实现人的全面发展为目标，从人民群众的根本利益出发谋发展、促发展；

坚持“全面发展”，就是要以经济建设为中心，全面推进经济、政治、文化建设，实现经济发展和社会全面进步；

坚持“协调发展”，就是要统筹城乡发展、统筹区域发展、统筹经济社会发展、统筹人与自然和谐发展、统筹国内发展和对外开放的各个环节、各个方面相协调；

坚持“可持续发展”，就是要促进人与自然的和谐，实现经济发展和人口、资源、环境相协调，坚持走生产发展、社会富裕、生态良好的文明发展道路，保证一代接一代地永续发展。

建设生态文明，关系人民福祉、关乎民族未来，也是可持续的科学发展观的核心。进入 21 世纪，党中央提出建设生态文明的战略部署，这是对自然规律及人与自然关系再认识的重要成果。由此，我国生态文明建设、环境保护工作进入新的发展阶段。

2002 年，党的十六大提出，要“推动整个社会走上生产发展、生活富裕、生态良好的文明发展道路”。2007 年党的十七大将建设生态文明确定为全面建设小康社会的重要目标。

·“全球环境基金第二届成员国大会”明信片

这一时期发行的各类邮票上，“生态”这个经济发展与环境保护的人类共同话题，成为“国家名片”的重要选题。

2002 年 10 月，在北京召开的“全球环境基金第二届成员国大会”上，中国政府表示高度重视环境保护，坚定不移地实施可持续发展战略。在为这次大会发行的邮资明信片上，地球与森林的造型，显示了人类对于生生不息绿色生态的向往。

2005 年 4 月，以开放的国际视野发行的“世界地球日”邮票上，双手呵护的地球镶嵌在邮票方形和圆形双重齿孔中。这种打孔方式是一个有意蕴的创新。而邮票的温暖色调更使小小方寸空间温馨动人。

1970 年 4 月 22 日，美国自发掀起一场有 2000 万人参与的公民环境保护运动，这一天被命名为“地球日”。这个环保日有力推动了世界范围的地球保护活动。每年“世界地球日”的主题始终是一个口号:“只有一个地球”。中国自 20 世纪 90 年代起，每年 4 月 22 日都举行“世界地球日”纪念活动，以唤起人们爱护地球、保护家园的意识。

·世界地球日

“2008 世界草地与草原大会”的召开，以“变化世界中的多功能草地”为主题，对于地球上这块永葆生机的绿土的保护与发展进行了探讨。中

·“2008 世界草地与草原大会”明信片

国邮政为这次在呼和浩特召开的国际会议，发行了纪念邮资明信片，以中国内蒙古大草原景观为图案，突出了草原生态的特点。

从 2002 年起，中国邮政相继以与以往不同的方式发行了专门用于流通的 2 套普通邮票。这 2 套普通邮票在选题、票型、设计、印刷上，几乎与纪念邮票和特种邮票规制相同，一经面世即引起人们关注。这 2 套普通邮票的选题，以“环境保护”这个战略性方针为内容。一套题为“保护人类共有的家园”，一套是“中国鸟”。以寄递量和普及率最高的普通邮票的方式，发行这个人类共同关注的主题邮票，表明了改革开放的中国正以鲜明的“环境保护”意识开始了开发与发展的新起点。

·珍惜生命之水

·黄腹角雉

·褐头凤鹛

· 中国鸟

2008 年中国邮政发行了“中国鸟”特种邮票。在 1 枚五彩缤纷的大全张上，“蓝鹊”“藏鹀”“黄腹角雉”“黑额山噪鹛”“红腹锦鸡”“白尾地鸦”六种珍稀鸟类，生动灵逸地落驻在绿色枝头上，显示出了生态之绝美。

2007 年，国务院印发《节能减排综合性工作方案》，有关部门发布《节能减排全民行动实施方案》，在全国范围内，组织开展了“节能减排全民行动”。

2009 年 3 月，中国举办了“中国国际节能减排和新能源科技博览会”，中国邮政发行了纪念邮资明信片，将天空之蓝、大地之绿、江河之清的色彩和线条，嵌

·“中国国际节能减排和新能源科技博览会”明信片

系在地球轮廓中。2010 年发行的“节能减排 保护环境”特种邮票，以象征性的寓意画面，表现了这一生态题旨的深涵要义。同年，中国香港邮政发行的 4 枚邮票，以“绿色生活”为主题，从“节约用水”“洁净空气”“节省能源”和“循环再造”4 个方面，将实现天更蓝、水更清，人与自然和谐相处的愿景描画了出来。

·节能减排 保护环境　　·绿色生活

开发自然保护区是生态建设的一个战略性举措。中国邮政曾多次为自然保护区发行特种邮票，让人们推开方寸窗口，一览祖国原生态自然形貌的美丽与魅力。4 枚连印的“梵净山自然保护区”邮票，以山水林石的秀姿展开一幅动人的画卷。而新疆“喀纳斯自然保护区”中的湖湾林木，以及“南澳列岛自然保护区”“向海自然保护区”的斑斓瑰丽的色彩，更为现代人展现出原始生态的奇绝与珍贵。

· 梵净山自然保护区

· 喀纳斯自然保护区

· 南澳列岛自然保护区

· 向海自然保护区

生态中与生产最密切相关的，就是土地与水。在可持续发展中，保护土地和水资源成为一个重要主题。在邮票上，“第二次全国土地调查”“保护耕地”和“世界水日”的寓意性刻画，表达了生态可持续发展的基础。

党的十六大在部署全面建设小康社会时，提出了“社会更加和谐”的目标。

2006 年 10 月，党的十六届六中全会通过《关于构建社会主义和谐社会若干重大问题的决定》，指出：“社会和谐”是中国特色社会主义的本质属性，是国家兴盛、人民幸福的重要保证。社会主义和谐社会，应该是民主法治、公平正义、诚信友爱、充满活力、安定有序、人与自然和谐相处的社会。

• 第二次全国土地调查

• 保护耕地

• 世界水日

2006 年中国邮政发行了“和谐铁路建设”邮票，描画了命名为“和谐”号的高铁列车驰骋在祖国大地上。这一年，中国香港邮政以“爱”“和平”“希望”“关怀”等为图，发行了“国际和平日”邮票，5 枚邮票中的最后一枚题为“和谐”。

构建社会主义和谐社会重大战略目标，是改革开放的总体布局由经济建设、政治建设、文化建设的“三位一体”，发展为经济建设、政治建设、文化建设、社会建设的“四位一体”，以全面建设小康社会，把中国特色社会主义事业不断推向前进。

• “和谐”号

• 国际和平日

2007 年 10 月，中国共产党第十七次全国代表大会在北京举行。胡锦涛做题为《高举中国特色社会主义伟大旗帜，为夺取全面建设小康社会新胜利而奋斗》的报告。报告首次对马克思主义中国化第二次飞跃的理论成果——中国特色社会主义理论体系做了概括。报告指出，中国特色社会主义道路，就是在中国共产党领导下，立足基本国情，以经济建设为中心，坚持四项基本原则，坚持改革开放，解放和发展社会生产力，巩固和完善社会主义制度，建设社会主义市场经济、社会主义民主政治、社会主义先进文化、社会主义和谐社会，建设富强民主文明和谐的社会主义现代化国家。

· 红船

· 西柏坡

党的十七大将科学发展观写入党章。党的十七届一中全会选举胡锦涛为中央委员会总书记；决定胡锦涛为中央军事委员会主席。

为党的十七大发行的纪念邮票，由 2 枚邮票和 1 枚小型张组成。两枚邮票概括了一个时间轨迹，将 1921 年中国共产党诞生的南湖红船和 1949 年共和国成立之前的西柏坡，作为党的发展历程中的神圣地标，绘画在邮票上。纪念小型张则在鲜

· 中国共产党第十七次全国代表大会

红基调的烘托下，以人民大会堂葵花灯辉耀下的华表与和平鸽，表达了站在跨世纪新起点的共产党人，“高举中国特色社会主义伟大旗帜、坚持中国特色社会主义道路”。

党的十七大以后，党中央提出围绕全面建设小康社会目标的新要求，最大限度激发社会活力、最大限度增加和谐因素、最大限度减少不和谐因素的总要求，以建设中国特色社会主义的科学化的社会管理体系。中国邮政在一枚个性化小全张邮票上，以国花牡丹和中国结汇聚出祥和同心的气氛，并以“为构建社会主义和谐社会努力奋斗”的响亮口号，配上四幅描画社会和谐、生活幸福的图案，体现了这套邮票的主题：“和谐中国”。

· 和谐中国

更快　更高　更强

2001 年 7 月 14 日，从莫斯科传来中国北京成功获得 2008 年奥运会举办权的消息。那一夜，举国振奋，普天同庆，亿万中国人沉浸在喜悦自豪之中。

现代奥运会的创立者顾拜旦认定的奥运格言“更快、更高、更强”，对于正在改革开放新起点上起跑的中国，不仅是运动竞技的宗旨，而且是国家发展、社会进步的目标。

2001 年 7 月 14 日夜，中国邮政宣布“北京申办 2008 年奥运会成功纪念”邮票正式发行。事先设计并印制完成的这套邮票，体现了中国人民对于申办奥运的自信。邮票以主票和附票相连的形式，将北京申奥标志和雍容华贵的牡丹花结构在一枚邮票中，体现了“新北京，新奥运”的新气象。

同时，中国香港邮政和中国澳门邮政也发行了相同题材、相同版式、相同主体图案的纪念邮票。中国邮政局局长刘立清、中国香港邮政署署长陆炳泉、中国澳门邮政局局长罗庇士一起出席了在北京举行的“北京申办 2008 年奥运会成功纪念”邮票首发仪式，同时还发行了三连大版张。整版邮票表达了海内外同胞期盼祖国繁荣昌盛的心声，体现了中华民族强大的凝聚力。

· 北京申办 2008 年奥运会成功纪念

·北京申办2008年奥运会成功纪念

2004年，中国邮政和希腊邮政联合发行了“奥运会从雅典到北京”邮票2枚，图案为“雅典帕提农神庙”和“北京天坛祈年殿”。同一时刻，中国香港邮政和中国澳门邮政也发行了相关纪念邮票及小型张。

·雅典帕提农神庙

·北京天坛祈年殿

·奥林匹克运动会

·奥林匹克运动会

· 国家体育场

为迎接“北京奥运会”，中国邮政发行了奥运会体育场馆邮票。其中，“国家体育场”（鸟巢）小型张，因其新颖设计的五边形齿孔邮资图，充满了力度和现代感。

中国邮政自2005年11月开始发行迎接“北京奥运会”的邮票，3年共发行了9套36枚之多。这些邮票以奥运会徽、吉祥物、运动项目、运动场馆，以及火炬传递等主题呈现，使“北京奥运会”成为自奥运会申办成功以来方寸邮花上的重要选题。

· 第 29 届奥林匹克运动会——会徽和吉祥物

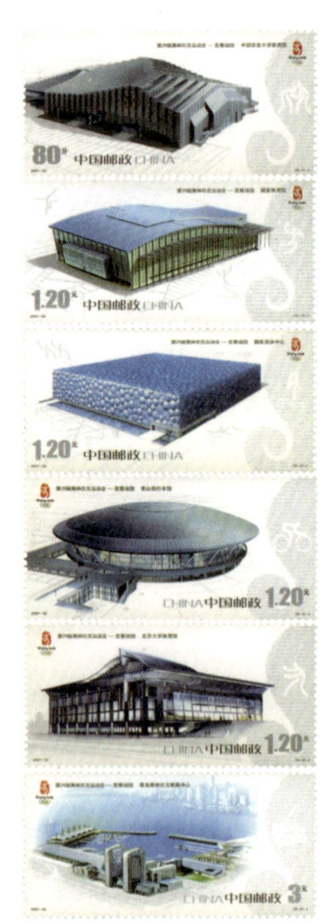

· 第 29 届奥林匹克运动会——竞赛场馆

· 第 29 届奥林匹克运动会——运动项目

· 第 29 届奥林匹克运动会——火炬接力

· 和谐之旅

中国香港邮政和中国澳门邮政也为迎接“北京奥运”发行多套邮票。2008 年 3 月，中国澳门发行“北京 2008 年奥运会火炬接力”邮票，包括 2 枚邮票和 1 枚题为“和谐之旅”的小型张。中国香港于 5 月发行了“北京 2008 年奥运会火炬接力（香港传递）”邮票 2 枚。

· 北京 2008 年奥运会火炬接力（香港传递）

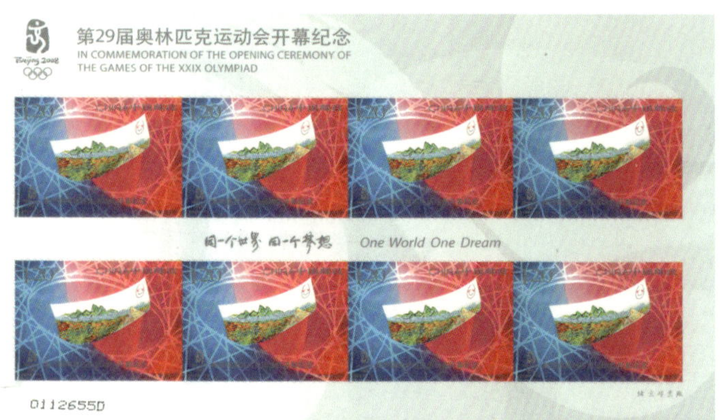

· 第 29 届奥林匹克运动会开幕纪念

2008 年 8 月 8 日晚，是写入历史的北京不眠之夜。这一天，“北京 2008 年第 29 届奥林匹克运动会”开幕。1 枚邮票，将凝聚中华民族 5000 年文明和 21 世纪现代中国的精彩画卷，置于五色缤纷的“鸟巢”上空，以简洁热烈的画面，庆祝了北京奥运会的隆重开幕。

在这个历史时刻，中国香港邮政发行在港举行的“北京 2008 奥运马术比赛”邮票 4 枚，将“场地障碍”“盛装舞步”“三项赛”和“颁奖仪式”的赛事场面再现于邮图之上。中国澳门邮政发行了“北京 2008 年奥运会开幕”邮票 1 枚和小型张 1 枚。邮票图案为“水立方”，小型张则以不规则的六边形齿孔囊括了“鸟巢”全景。

· 国家游泳中心

奥运会本以运动为主，1988 年，酷爱集邮的萨马兰奇首创“奥林匹克集邮展览”，将集邮这一高雅的集藏活动纳入奥

· 北京 2008 奥运马术比赛

・北京 2008 年奥运会开幕

运竞技世界。到了北京奥运会，国际奥委会又将“集邮展览”扩为“博览会”。这是奥运会历史上举办的“第一届奥林匹克博览会”。为此，中国邮政发行 2 套共 8 枚纪念邮票和数枚小型张。其中，博览会开幕邮票，以票中票形式，将 1896 年第 1 届奥运会和 1932 年第 9 届奥运会希腊和葡萄牙的珍贵邮票纳入绿蓝相间的新邮空间之中。同时发行了颇具收藏趣味的绢质小型张，以及 5 枚“主题日”小型张。

在被国际奥委会主席罗格誉为“无与伦比”的北京奥运会落下帷幕之后，9 月 6 日，又迎来“北京 2008 年残奥会”。2 枚纪念邮票，以会徽和吉祥物为图，为又一次的北京体育盛会，留下了历史身影。

・北京 2008 年奥林匹克博览会开幕纪念

・北京 2008 年奥林匹克博览会开幕纪念

· 北京 2008 年残奥会会徽

当北京奥运落下帷幕之刻，第 30 届奥运会将在伦敦举办。中国邮政为这个“奥运接力”发行了邮票，以北京和伦敦的标志性景观为图，迎接新的奥运辉煌。

中国举办奥运会，是中华民族的百年期盼。中国政府坚持贯彻绿色奥运、科技奥运、人文奥运理念，展示了中国人民昂扬向上的精神风貌，在奥运史上留下了不可磨灭的中国印记，展现了中国的大国风范和坚持开放的远大视野。

· 奥运会从北京到伦敦

2010年5至10月，以“城市，让生活更美好”为主题的世界博览会在上海举行。“上海世博会”是继“北京奥运会”后，中国举办的又一国际盛会，也是第一次在发展中国家举办的世界博览会。184天中，共有246个国家和国际组织参展，7308万人次参观，创造了世博会历史上的新纪录，书写了人类文明交流互鉴的新的一页。

1851年，第1届世界博览会在英国举办。160年后，中国第一次承办了世界性综合性的大型博览会——第41届世界博览会。

作为一项历史悠久、影响巨大的国际性展览，参展各国旨在向世界展示本国在文化、科技等领域的实力，展现不同国度和地域的文化特色及人类文明进步的新成果，展望人类社会发展的美好前景。中国上海举办这一届世界博览会，显示了中国在诸多领域日益走向强大的国家形象。

2010年，中国邮政发行了“上海世博园”邮票。将即将开园的世博中心、中国馆、演艺中心、主题馆，以及上海世博园的鸟瞰图，展现在4枚邮票和1枚小型张上。其中，位于世博轴东侧的中国馆是园区内最高、最大的展馆。外观以“东方之冠”为构思主题，以传统、沉稳的“中国红”为主色调，通过中国传统建筑元素斗拱的运用，表达了中国文化的精神与气质。世博馆的建筑群在上海世博会后，被作为重要景观区域永久保留。

· 上海世博园

· 中国馆

2010 年 5 月 1 日，在中国上海举办的第 41 届世界博览会开幕。中国邮政发行了纪念邮票。这枚邮票描绘了世博会美轮美奂的建筑复合图以及上海浦东风貌，小小票幅上的绿色和蓝色基调，给人深刻印象。这富于生命力的色彩，体现了人类社会的美好前景，以及这次世博会的主旨——“城市，让生活更美好”。

· 中国 2010 年上海世博会开幕纪念

同一天，中国香港邮政和中国澳门邮政发行了中国 2010 年上海世博会的纪念邮票。中国香港发行的 4 枚纪念邮票，以港岛沿岸景致为背景，融入舞龙、绿叶、青马大桥和智能卡图案，透过多元文化，突显中国香港的国际魅力。这套邮票富有特色地突出“香港参与”4 个字，展示中国香港设立展馆向世界宣示国际大都会的优势与特质。中国澳门发行的邮票上，以澳门馆展示的“玉兔宫灯”和“德成按”为图案，构成了中国澳门参与世博会的独特中国特色。

• 中国 2010 年上海世界博览会

• 中国 2010 年上海世博会

• 中国—东盟建立对话关系 15 周年

184 天，上海世博会把不同国度、不同民族、不同文化背景的人们汇聚在一起，沟通心灵，增进友谊，加强合作，共谋发展，给国际社会留下了追求进步、崇尚创新、开放共融、倡导和谐的宝贵精神财富，为推动人类文明进步发挥了重要作用。

中国在发展，中国在前进。一个开放的大视野，让中国步入发展和前进的新起点。这一时期，党中央强调中国外交政策的宗旨，是维护世界和平，促进共同发展。为推动建设和谐世界，坚持独立自主的和平外交政策，提出“大国是关键、周边是首要、发展中国家是基础、多边是重要舞台”的总体布局，积极开展了一系列富有成效的外交活动。中国稳步推动东南亚国家联盟（简称“东盟”）、上海合作组织、亚太经合组织、东亚峰会、南亚区域合作联盟（简称“南盟”）等区域合作的进程，促进了地区、国家的共同发展。

2006 年，在以“中国—东盟建立对话关系 15 周年”为主题的纪念邮票上，以东盟五国国旗环成的圆形彩圈，象征着团结与合作。稳步推进的“东盟”之间的对话，是中国“周边是首要”外交政策的体现。

· 中非合作论坛北京峰会

· 第七届亚欧首脑会议

2006 年，“中非合作论坛北京峰会暨第三届部长级会议”于 11 月在北京举行。国家主席胡锦涛向非洲友好国家领导人正式发出邀请并得到非洲国家的热烈回应。

为配合此次会议的中心主题，设计了“中非合作论坛北京峰会”标志性徽志。左侧红色的“C”代表中国，整体标志的字母“A”代表非洲；绿色象征着和平与发展，红色则代表活力与繁华。为这次合作论坛发行的纪念邮票，以这个徽志为图案，体现了中非团结合作的深刻寓意。

此外，在为“第七届亚欧首脑会议”等国内国际重大事件发行的邮票，也显示出中国外交的新局面。

在中国海南万泉河入海口的博鳌镇，在改革开放深入发展中成立了国际组织“博鳌亚洲论坛”。这个由 29 个国家发起的论坛，为各国政府、企业及专家学者提供了一个共商经济、社会、环境等世界性课题的高层对话平台。为这个论坛发行的邮票，以连印方式表现了博鳌海天一色的景观以及这个国际会议的永久性会址。

这些在专项领域不同形式的国际交流，反映出中国发展新起点时刻对外交往的一个新特点，那就是注重经济和发展这个世界性课题。

· 东屿岛

· 博鳌亚洲论坛会址

2004 年 12 月，胡锦涛在中央军委扩大会议上对军队的历史使命提出新要求，指出军队要为中国共产党巩固执政地位提供重要的力量保证，为维护国家发展的重要战略机遇期提供坚强的安全保障，为维护国家利益提供有力的战略支撑，为维护世界和平与促进共同发展发挥重要作用。

2006 年 10 月，胡锦涛提出建设一支听党指挥、服务人民、英勇善战的革命军队的要求。

2007 年 8 月 1 日，为中国人民解放军建军 80 周年发行的纪念邮票，以“听党指挥”“服务人民”“英勇善战”和“维护和平”为主题，刻画了新世纪人民军队的新形象。其中，为维护世界和平，人民解放军积极参加国际人道主义援助、联合国维和行动并赴亚丁湾、索马里海域护航等，展示了中国军队的过硬素质和良好形象。在“维护和平”邮票上，体现了中国维和部队的英姿。

2009 年 10 月 1 日，中央军委主席胡锦涛在中华人民共和国成立 60 周年庆典上检阅了中国人民解放军受阅部队。在中国邮政发行的“中华人民共和国成立 60 周年国庆首都阅兵”纪念邮票上，以“徒步方队”“陆军和二炮装备方队”“海军装备方队”和“空中梯队”等主题，立体展现了被称为“大阅兵”的壮观场面。

• 听党指挥

• 维护和平

• 中华人民共和国成立 60 周年国庆首都阅兵

中国香港邮政、中国澳门邮政为国庆 60 周年发行的邮票，在一派红火热烈的气氛中展示了港澳同胞对于祖国的深情祝愿。

2011 年，中国共产党迎来 90 华诞。90 年栉风沐雨，90 年历经沧桑，90 年兢兢业业，90 年创造辉煌。中国共产党自成立以来将马克思列宁主义与中国实际结合，不断探索救国图强真理。中国共产党成立的 90 年是开辟中华民族伟大复兴的 90 年；是带领人民不屈不挠斗争，不畏艰难困苦，千锤百炼的 90 年；是始终站在时代前列，不断创造辉煌业绩，赢得人民衷心拥护的 90 年。

在庆祝中国共产党成立 90 周年的小型张上，鲜红的党旗作为邮票图案，庄重辉煌。簇拥着党旗的象征中华血脉的长城和黄河，显示了中华民族伟大复兴的自信和力量。

黄河壶口瀑布那奔腾不息的激流，正在激励着党和人民在奋进路上“只争朝夕”——党的第十七次全国代表大会提出的 2020 年要在中国实现“小康社会”这一振奋人心的前进目标，正在成为中国共产党人新的历史使命。

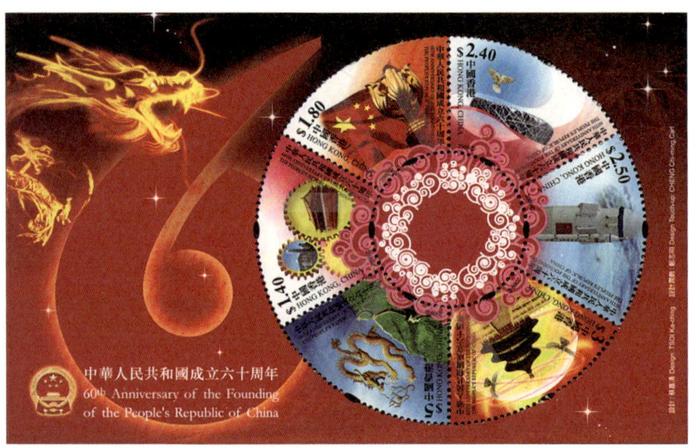

· 中华人民共和国成立六十周年

· 中华人民共和国成立六十周年

· 中国共产党成立九十周年

第十二篇

当惊世界殊

中国共产党走过了百年历程，中华人民共和国已有70余年辉煌，改革开放的春潮澎湃祖国大地过去了40余度春秋。回首过往岁月，在党的领导下，屹立在世界东方的中国，从“站起来”到“富起来”，正在向着“强起来”的远大目标，砥砺前行。

21世纪进入第二个10年，党的十八大以后，一个坚定不移把中国特色社会主义伟大事业全面推向前进的新时代到来了！

中国梦，民族复兴的夙愿

2012 年 11 月，中国共产党第十八次全国代表大会在北京举行。胡锦涛在会上做题为《坚定不移沿着中国特色社会主义道路前进，为全面建成小康社会而奋斗》的报告。大会贯穿的一条主线就是坚持和发展中国特色社会主义事业。

大会确定了全面建成小康社会和全面深化改革开放的目标。强调只要我们胸怀理想、坚定信念，不动摇、不懈怠、不折腾，顽强奋斗、艰苦奋斗、不懈奋斗，就一定能在中国共产党成立一百年时全面建成小康社会，就一定能在新中国成立一百年时建成富强民主文明和谐的社会主义现代化国家。全党要坚定这样的道路自信、理论自信、制度自信。

大会把科学发展观同马克思列宁主义、毛泽东思想、邓小平理论、“三个代表”重要思想一道，确立为党的指导思想。

党的十八届一中全会选举习近平为中央委员会总书记；决定习近平为中央军事委员会主席。

中国邮政为党的十八大发行了纪念邮票。在五彩缤纷的花束簇拥之下，在万丈光芒的辉彩掩映之下，2 枚邮票在热烈红火的轮廓中陈展开来。在这个天地绚烂的氛围中，2 枚邮票连印，齿孔中间形成一个金灿圆廓，如日一般辉耀全图：矗天而起的火箭和航天器，昭示了中国新的腾飞；中华民族的伟大象征长城，逶迤万里，直上云天。小型张以庄严的人民大会堂为主图，在鲜红如霞的天宇与鲜花盛开的大地烘衬之下，党的标志“斧镰图”和“中国共产党第十八次全国代表大会”的题名，愈加深入人心。

· 中国共产党第十八次全国代表大会

党的十八大召开以后，以习近平同志为核心的党中央，高举中国特色社会主义伟大旗帜，高瞻远瞩，为中国现代化和中华民族的伟大复兴，展现出美好的前景；砥砺前

• 中国共产党第十八次全国代表大会

行，为全面建成小康社会，开创一个改革开放全面深化的新时代。

对于党的十八大确立的中国发展目标，习近平总书记提出一个战略性远景，那就是“中国梦”。“中国梦”，道出了全国人民心声，凝聚着各族人民共识。实现中华民族伟大复兴的“中国梦”，就是要实现国家富强、民族振兴、人民幸福。实现“中国梦”必须走中国道路，弘扬中国精神，凝聚中国力量。“中国梦”归根到底是人民的梦，实现中华民族伟大复兴，是中华民族近代以来最伟大的梦想。

2013 年 3 月，中华人民共和国第十二届全国人民代表大会第一次会议在北京召开。大会总结了五年来我国各项事业取得的成就和经验，部署了今后的主要任务。会议选举习近平为中华人民共和国主席、中华人民共和国中央军事委员会主席，并确定新一届国家机构领导人员，为实现党的十八大确定的目标任务、推动改革开放和社会主义现代化建设提供了组织保证。

为这次人代会发行的纪念邮票，以选举箱上庄严的国徽为主图，在灿烂的金黄和夺目的鲜红色调烘衬下，表现了中国发展的美好前景。

• 中华人民共和国第十二届全国人民代表大会

2013 年，中国邮政发行了“中国梦”邮票第一组，主题是“国家富强”。在这套邮票的 4 幅图案上，集中展示了中国领先世界高科技先进水平的 4 项突破性成果：“神舟”飞船与“天宫”一号交会对接、北斗卫星导航系统、“辽宁”号航空母舰，以及“蛟龙”号载人潜水器。这套邮票以深邃的太空蓝作为基调，以开阔的天地深海的宏大空间，对中国改革开放

· 国家富强

以来社会主义建设的伟大成就做了刻画和记录。

航天，是国家富强“中国梦”的重要标志。在中国邮政为航天事业发行的邮票上，留下了“国家富强”的光辉轨迹。一张囊括 8 枚邮票和附票的个性化邮票上，以异形边纸和“太空探秘”主题，集中展现了中国航天成就——“天宫”一号发射和“神舟”七号航天员舱外行走、中国“玉兔”号月球车、长征火箭、“神舟”飞船与“天宫”号对接等。

2012 年发行的个性化邮票，展现了“‘天宫’一号”和“中国首次载人交会对接成功”的情景。

· 太空探秘

· “天宫”一号

· 中国首次载人交会对接成功

2014 年，中国邮政发行的“中国首次落月成功纪念”邮票 2 枚，以连印方式构成一个宽幅画面，在地球为衬的月球表面，一边是“‘嫦娥’三号着陆器”，一边是“‘玉兔’号月球车”。小小邮花引领人们进入美丽而神奇的太空世界。

2015 年发行的个性化邮票，以“中国探月”为主题，在深蓝深邃的宇宙中，描绘了地球与月球的空间探索以及近距离的月宫形貌。

1992 年立项，2003 年“神舟”五号首次载人飞行成功，2013 年“神舟”十号胜利归来，2015 年“中国探月”工程启动并成功实施。经过 20 多年的奋斗，中国建立了独立的载人航天工程体系。从无人飞行到载人飞行，从一人一天到多人多天，从太空行走到交会对接，从单船飞行到组合体稳定运行，从天地对话到太空授课传输，从天空飞行、行走到“嫦娥”“玉兔”落月成功，中国航天事业的每一次跨越，都彰显了中国经济和高科技的实力，都体现了中华民族对实现国家富强和飞天梦想的不懈努力。

北斗卫星导航系统是我国自主建设、独立运行的全球卫星导航系统，与美国 GPS、俄国 GLONASS 和欧盟伽利略系统一起并称为全球四大卫星导航系统。北斗卫星导航系统的定位、导航、授时、位置报告和短信服务五大功能，目前已成功应用于测绘、电信、交通、电力、水利、渔业等诸多领域，并向域外地区正式

·“嫦娥”三号着陆器　　·“玉兔”号月球车

·中国探月　　·北斗卫星导航系统

•“辽宁”号航空母舰

提供区域服务。北斗卫星导航系统的建成运行，圆了几代中华儿女的夙愿和梦想，对国家和国防信息化建设、经济社会发展具有重大意义。

2012年9月25日，我国第一艘航空母舰“中国人民解放军海军辽宁舰”在大连正式交付。“辽宁舰”全长300多米、宽70多米，排水量5万余吨。航空母舰“辽宁舰”交接入列后，中国成功组建了一支阵容强大的高素质舰船部队，并进行了“歼-15”舰载飞机起降飞行训练。2013年2月辽宁舰成功驻泊青岛航母军港。

2017年4月26日，中国第一艘国产航空母舰“001A”在辽宁大连正式下水。一枚绘有这艘航母下水情景的明信片上，加盖了当日纪念邮戳。邮戳上有首艘国产航母形象和那一行令人自豪的文字:“中国第一艘国产航空母舰001A下水纪念”，在邮资日戳和纪念邮戳上都留下了这个值得记忆的日子“2017.4.26”。

“辽宁舰”的交接入列，以及中国国产航母下水，对于促进国防科技工业技术进步和能力建设、增强国防实力和综合国力，对于振奋民族精神、激发爱国热情，具有重大而深远意义。

“蛟龙”号载人潜水器是我国首台自行设计、自主集成的大型深海运载装备。设计深度7000米，工作范围覆盖全球海洋的99.8%，具有悬停定位、水声通信、高速数据传输、海底微地形地貌探测等能力，是开展大洋资源调查、环境评价和科学研究的重要平台。

•“中国第一艘国产航空母舰001A下水纪念”明信片

2012 年，“蛟龙”号在马里亚纳海沟成功下潜到 7062 米深度，刷新世界上同类作业型潜水器下潜的深度纪录，标志着我国载人深潜技术进入国际领先行列，提升了我国进军深海大洋的信心和决心。

·“蛟龙”号载人潜水器

2014 年，中国邮政发行了“中国梦”邮票第二组，主题是“民族振兴”。这套邮票以金红的色彩，烘衬出兴旺繁盛的气象，将中国建设、发展的成就，以写实与写意相结合的复合图像予以呈现，表达了政治文明、经济发展、文化繁荣和民族团结四大主题。

“民族振兴”是百年来中华民族的追求，是全面建成小康社会的愿景，是中华民族从崛起到振兴的主要目标。

2015 年，中国邮政发行“中国梦”系列邮票的最后一组——“人民幸福”。这套邮票仍以 4 枚邮票连印方式，在一整幅画卷中表现了人民安居乐业、社会保障完善、社会和谐发展，以及共同期待

· 中国梦——民族振兴

· 中国梦——人民幸福

· 中国梦——人民幸福

美好生活的景况与氛围。这套邮票以充满生机的色调，绘制出了蓝天绿地的美好意境，并以具象的生活图景真实表现了新时代新生活的幸福感。

在中国邮政发行的一枚个性化的小全张邮票上，高高飘扬的共和国国旗，伴着人民生活的场面，再次以“国家名片”表达了“中国梦”的“人民幸福”主题。革命和建设的一切奋斗，最终目的和目标就是“为人民谋幸福”，这是中国共产党百年奋斗历程的不变追求，也是人民共和国为人民的伟大使命。

党的十八大首次提出倡导和践行“社会主义核心价值观”：从国家层面看，是“富强、民主、文明、和谐”；从社会层面看，是“自由、平等、公正、法治”；从公民个人层面看，是“爱国、敬业、诚信、友善”。在宣示与践行中，这个价值观深入人心，并成为国家、社会、个人行为的准则。

中国邮政以“图说我们的价值观”这个接地气的提法，以人们熟知的出现在街头巷尾的那幅可爱女孩宣传画为主图，设计、印制、发行了特种邮票。同时，还选择了体现中国传统道德规范的“诚信”，发行了个性化邮票，以国家重器鼎的图案，寓意了“一言九鼎”的“诚信”分量。

党的十八大之后，党中央以雷霆万钧之势，坚持从严治党，强力反腐倡廉，并取得重大成果。这一深入人心的举措，得到广大群众的赞许与支持。这是在新的历史条件下端正党风、加强党的建设的实际行动。

・图说我们的价值观

・诚信

2012 年，中国澳门邮政发行了 2 枚一套的“廉政廿载”纪念邮票，表明了政府廉洁奉公的传统相传不辍的信念与信心。

2015 年，中国邮政发行了“包公”邮票，讲述了包拯的“掷端砚”和“铡美案”的故事，以这位在历史上象征着清正廉洁、刚直不阿的“包青天”的形象，体现出中国反腐倡廉的悠久传统，以及党和政府反腐倡廉、依法治国的方针政策。这套邮票以古喻今，开掘了历史给予今人的昭示和启迪。包公所彰显出的凛凛正

・中国澳门廉政廿载

·掷端砚

·铡美案

·包公

气，不仅书写了历史上的亮彩，而且表达了现实中反腐斗争的决心。

党的十八大以来，改革开放全面深入发展中的一系列成就、加强党的自身建设的一系列重大举措，以及确定与实施一系列战略性决策，保证了以“中国梦”为愿景的中国特色社会主义伟大事业稳步前进。

振兴中华的“三大战略”

2014 年，习近平总书记在部署经济工作时指出：“要重点实施‘一带一路’、京津冀协同发展、长江经济带三大战略。”国家级的“三大发展战略”成为党的十八大以后重大的历史性任务。

首先，中国国家主席习近平向国际社会提出建设“新丝绸之路经济带”和“21 世纪海上丝绸之路”合作倡议，即“一带一路”倡议。这个倡议旨在以古代“丝绸之路”的历史符号，发展与沿线国家的经济合作关系，高举“和平发展”旗帜，共同打造政治互信、经济融合、文化包容的利益共同体、命运共同体和责任共同体。

此后，中国政府发布了《推动共建丝绸之路经济带和21 世纪海上丝绸之路的愿景与行动》。“一带一路”合作倡议，是党中央关于构建“人类命运共同体”国际关系准则的一个战略性重要倡议。

“一带一路”倡议，也成为邮票发行的重要主题，中国邮政从多方位多角度发行了“丝绸之路”“丝绸之路文物”“海上丝绸之路”“‘一带一路’国际合作高峰论坛”等多种邮票。

2012 年，中国邮政发行“丝绸之路”特种邮票，从历史回顾角度，将一条中国古代与西方连接的交通要道和经济文化往来的通衢，再现于 4 枚邮票和 1 枚小型张上。邮票以大漠的金黄为基调作底衬，大雁塔与唐三彩、玉门关与铜奔马、楼兰遗址与鎏金银壶瓶、龟兹克孜尔千佛洞与烽燧，以及玉仙人奔马等丝路沿线遗迹和文物，尽显方寸之上。小型张将人类文化遗产莫高窟的“敦煌壁画”烙印在再度崛起的古丝路上，并冠以“交流”的题名。这套邮票弘扬了中华优秀历史传统，前瞻性地诠释了“交流”

· 丝绸之路

· 丝绸之路

的现实意义。这套邮票对于历史的回望，正为启动现实“一带一路”倡议做了重要铺垫。

以“一带一路”悠远历史渊源为主题，中国邮政再次策划了“丝绸之路文物”邮票系列。这个选题，助推了具有国际战略意义的“一带一路”倡议的深入宣传与实施；这个选题，既有现实意义又深蕴历史与文化内涵。

2018 年，“丝绸之路文物”邮票第一组发行。4 枚邮票采用“丝绸之路”起点中国陕西的珍贵文物遗存，分别展示了“鎏金铜蚕”“鎏金铜马”“镶金兽首玛瑙杯”“八瓣团花描金蓝琉璃盘”4 件精湛精美的文物。

· 鎏金铜蚕　· 鎏金铜马　· 镶金兽首玛瑙杯　· 八瓣团花描金蓝琉璃盘

2016 年，在古代“海上丝绸之路”的起点福建泉州，中国邮政首发“海上丝绸之路”特种邮票。6 枚邮票的主题分别为“政策沟通”“设施联通”“贸易畅通”“资金融通”“民心相通”“海上交通”。邮图的主体元素，包括了地球、和平

·海上丝绸之路

鸽、核电、石油、高速列车、海上钻井平台、空港塔台、货币、分子结构图等，背景采用了希腊巴特农神庙、埃及金字塔、印度泰姬陵、法国埃菲尔铁塔以及中国天坛等标志性建筑物。邮票设计构思体现了"一带一路"倡议决策的美好愿景。

回望中国古代"海上丝绸之路"，一个走出国门走向大海的历史人物，将这条大通道推向顶峰。

郑和是中国明代的航海家。28 年间，他先后 7 次率船队远航，到达 30 多个国家，最远抵达非洲东海岸。作为和平使者，郑和开辟了中国与亚、非各国的政治联系；作为交流纽带，郑和促进了中国与亚、非各国的经济和文化的互动。郑和的海上远航比哥伦布、达·伽马的航行要早半个多世纪。

·伟大的航海家郑和

·和平的使者

·贸易与文化交流

·航海史上的壮举

在郑和下西洋580周年之际，中国邮政发行邮票纪念这位“海上丝绸之路”的先行者。这套邮票展现了郑和肖像，同时又以“和平的使者”刻画了郑和的印度古里（今印度科泽科德）之行；“贸易与文化交流”刻画了与阿丹通商的景况，真实表现了古代海上丝绸贸易特点，画面上的丝绸精细到可以看出“明代黄地缠枝花缎”图案；“航海史上的壮举”描画了郑和到达东非，皓月当空，非洲人民热烈欢迎东方使者的场面。这套邮票采用国画工笔重彩画法，在生宣纸上勾勒线条、渲染颜色，对古代“海上丝绸之路”情景和这位先驱的形象，做了生动刻画。

·“一带一路”国际合作高峰论坛

2017年5月，第一届“一带一路”国际合作高峰论坛在北京举行。中国在2013年提出的共建“一带一路”的合作倡议，得到国际积极响应。联合国大会、安理会、联合国亚太经社会、亚太经合组织、亚欧会议、大湄公河次区域合作等有关决议或文件都纳入或体现了建设“一带一路”的内容。“一带一路”倡议来自中国，成果惠及世界。

在北京举办的“一带一路”国际合作高峰论坛，主题为“加强国际合作，共建‘一带一路’，实现共赢发展”。论坛期间，中国政府和相关部门发布《共建“一带一路”：理念、实践与中国的贡献》等多个文件。

中国邮政发行“‘一带一路’国际合作高峰论坛”纪念邮票，以论坛标志为主体，水纹象征着海上丝路，祥云寓意陆上丝路。图案体现了水利万物和包容、圆融的思想。底衬的福建开元寺塔、北京天坛、甘肃嘉峪关、新疆苏公塔、广西文昌塔、上海“东方明珠”塔和外滩以及广州塔等城市剪影，象征着中国的开放和发展。

2019年，第二届“一带一路”国际合作高峰论坛举行，主题是“共建‘一带一路’、开创美好未来”，旨在推动这一倡议的高质量发展。

2019年，中国邮政和西班牙邮政联合发行了“中欧班列”邮票。从中国义乌到西班牙马德里，往来于中国与欧洲及“一带一路”沿线各国的集装箱国际铁路联运班列，以平行四边形的异形票幅体现了风驰电掣列车行进的速度感，以及践行“一带一路”倡议的奋进趋势。

“一带一路”的理念是共同发展，目标是合作共赢。“一带一路”建设有利于

· 中欧班列（义乌—马德里）

中国对外经济合作和深化国内改革、扩大开放。在合作共赢中，中国与各国共同规划和践行创新发展、协调发展、绿色发展、开放发展以及共享发展。

在全面深化改革形势下，党中央的一系列战略决策，是推进中国经济发展的指导方针。

2015 年 4 月，习近平总书记主持召开中央政治局会议，审议通过《京津冀协同发展规划纲要》(简称《纲要》)。《纲要》指出，推动“京津冀协同发展”是重大国家战略，核心是有序疏解北京非首都功能，要在京津冀调整经济结构和空间结构，在交通一体化、生态环境保护、产业升级转移等重点领域率先取得突破。

中国邮政发行的“京津冀协同发展”特种邮票，以 3 枚大票幅邮票，表现了“功能互补、区域联动、轴向集聚、节点支撑”的布局思路。第一枚邮票“交通互联互通”，分别以北京大兴国际机场、天津港、京津冀高铁和首都地区环线 G95 高速公路，体现了京津冀“交通一体化”格局。第二枚邮票的主题是“生态联防

· 京津冀协同发展

联治”，图案以北京延庆小海陀高山滑雪道、河北风力发电、京津冀地区太阳能发电、石家庄电视塔、京津冀地区防护林、北京“鸟巢”、“天津之眼”摩天轮、京津冀湿地公园等生态建设信息的复合性构图，诠释了《纲要》的“生态环境保护”的重要布局。第三枚邮票以“产业对接协作”为题，将沧州渤海粮仓科技示范工程、渤海粮仓、京津冀地区仓储物流、京津冀地区生物医药、空客天津总装有限公司、北京中关村科技园、天津高新区综合服务中心、京津冀地区汽车制造业等重要成果，纳入方寸邮图，表达了“产业升级转移”的协同发展前景。

“京津冀协同发展”的战略部署，走出一条内涵集约发展的新路子，探索出一种人口经济密集地区优化开发的新模式，促进了区域协调发展，形成国民经济发展的新的增长极；对推进“全面建成小康社会、全面深化改革、全面依法治国、全面从严治党”的“四个全面”战略布局，具有重大现实意义和深远历史意义。

地处京津冀区域的北京、天津、保定腹地，有雄县、容城、安新等三县及周边部分区域，中共中央、国务院决定设立中国（河北）自由贸易试验区。

河北“雄安新区”的建设，是党中央重大战略选择，是千年大计、国家大事。这一战略部署的实施，坚持世界眼光、国际标准、中国特色、高点定位，用最先进理念和国际一流水准进行城市设计，打造体现21世纪中叶以及未来发展远景的城市建设典范。

中国邮政发行的“河北雄安新区设立纪念”邮票，以“新起点”“新使命”为主题进行设计。第一枚邮票以卷页方式展示刊载了中共中央、国务院关于设立河北雄安新区通知的《人民日报》，图案选取雄县牌楼、容城容和塔和安新白洋淀等景物，表现了雄安新区的地理位置。这枚邮票将设立雄安新区的决策作为历史的新起点，给予具象的表达。第二枚邮票也以卷页方式，用北京天安门表现首都功能元素，并将雄安新区发展规划的“绿色生态宜居区”“创新驱动发展引领

· 新起点

· 新使命

·北京大兴国际机场通航纪念

区”“协同发展示范区”“开放发展先行区”用文字元素表现出来；另一半图案则选取新华门前的石狮、白洋淀高铁站、未来新区建设展望等象征元素，体现了雄安新区在“京津冀协同发展”战略中的历史新使命。

2019 年，“京津冀协同发展”战略中又一交通枢纽建成。北京大兴国际机场定位为大型国际航空枢纽、国家发展新的动力源、支撑雄安新区建设的京津冀区域的综合交通枢纽。2019 年 9 月 25 日，北京大兴国际机场正式投入运行。

中国邮政发行“北京大兴国际机场通航纪念”邮票。邮图饱满，充满张力，以机场航站楼为主体，展现呈放射形的五条指廊，体现出国际机场延展的空间感，具有视觉冲击力。邮票的附票则运用航站楼剖面图，直观表现了航站楼内部结构，与轨道交通、公路交通结合，体现了新型国际化立体综合交通枢纽的优势。

北京大兴国际机场服务国家战略，瞄准世界一流，展示首都“双枢纽”机场格局，推动京津冀建设世界级机场群，是大国崛起、民族复兴的新国门。

长江是祖国的母亲河。将万里长江浓缩方寸，这个用广角性突出长江重点和特点的邮票，透现出祖国和民族的博大与伟大。2014 年，中国邮政首次发行了 9 枚邮票连印的超长票幅邮票“长江”，从自然与地理角度，以中国长卷绘画的传统手法，描画了长江的雄姿伟态。

长江是生态的长江、人文的长江，也是经济的长江。长江沿岸各省市在全面深入改革开放中，已经发生了巨大变化。

2016 年 9 月，党中央关于《长江经济带发展规划纲要》正式印发，确立了长江经济带“一轴、两翼、三极、多点”的发展新格局：“一轴”是以长江黄金水道为依托，发挥上海、武汉、重庆的核心作用，推动经济由沿海溯江而上梯度发展；“两翼”是指沪瑞、沪蓉南北两大运输通道是长江经济带的发展基础；“三极”是指长江三角洲城市群、长江中游城市群和成渝城市群。

中国邮政为“长江经济带”发行了特种邮票。6 枚邮票分别以“共抓大保护”“综合立体交通走廊”“产业转型升级”“新型城镇化”“开放新格局”“区域协调发展”为主题，展现了“长江经济带”的活力和发展前景。

这套邮票体现了发挥“长江经济带”横跨东中西三大板块的区位优势，以共抓大保护、不搞大开发为导向，以生态优先、绿色发展为引领，依托长江黄金水

• 长江

• 长江经济带

道，推动长江上中下游地区协调发展和沿江地区高质量发展。

中共中央、国务院发布的《粤港澳大湾区发展规划纲要》，为这一特殊地域的全面深入发展做了战略性布局。粤港澳大湾区位于中国华南地区，是中国开放程度最高、经济活力最强的区域之一，也是世界四大濒临海域的湾区之一。这个区域的中心城市包括中国香港、中国澳门、广州和深圳等。

中国邮政为记录“粤港澳大湾区”的规划与发展发行了特种邮票。在充满现代元素缀饰的小全张上，第一枚邮票的主题是“国际科创中心”。大湾区是世界最具活力的创新区域之一，是国际一流科技资源的集聚中心。打造最具竞争力的国际科创中心，吸引和对接全球创新资源，才能使粤港澳大湾区站在国际科技前沿。第二枚邮票题为“要素便捷流动”。在“一国两制”不同制度下实现要素高效便捷流动，就要破除大湾区内货物、人员、资金、信息、技术等要素跨境流动的各种障碍。“便捷流动”，才能推动大湾区战略定位的实现。第三枚邮票为“优质生活圈”。人居环境品质是世界级大湾区城市群的核心特征。提高港澳人居环境，助推港澳融入粤港澳大湾区世界级城市群，“优质生活圈”将成为人居环境建设的标杆。

建设大湾区的目标，是进一步深化粤港澳合作，发挥三地综合优势，促成区域内的深度融合，在经济协同发展中，实现建设宜居、宜业、宜游的国际一流湾区。

联通粤港澳大湾区的一大交通枢纽，就是跨海港珠澳大桥。这座大桥工程规模大、技术新、专业广、标准高，是全球已建最长的跨海大桥。

2010 年，中国邮政在这座大桥兴建之始，发行了纪念邮资明信片，将大桥的地理位置以及蓝图刻画在明信片上。

· 粤港澳大湾区

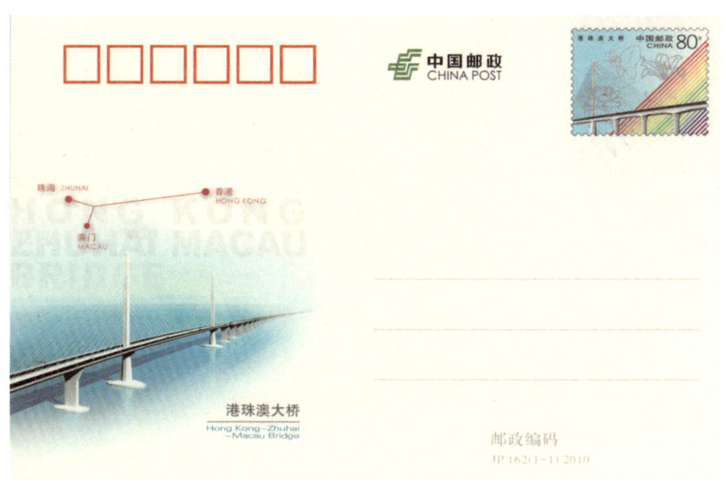

· “港珠澳大桥”明信片

2018 年，中国邮政为港珠澳大桥通车发行纪念邮票 3 枚。3 幅邮图概括地表现了这座大桥突破性的建设成果。第一枚邮票“青州桥”，展现了大桥的典型结构。桥体上“中国结”造型与前景三地地标性建筑——香港会展中心、珠海大剧院、澳门大三巴牌坊形成呼应，寓意三地紧密相连。第二枚邮票“东人工岛”，展现了这个可以驻足观赏白海豚和远眺美景的多功能人工岛的景貌。大桥建设注重环境保护，体现了人与自然的和谐共处。第三枚邮票是“海底隧道”。这条隧道的建设创多项世界之最。画面展现了东、西人工岛和海底隧道上方航道的全貌。3 枚邮票分别以红、黄、蓝为基本色调，给人以恢宏大气的视觉冲击力。

· 青州桥

· 东人工岛

· 海底隧道

· 港珠澳大桥

中国香港邮政为“港珠澳大桥”发行了特别邮票，一套 4 枚。以港珠澳大桥的中英文名称为设计重点，分别印上代表香港的“H”和“港”字、代表珠海的“Z”和“珠”字、代表澳门的“M”和“澳”字，以及表达大桥的“B”和“桥”字。字母、文字与线条交织成细密网络，象征路网紧密连贯，促进粤港澳大湾区各地融合发展。

中国澳门邮政发行了“港珠澳大桥”纪念邮票，一套 3 枚。采用

· 港珠澳大桥

桥、岛、隧分别展现大桥特色。小型张则以青州桥的“中国结”造型桥塔的标志性景观为主图，并衬以洋紫荆、簕杜鹃、莲花，分别作为香港、珠海和澳门的象征，刻画了将三地连成一体的港珠澳大桥的风貌。

构筑“人类命运共同体”

党的十八大以来，以习近平同志为核心的党中央，在新的形势下，提出了中国对外政治、经济、文化等领域交往的新思想新理念，推动新时代中国特色大国外交不断发展。习近平总书记指出：“这个世界，各国相互联系、相互依存的程度空前加深，人类生活在同一个地球村里，生活在历史和现实交汇的同一个时空里，越来越成为你中有我、我中有你的命运共同体。”

以“人类命运共同体”这个21世纪国际新视野瞩望世界，处理对外开放与交往，中国以国际担当的责任和使命，走入了大国外交的新阶段。

在实施“一带一路”战略性倡议中，中国建立在构筑“人类命运共同体”理念基础上的“合作共赢”，在世界上产生巨大影响。与此同时，深入广泛开展的多元化的对外交往彰显出了新时代中国的对外形象。

2014年11月，“亚太经合组织”第22次领导人非正式会议在北京雁栖湖举行。这次“APEC”峰会的主题是“共建面向未来的亚太伙伴关系”；议题是：在互联互通三大领域，即基础设施、制度、人员的互联互通，确立新的总体目标和任务。

• 一带一路　共赢发展

• 亚太经合组织第二十二次领导人非正式会议

中国主办“亚太经合组织”领导人非正式会议，以此为契机，面向未来，谋求建立更紧密的伙伴关系，深化务实合作，推动“亚太经合组织”发挥更大的引领作用，勾画“亚太”长远发展的蓝图。

2014年11月，中国邮政发行“亚太经合组织第二十二次领导人非正式会议”纪念邮票。这枚邮票采用大票幅，在构图上突出“2014 APEC”标志。在醒目点明主题的效果中，边饰长城既表明了会议地点，又寓意着中国的重要作用。另外一侧边饰为泰山和旭日，取日出东方、欣欣向荣之意，预示着“APEC”各经济体的合作发展，朝气蓬勃、蒸蒸日上。

中国将重点推动“APEC”在促进贸易投资、贸易体制、区域经济以及促进全球价值链合作等方面发挥积极作用，为促进亚太地区共同发展和繁荣做出新的贡献。

·2016年二十国集团杭州峰会

2016年9月，“二十国集团领导人峰会”在中国杭州召开。这是中国对外开放和大国外交的一个重要平台。二十国集团（G20）由原八国集团以及十二个重要经济体组成，涵盖面广，代表性强。“G20峰会”是一个国际经济合作论坛。2016杭州“G20峰会”的主题是“构建创新、活力、联动、包容的世界经济”。

中国邮政为“2016年二十国集团杭州峰会”发行的纪念邮票，主图采用了会标图案。会标用寓意20国的20根线条描绘出一个桥形轮廓，辅以“G20 2016 CHINA”字样和“中国”隶书篆刻印章。桥梁寓意“G20”是全球经济增长之桥、国际社会合作之桥、面向未来的共赢之桥。桥梁线条形似网络，又象征了信息时代的互联互通。图案上的中文印章和倒影一般的底衬，巧妙地刻画了杭州西湖景观，彰显了中国文化内涵。

在“G20峰会”上，习近平主席提出“创新发展方式、建设开放型世界经济、完善全球经济治理”的建议。中国作为发展中国家发声，借助“一带一路”、亚投行等举措，与更多国家良性互动，实现共赢。在一枚中国邮政发行的个性化小版张上，“G20峰会”标志四周是扬帆的航船蓄势待发，表达了中国和世界共同走向

·2016年二十国集团杭州峰会

· 金砖国家领导人厦门会晤

光明未来的一致目标。

2006 年，中国、俄罗斯、印度、巴西四国外长在联合国大会期间举行首次会晤；因四国国名英文首字母组合类似英语“砖”（BRIC）一词，故被称为“金砖四国”。2010 年，南非加入合作机制，金砖国家扩大为五国。

2017 年 9 月，金砖国家领导人第九次会晤在中国厦门举行，主题是“深化金砖伙伴关系，开辟更加光明未来”。习近平主席主持金砖国家领导人会议，讨论了世界经济形势和全球经济治理、国际和地区热点问题、国家安全和发展、深化金砖合作、开展人文交流、推进机制建设等议题。

中国邮政发行了“金砖国家领导人厦门会晤”纪念邮票。这套邮票以这次会晤的标志为主要设计元素，以鼓浪屿、厦门大学、集美学村等厦门景观和人文标志为装饰，展现了大海浩荡、一碧万顷，远山近屿、日和景明的景色。画面融汇了中国传统山水画的风范，以中国特色体现了中国外交主题。

上海合作组织，是中华人民共和国、哈萨克斯坦共和国、吉尔吉斯斯坦共和国、俄罗斯联邦、塔吉克斯坦共和国、乌兹别克斯坦共和国于 2001 年 6 月在中国上海宣布成立的永久性政府间国际组织。六国元首签署了《上海合作组织成立

· 上海合作组织青岛峰会

宣言》，每年举行一次成员国国家元首正式会晤。“上海合作组织”已成为世界上人口最多、地域最广、潜力巨大的跨区域多边综合性组织，为维护地区安全稳定、促进共同发展做出了重要贡献。

2018年6月，“上海合作组织”在中国青岛举行峰会。峰会以“弘扬上海精神　开启媒体合作新时代”为主题。会议指出，“上海精神”超越了文明冲突、冷战思维、零和博弈等陈旧观念，掀开了国际关系史崭新的一页。在中国青岛，“上合组织”成员国领导人签署了《上海合作组织成员国元首理事会青岛宣言》以及一系列决议。

在中国邮政为“上海合作组织青岛峰会”发行的纪念邮票上，“上合组织”会徽、青岛峰会主场馆等元素为主要构图，祥云、海鸥等装饰为辅；下方以线描手法绘出海上栈桥、帆船、灯塔、轮船等景物，展现了会议举办地青岛的特色。这套邮票的小版张以绢质印制，凸显了中国传统文化风范。

2000年，中国与非洲国家之间在南南合作范畴内，建立了集体对话机制。“和平与发展”成为对话的重要主题。每3年举行一次的“中非合作论坛”，在2018年9月的北京峰会上，习近平主席发表重要讲话并主持相关活动。非洲53个国家的元首、政府首脑、代表团团长出席论坛。贝宁、喀麦隆、索马里、几内亚、莫桑比克、毛里塔尼亚等多个国家与中国签署了“一带一路”合作文件。

峰会期间，中国领导人与非洲国家领导人分别举行了会谈，其中谈到了加强基础设施合作、加强产能合作，以及“一带一路”倡议等许多议题。中国与非洲国家同属发展中国家，在发展方向上有很多共识，加快“一带一路”同各国发展

·“中非合作论坛”纪念封

· 世界审计组织第二十一届大会

· 第 39 届国际标准化组织大会

战略的对接成为这次峰会的一个重要成果。

在 2000 年发行的一枚纪念邮资封上，以中国和非洲地图线条、北京世纪坛图案和中非合作论坛徽志，留下了这个在 21 世纪第一年建立的发展中国家对话机制运行的轨迹。

从以国际会议为选题的纪念邮票中，可以看到新时代的中国在对外交往上的开放姿态和重大成果。几年来，中国邮政发行了“世界审计组织第二十一届大会”“第 39 届国际标准化组织大会”“中国-东盟博览会”“第十届中国国际航空航天博览会”“2014 青岛世界园艺博览会”“亚洲-太平洋邮政联盟成立 50 周年”“中国对外友协 60 周年”“中国极地科学考察 30 周年”，以及中国和法国联合发行的“城市与河流”等多种纪念邮票。

这些邮票体现了中国在全球一体化形势下，对于“人类命运共同体”的关注，以及与世界各国的交流与合作。在世界舞台上，中国发挥了大国外交和大国担当应有的重要作用。中国邮票进一步打开了开放的视野，彰显中华民族将以更加昂扬的姿态屹立于世界民族之林。

· 中国极地科学考察三十周年

· 中国—法国 · 城市与河流

新时代的里程碑

2017 年 10 月，中国共产党第十九次全国代表大会在北京召开。习近平总书记做了题为《决胜全面建成小康社会 夺取新时代中国特色社会主义伟大胜利》的报告。这次大会的主题：不忘初心，牢记使命，高举中国特色社会主义伟大旗帜，决胜全面建成小康社会，夺取新时代中国特色社会主义伟大胜利，为实现中华民族伟大复兴的中国梦不懈奋斗。

党的十九大回顾和总结了过去五年的工作和历史性变革，做出了中国特色社会主义进入了新时代、我国社会主要矛盾已经转化为人民日益增长的美好生活需要和不平衡不充分的发展之间的矛盾等重大政治论断，深刻阐述了新时代中国共产党的历史使命，确立了习近平新时代中国特色社会主义思想的历史地位，提出了新时代坚持和发展中国特色社会主义的基本方略，确定了决胜全面建成小康社会、开启全面建设社会主义现代化国家新征程的目标，对新时代推进中国特色社会主义伟大事业和党的建设新的伟大工程作出了全面部署。

· 不忘初心

10 月 25 日，党的十九届一中全会选举习近平为中央委员会总书记；决定习近平为中央军事委员会主席。

在为党的历届代表大会发行的纪念邮票中，如何以深刻精准的艺术设计表达这一重大主题，是一个具有挑战性的创新过程。中国邮政为党的十九大发行的纪念邮票，令人耳目一新。2 枚邮票以“不忘初心”和“继续前进”为主题，小型张题为“筑梦”。

· 继续前进

“不忘初心”邮票中，出现了北京人民英雄纪念碑和新华门、延安宝塔山、嘉兴南湖红船等红色元素，回顾了党的历史、重温了党的宗旨。

“继续前进”邮票，以“复兴”号高铁、国产 C919 大飞机、“2017 一带一路国际合作高峰论坛”主会场等现代元素，

· 筑梦

展现了自党的十八大以来中国各领域取得的辉煌成就。

小型张则在边纸空间以长城、华表、国歌等元素，以及底衬的城市建设成就，对民族和历史以及当今中国的发展，做了回望与展望，体现了党和人民不懈奋斗的“筑梦”主题。小型张主图以党徽和天安门组成的圆形构图，象征性地表达了党是领导我们事业的核心力量，表现了党和人民锐意进取、同心共筑中华民族伟大复兴的“中国梦”。

党的十九大召开之后，迎来了中国改革开放 40 周年。2018 年，在这个承接伟大历史使命、全面深化改革开放的时刻，在“新时代”的蓝图上，记录下了中华民族从站起来、富起来到强起来的伟大飞跃。

中国邮政为“改革开放四十周年”发行的纪念邮票，体现了在中国共产党的领导下，中国人民凭着一股逢山开路、遇水架桥的闯劲，凭着一股滴水穿石的韧劲，成功走出一条中国特色社会主义道路。

这套纪念邮票的主题是“高举旗帜”和“伟大实践”。“高举旗帜”邮票的图案选取象征改革开放的深圳“垦荒牛”雕塑、启动资本市场的上海股票票样，以及小

· 高举旗帜　　· 伟大实践

岗村农村“大包干”雕塑为主图，以麦田、港口、建筑和塔吊等剪影作陪衬，表现了中国特色社会主义旗帜下中国的伟大变革；“伟大实践”邮票中，人民大会堂、“复兴”号高铁、C919 大型客机、“精准扶贫”后的美丽乡村等为主图，辅以现代化港口和城市建筑剪影等，表现了改革开放的伟大实践，使中国发生巨变。

这套纪念邮票的小型张，在一派红火的氛围中，以天安门、和平鸽以及各族人民热烈欢庆的场景，以国旗、玉兰花、华灯和航天成就等元素配合，表现了新时代中国人民意气风发、奋勇前进的新气象。

· 改革开放四十周年

· 中华人民共和国成立七十周年

继改革开放40周年之后，中国人民迎来了中华人民共和国成立70周年的隆重庆典。在中国邮政隆重发行的纪念邮票上，绘有洋溢欢庆气氛的画面，充满民族风范的构图设计聚焦在一艘扬帆起航的大船上。这艘航船负载着崇高的历史使命，坚定不移把中国特色社会主义伟大事业全面推向前进。小型张图案中的牡丹花簇拥着数字“70”，边饰上的长城、华表、礼花、和平鸽，以及各族人民载歌载舞，融汇成热腾的欢庆场面，表现了各族人民对祖国的美好祝福。

在国庆70周年庆典上，习近平主席检阅了新时代的国防建设成就。在这次大阅兵中，中国现代化国防实力在人民军队向前进的坚实步履中，向全世界做出了自豪自信的展示。在为中国人民解放军建军发行的邮票上，重现了历经90多年风雨的“钢铁长城”的新貌。历年来以人民军队为主题的邮票，海陆空三军是一个基础，并多为邮票的主体形象。在建军90周年的纪念邮票中，“火箭军”“战略支援部队”“武装警察部队”的展示，体现了新时代军事国防的新格局，显示了中国现代国防的强大实力。

这套邮票的小型张，以党旗引领的三军将士形象，象征着人民军队“听党指

· 火箭军

· 战略支援部队

· 武装警察部队

· 中国人民解放军建军九十周年

挥”，彰显出走过天安门的这支肩负人民希望、紧系国家命运的铁流，在新的时代正成为一支向着太阳向着胜利前进的不可战胜的力量。

在国庆 70 周年纪念邮票中，还有 5 枚邮票采用壁画式的构图和连票形式，在象征性造型和绚烂色彩中，对党中央提出的经济、政治、文化、社会、生态“五位一体”总体布局做了形象化的诠释，从方寸邮花之中，可以透见中华民族伟大复兴

· 中华人民共和国成立七十周年

· 经济持续健康发展

的航船正扬帆前行。

庆祝中华人民共和国成立 70 周年纪念邮票的第一枚，主题是“经济持续健康发展”。画面以城市建设、高铁、航空航天、通信和互联网、智能装备制造等元素为背景，在劳动者的主体形象下，表现了“经济持续健康发展”的主题。

在中国经济的发展中，中国高速铁路有着“当惊世界殊”的成就，以“中国速度”成为中国经济发展的一个象征。在党和政府的领导下，中国铁路立足国情、路情，抓住机遇，科学发展，使中国铁路现代化建设取得重大进展。“中国制造”的“中国高铁”，为中国经济腾飞和社会发展提供了有力的基础性支持。

在近年发行的邮票中，无论是小票幅的邮票，还是大票幅的小型张，“中国高铁”潇洒的流线型线条，“和谐”号、“复兴”号的深意命名，都迎朝送夕穿行万水千山间，给人以朝气蓬勃、催人奋进的力量。

· 中国高速铁路

· 中国高速铁路发展成就

· “复兴”号动车组

· 中国首架喷气式支线客机交付运营

地上天上，“中国制造”的运能，正在成为促进经济发展的动力。经过 12 年艰辛研制、体现了“自主研制、国际合作、国际标准”成果的 ARJ21-700 型客机形貌，也记录在了寸幅天地中。当这架国产客机穿云破雾，越过山河，凌空翔飞时，小小邮票中的“大飞机”，也体现出一种可贵的自信。

天上，飞鹰翱翔；地上，高铁奔驰；水上则游弋着船舶的“中国制造”。题为“中国船舶工业”的特种邮票，就有向我们驶来的“航天测量船”“薄膜型液化天然气运输船”“海上浮式生产储油船”“导弹驱逐舰”，从民用到军事，从交通到高科技，中国船舶工业已跻身国际领先之列。

• 航天测量船

• 薄膜型液化天然气运输船

• 海上浮式生产储油船

• 导弹驱逐舰

经济和社会的发展，支撑和动力是科技创新。科技创新的直接成果推动了科学技术进步与应用，提高了社会生产力的发展水平，促进了经济的增长，推动了社会的进步。

党的十八大做出了创新驱动发展战略部署，发布《国家创新驱动发展战略纲要》，强调科技创新是提高社会生产力和综合国力的战略支撑，必须摆在国家发展全局的核心位置。这是党中央在全面深化改革开放发展新阶段确立的立足全局、面向全球、聚焦关键、带动整体的国家重大发展战略。

创新强则国运昌，创新弱则国运殆。我国近代落后挨打的重要原因是与历次科技革命失之交臂，导致科技弱、国力弱。“科技创新”是提升国家核心竞争力的必由之路，实现中华民族伟大复兴，必须聚焦国家战略需求，抢占科技创新制高点。

从 2017 年开始发行的“科技创新”系列邮票，第一组邮票共 5 枚，展现了中国科技领域一批国际领先的重大成果。

第一枚邮票上出现了“500米口径球面射电望远镜”。画面突出望远镜的主体结构，背景通过中性氢、脉冲星、空间天体等科学符号，展现了望远镜的强大功能。

第二枚邮票是“‘墨子’号量子科学实验卫星”。画面以卫星和地球为主图，光束直射地球上四个量子通信地面站和一个量子隐形传态实验站，表现了“墨子”号科学实验的状态。

第三枚邮票是“‘探索’一号科考船”。图案以4500米载人潜水器工作母船及深海科考通用平台为主体，饰以无人潜水器在海底最大下潜深度的工作场面。

第四枚邮票表现的是“渤海粮仓科技示范工程”。画面表现了丰收场景，体现了中低产田和盐碱荒地改造对农业增产增收的显著效果。画面中无人机、田间检测仪等新技术，体现了新科技促进传统农业的变革。

第五枚邮票表现的是“‘神威·太湖之光’超级计算机”。邮图以超级计算机机柜为主体元素，背景表现这一成果在航空航天、天气气候、生物信息、材料科学、计算化学等领域的应用。

· 500口径球面射电望远镜

· “墨子”号量子科学实验卫星

· “探索”一号科考船

· 渤海粮仓科技示范工程

· “神威·太湖之光”超级计算机

2019 年，中国邮政发行了第二组“科技创新”邮票。以党的十八大以来，我国在基础研究、重大科技工程、民生科技等研究领域取得的创新成果为内容，展现了五项国际领先的重大成就。这套邮票的设计，采用了手绘插画的表现手法，构图简洁明快，色彩对比浓烈，具有一种超现实感的视觉风格。

第一枚邮票“嫦娥”四号，图案上出现了探月工程“嫦娥”四号着陆器、“玉兔”二号巡视器、“鹊桥”中继星等图像；第二枚邮票“体细胞克隆猴”，图案刻画了 2017 年出生的两只克隆猴“中中”和“华华”；第三枚邮票“量子反常霍尔效应的实验发现”，以高速公路寓意电子在拓扑绝缘体薄膜中高效运动的情景；第四枚邮票“阿尔茨海默病治疗新药 GV-971”，通过大脑、肠道等人体内环境，以及海藻、药物胶囊、化学结构式等图案，表现 GV-971 新型药物多靶等作用模式与特征；最后一枚邮票“中国散裂中子源”，描绘了散裂中子源在材料科学、物理学、生命科学、新能源等领域的广泛应用和广阔前景。

这套邮票的印制采用彩色全息定位烫技术，具有高科技含量，防伪性能强。首次在彩色全息定位烫图案上叠印图案，是对加工精度的一次极大挑战。在众多印制方式中，这种方式最适于表现“科技创新”这一主题。

·“嫦娥”四号

·体细胞克隆猴

·量子反常霍尔效应的实验发现

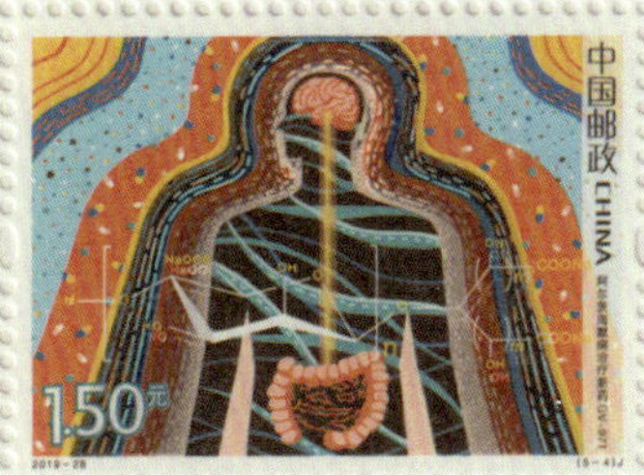

·阿尔茨海默病治疗新药 GV-971

·中国散裂中子源

为展示中国高端科技成果，中国香港邮政发行了题为“创新与科技”的邮票。这套邮票以色彩和线条，构成抽象且具现代风范的邮图。在一枚含有 6 枚邮票的八边形小全张上，展现出 6 个领域的科技成果。

第一枚邮票以简洁线条构成太阳能光伏板和风力发电机等图案，以白色隐现纹路组成英文“GREEN”（绿色）字样，代表绿色科技元素，传达环保信息。第二枚邮票表现香港拥有先进完善的电讯基础设施，率先应用崭新通信科技。第三枚邮票以中医药为内容。将传统医疗配以红外光谱检测系统的分析图表，寓意传统中医药与现代科技的结合。第四枚邮票表现香港在研发生物科技方面具备优势，邮票展示了基因图谱和基因改造粟米，寓意生物科技可应用于农业及食品工业。第五枚邮票展示由六角形组成的纳米分子结构图，表现了香港把纳米科技列为重点发展项目。第六枚邮票表现了射频识别技术原理，即透过电磁波传送标签上的数据，发展射频识别技术大大推动了物流业发展。

中国香港邮政首度采用感光变色油墨印制这套邮票。经日光或紫外线照射，邮票一些图案会逐渐呈现另样颜色。这个设计和印制契合了“创新与科技”主题。

庆祝中华人民共和国成立 70 周年纪念邮票的第二枚，主题是“社会主义民主政治推进”。图案运用人民大会堂、法律文本等元素，以人大代表、政协委员等形象，表现推进社会主义民主政治制度化、规范化、程序化，体现了“社会主义民主政治推进”的内涵。

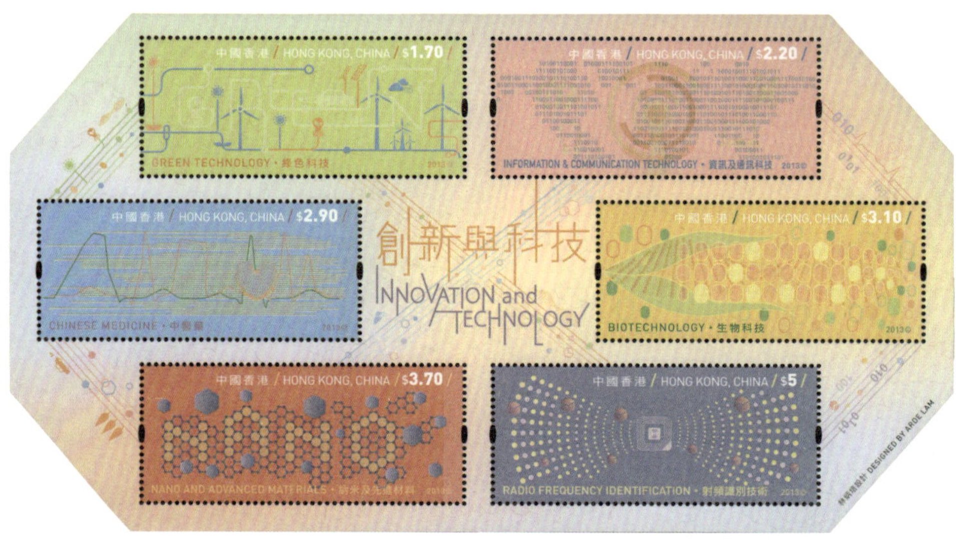

· 创新与科技

在中国的政治建设中，党和政府不断完善和实施的决策与举措，使建设社会主义法治国家呈现出一派蓬勃新面貌。1954年发行的新中国第一部宪法纪念邮票，就以人民形象表现了宪法的性质。2018年发行的“中华人民共和国第十三届全国人民代表大会”纪念邮票，图上是国旗国徽和庄严的人民大会堂。这次人民代表大会发表了《关于实行宪法宣誓制度的决定》。人民代表手按《宪法》进行宣誓，新的誓词体现了人民政权的性质和国家法治建设的重要意义：“我宣誓：忠于《中华人民共和国宪法》，维护宪法权威，履行法定职责，忠于祖国、忠于人民，恪尽职守、廉洁奉公，接受人民监督，为建设富强民主文明和谐美丽的社会主义现代化强国努力奋斗！”

· 中华人民共和国第十三届全国人民代表大会

· 社会主义民主政治推进

宪法作为国家大法，规定了国家的制度、机构、公民基本权利和义务等内容。在一个国家的全部法律中，宪法具有最高的权威和最大的效力，是制定其他法律的依据。

在1954年制定《中华人民共和国宪法》之后，1975年、1978年、1982年又对宪法做了修改。1982年12月，第五届全国人民代表大会第五次会议通过了《中华人民共和国宪法》，即现行宪法。1988年，又对1982年现行宪法做了文字和条款的修改和补充。

为了纪念现行宪法颁布，增强宪法意识，中国邮政发行了“中华人民共和国宪法（1982—1992）”纪念邮票。这套邮票主图是《中华人民共和国宪法》封面。在黄、绿、蓝、紫的衬底上，一对金色凤凰环绕飞舞。凤凰在中国古代神话中是保护神，是和平幸福的瑞鸟。画面以“箫韶九成，凤凰来仪”的意境，表达了对国家繁荣昌盛、人民安居乐业的美好祝愿。

2012年，中国邮政发行“现行宪法公布施行三十周年”纪念邮票。邮票以红旗红灯红彩带为烘衬，以《中华人民共和国宪法》大典为主图，表现了现行宪法是新的时期治国安邦的总章程，是保持国家统一、民族团结、经济发展、社会进步和长治久安的法律基础，是中国共产党执政兴国、团结带领全国各族人民建设中国特色社会主义的法制保证。30年来的实践证明，现行宪法符合国情，在国家经济、政治、文化和社会生活中发挥了极其重要的作用。

· 中华人民共和国宪法（1982-1992）

· 现行宪法公布施行三十周年

· 文化繁荣兴盛

庆祝中华人民共和国成立 70 周年纪念邮票的第三枚是“文化繁荣兴盛”。映入眼帘的是国家博物馆、国家大剧院、国家体育场等公共文化场馆，辅以舞蹈演员、运动员等形象。

党的十八大以来，文化事业展现出繁荣兴盛的新面貌。党中央提出“坚定文化自信，建设社会主义文化强国”的重要思想，指出“文化自信，是更基础、更广泛、更深厚的自信，是更基本、更深沉、更持久的力量”。

作为国家发展的软实力，文化是党治国理政“五位一体”的一个重要构成。担负国家形象再塑重责的邮票，体现了中国文化的精深与精彩。这一选题有着吸引受众的强大魅力，同时也从本质上体现了一个正在强起来的国家和民族的文化自信。

2014 年 10 月，习近平总书记在北京主持召开了文艺工作座谈会，会议继承和发展毛泽东《在延安文艺座谈会上的讲话》思想，强调坚持以人民为中心的创作导向，努力创作更多无愧于时代、无愧于人民的优秀作品，弘扬中国精神、凝聚中国力量。

·《在延安文艺座谈会上的讲话》发表七十周年

2012 年，正值《在延安文艺座谈会上的讲话》发表 70 周年，两枚纪念邮票以延安文艺座谈会旧址作了历史性的回望，以北京国家大剧院体现了新时代的文化繁荣。

改革开放全面深入发展中的新时代文化，仍注重传统文化的弘扬与延续。在邮票发行上，“传统文化”同样是一个重要选题。

中华优秀传统文化是中华民族的精神命脉，是涵养社会主义核心价值观的重要源泉，也是我们在世界文化激荡中站稳脚跟的坚实根基。习近平总书记强调：“中华优秀传统文化是中华民族的突出优势，是我们最深厚的文化软实力。”

依法治国和以德治国是中国社会发展和进步的重要举措。美德孝悌，既是历史悠久的传统文化，又有深远的现实意义。以“中华孝道”为主题发行的系列邮票，以讲述古代孝道故事进行传统道德教育，这是在邮票的传播流通中进行现实的道德宣传。在中国当代社会，迫切需要弘扬美好的精神道德和高尚的社会情操。

邮票上出现的“孝感动天”“涌泉跃鲤”“替父从军”“学医疗亲”“百里负米”“亲尝汤药”“文姬续书”“恺之画母”等感人的古代孝道故事，也是塑造当代社会主义道德风尚的一个重要元素。诚如习近平总书记指出的：“中华优秀传统文化中很多思想理念和道德规范，不论过去还是现在，都有其永不褪色的价值。”

党的十九大以来，中华文化传统作为一个重大主题，在邮票上呈现出五彩缤纷的壮观气象。

从古代绘画名作“千里江山图”“五岳图”，到“殷墟”“金凤”；从“唐诗三百首”“宋词”，到“中国古代书法”“云锦”；从“孔府、孔庙、

· 中华孝道

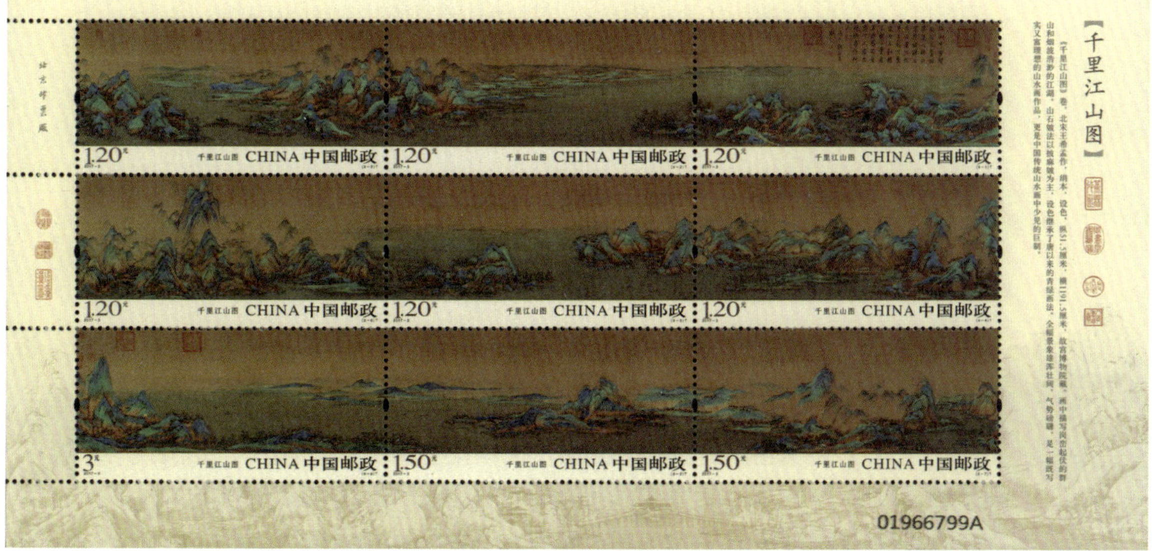

· 千里江山图

孔林”、古代历史人物，到“故宫博物院”“国家博物馆”，历史和现实都证明，中华民族有着强大的文化创造力。这些邮票体现出“我们要坚守中华文化立场，传承中华文化基因，展现中华审美风范”。

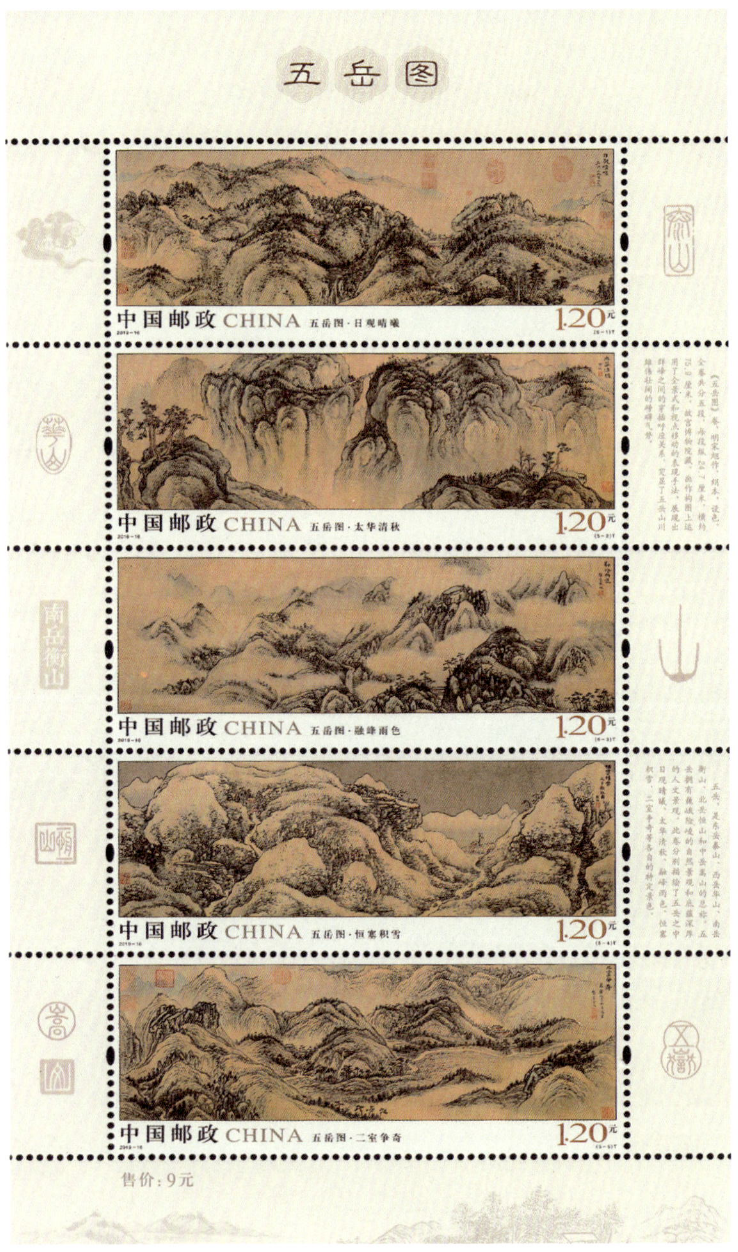

· 五岳图

· 甲骨文　· 青铜器　· 玉器　· 唐 金凤

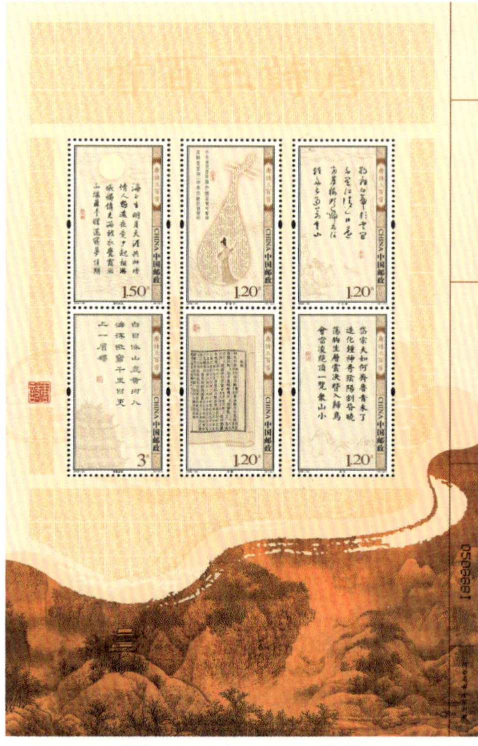

· 唐诗三百首

· 宋词

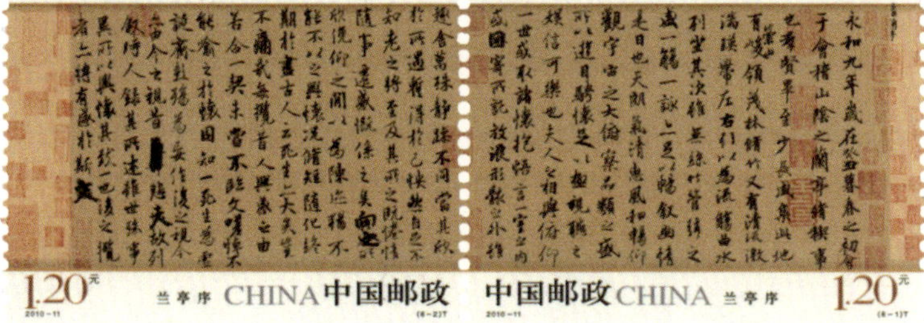

· 中国古代书法

云锦
1.20元 CHINA 中国邮政
1.20元 CHINA 中国邮政
1.20元 CHINA 中国邮政

· 云锦

1.20元 CHINA 中国邮政
1.20元 CHINA 中国邮政
3元 CHINA 中国邮政
孔庙、孔府、孔林

· 孔庙、孔府、孔林

· 诸葛亮

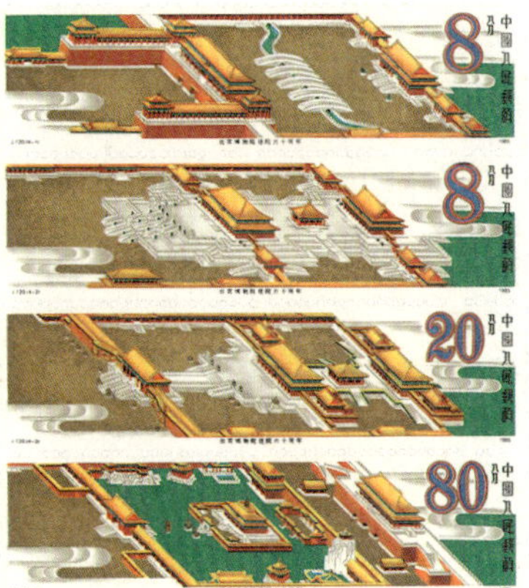

· 故宫博物院

· 国家博物馆

· 人民生活不断改善

庆祝中华人民共和国成立70周年纪念邮票的第四枚是“人民生活不断改善”。图案运用寓意教育、医疗、社会保障等的形象元素，以少年儿童等形象，表现人民生活更加充实、更有保障、更可持续，以及由此获得的幸福感、安全感，突出了“人民生活不断改善”的主题。

在党的十九大之后召开的全国教育大会上，提出：培养什么人是教育的首要问题。作为中国共产党领导的社会主义国家，培养一代又一代拥护中国共产党领导和我国社会主义制度、立志为中国特色社会主义奋斗终生的有用人才，是育人育才的百年大计。在全面深入改革开放的新时代，教育要增强学生对中国特色社会主义的道路自信、理论自信、制度自信、文化自信，以培养立志肩负民族复兴重任的接班人为神圣使命。

步入新时代的教育事业是中国邮票的一个重要选题。党的十八大召开以来，每年都有以教育为题材的邮票发行。高等教育院校作为一个系列，在邮票的方寸天地间铺陈开来。中国邮政先后发行了北京大学、清华大学、兰州大学、中国科学技术大学、同济大学、复旦大学、南京大学、武汉大学、天津大学、交通大学、四川大学、浙江大学、中央美术学院、南开大学、哈尔滨工业大学等高校的纪念邮票，这些邮票以高等院校的崭新风貌，展示了新时代中国教育事业的新发展。

· 北京大学建校一百年

· 清华大学百年校庆

· 兰州大学建校一百周年

· 中国科学技术大学建校五十周年

· 同济大学建校一百周年

· 复旦大学建校一百周年

· 南京大学建校一百一十周年

· 武汉大学建校一百二十周年

· 天津大学建校一百二十周年

· 交通大学建校一百二十周年

· 四川大学建校一百二十周年

· 浙江大学建校一百二十周年

· 中央美术学院建校一百周年

· 南开大学建校一百周年

· 哈工大

2014 年发行的“教师节”邮票，以“放飞希望”和“师恩难忘”为题，体现了教师担负着培养学生求真理、悟道理、明事理的神圣职责。中国香港邮政在 2016 年“教师节”发行了“向老师致敬”邮票，弘扬尊师重道精神，鼓励师生互敬互爱。

· 放飞希望

· 师恩难忘

· 向老师致敬

在“五位一体”总部署中，全面改善和提升人民生活质量，提高“人民幸福”指数，是全面建成小康社会的一项重要举措。

40 多年的改革开放，使中国摆脱了贫困。但到 2013 年底，中国还有 8249 万农村贫困人口，贫困地区发展滞后问题没有根本改变，扶贫仍面临艰巨任务。

2013 年 11 月，习近平总书记在湖南湘西考察，做出“实事求是、因地制宜、分类指导、精准扶贫”重要指示。2014 年 3 月“两会”期间，他又进一步阐释了精准扶贫理念。

2019 年 11 月，中国邮政发行了“精准扶贫”纪念邮票。在一套 6 枚的邮票中，第一枚以一个写有“小康不小康，关键看老乡”标语的陕西延川县梁家河村农院为邮图，体现出全套邮票主题：“大步迈向小康社会”。然后，5 枚邮票聚焦在精准扶贫的典型乡村：福建宁德市赤溪村、湖南花垣县十八洞村、宁夏永宁县闽宁镇、河南兰考县、江西井冈山市。邮票图案以绿色为基调，在工笔画风范的多彩描绘中，展现了这些摆脱贫困、走向富裕的农村新貌。这套邮票没有宏观的大场面，而是以真实朴质的乡土气息，刻画了扶贫典型旧貌换新颜，展现了“精准扶贫”的成就。

· 大步迈向小康社会

· 福建宁德市赤溪村

· 湖南花垣县十八洞村

· 宁夏永宁县闽宁镇

· 河南兰考县

· 江西井冈山市

· 扶贫日

自 2014 年起，每年的 10 月 17 日为中国“扶贫日”。这一日子的设立，充分体现了党和政府对扶贫工作的高度重视，以及对于贫困地区的格外关心。为“扶贫日”发行的邮票以鲜红色调和一颗红心的造型，突出了“10 · 17”的日期，体现了“扶贫日”的设立是继续“精准扶贫”政策的一个重要宣示，也是广泛动员社会力量参与扶贫开发的一项制度性安排。在党中央的坚强领导下，在全社会的支持参与下，我国脱贫攻坚取得历史性的巨大成就。

保护消费者权益，是保障人民生活和提高人民生活质量的一个重要举措。消费与人民生活息息相关，在全社会形成良好的商业道德，这不仅有利于促进企业管理，保证产品质量和服务质量，也事关民生和人民生活幸福指数。

1983 年，国际消费者联盟组织确定每年 3 月 15 日为“国际消费者权益日”。每年这一天，运用各种形式宣传保护消费者权益的有关法律法规及成果，促进全社会关心和支持消费者权益的保护。自 2014 年 3 月 15 日起，《中华人民共和国消费者权益保护法》开始实施。中国邮政于当日发行“保护消费者权益”特种邮票。第一枚邮票的主题是“公平公正”，以消费者协会的会徽及天平为主要设计元素，体现保护消费者权益的法律依据。邮图表达了“保护消费者权益”的目标是构建和谐友好、公平公正的消费环境。第二枚邮票的主题是“保护权益”，图案是一双手托举起代表“衣、食、住、行”的四个标示，寓意消费者权益的全面保护，惠及百姓生活。

2020 年 2 月 14 日，中央全面深化改革委员会第十二次会议召开，习近平总书记发表重要讲话。他强调，推动养老保险全国统筹制度更加公平更可持续，全面建成覆盖全民、城乡统筹、权责清晰、保障适度、可持续的多层次社会保障体系。会议审议通过了《企业职工基本养老保险全国统筹改革方案》。中国邮政发行的“城乡居民社会养老保险制度全覆盖”邮票，以祥和温馨的民族风设计，体现了这一政策的连续性以及党中央高度重视和切实实施的成果。

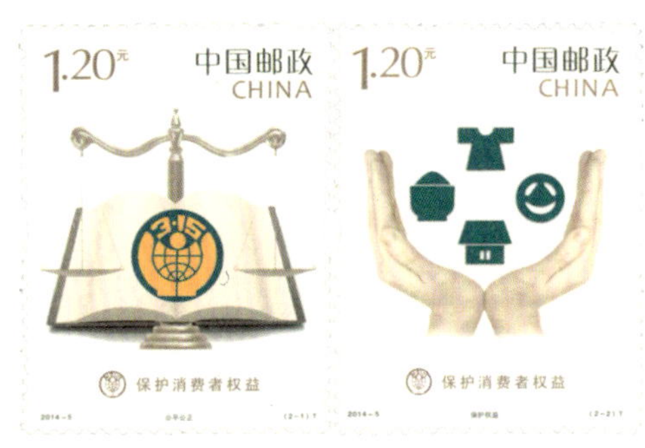

· 公平公正　　· 保护权益

城乡居民社会养老保险制度全覆盖

· 城乡居民社会养老保险制度全覆盖

· 网络生活

人民生活水平和质量的提高，还体现在生活方式的与时俱进和不断提升。网络，这个具有时代气息的信息和大数据科技载体，已经成为人们生活与工作不可或缺的组成部分，成为当今人们的一种新的生活方式。无形的网络，改变了人们生活，促进了国家发展，展示了未来远景。这个无形网络，也出现在有形的邮票天地之间。

在 2014 年发行的邮票中，有一个颇具特色的选题成为这一年邮票上的亮点，那就是“网络生活”。4 枚邮票的图案分别为“信息交流”“电子商务”“移动互联”“云计算”。邮票设计以“时尚与生活”的概念，用漫画形式表现了网络与现代生活的紧密联系，展现了互联网给人们生活方式带来的巨大变化。“网络生活”这四个字，真实概括了今日中国社会生活的新貌。

庆祝中华人民共和国成立 70 周年纪念邮票的第五枚，主题是“建设美丽中国”。图案中盈盈水畔的坚石上，镌刻了“绿水青山就是金山银山”字样。画面上青山绿水和广袤森林等生态元素，以及植树的母子形象，表现了宁静、和谐、美丽的自然环境，烘托了“建设美丽中国”的主题。

生态是人类生命的载体。中国全面深入改革开放坚持可持续发展理念，在新时代“五位一体”总部署中，“生态”是一个充满生机的绿色主题。

党的十八大、十九大以来，党中央把“推进生态文明”作为中国发展的重要战略。2013 至 2016 年，中国邮政发行了两组通用的普通邮票，主题是“美丽中国”。这套邮票以 10 枚大票幅画面，表现了中国从北到南、从东到西大好河山的壮观景象：霞浦滩涂、张家界天子山、三沙七连屿、盘锦红海滩、龙胜梯田、兴化垛田、牡丹江雪乡、兴义

· 建设美丽中国

美丽中国（一）
Beautiful China

・美丽中国

・红河哈尼梯田

· 水与生活

· 中国植树节

万峰林、石嘴山沙湖、杭州西溪湿地等。

2015 年，中国香港邮政在“中国世界遗产系列第四号”邮票中，以小型张“红河哈尼梯田”，表现了农耕文明的保护环境意识。中国澳门邮政也在这一年先后发行了“澳门湿地”邮票和小型张，以及“水与生活”邮票和小型张，集中展现热爱生活、保护环境的观念。

2019 年的 3 月 12 日是“中国植树节”。这一天作为“绿化祖国，保护生态”的节日，至今，已有 41 年历史了。“植树节”的春绿，也濡染在邮票的方寸天地之间。这枚邮票的主图是一棵树木枝繁叶茂的造型，以一派生命之色，表达了江山秀丽、国家发展和人民幸福的寓意。

党中央对于生态环境与经济发展的决策与实施，体现了“建设生态文明是中华民族永续发展的千年大计”的战略思想。

以习近平同志为核心的党中央，统筹推进“五位一体”总体布局，促进了中国在经济、政治、文化、社会、生态方面的高质量发展，在各个领域取得了重大成就。这正表明，党和人民正在坚定不移地把中国特色社会主义伟大事业全面推向前进。

高扬“不忘初心、牢记使命”旗帜

“中国共产党人的初心和使命，就是为中国人民谋幸福，为中华民族谋复兴。”

2017年10月18日，习近平总书记在党的十九大报告中指出，在全党开展“不忘初心、牢记使命”主题教育，用党的创新理论武装头脑，推动全党更加自觉地为实现新时代党的历史使命不懈奋斗。

按照党的十九大部署，“不忘初心、牢记使命”主题教育从2019年6月起在全党自上而下分两批开展。

中国邮政以党的“不忘初心、牢记使命”重要思想为主题，铭记在“国家名片”上。在一枚以“不忘初心、牢记使命”为题的个性化邮票上，上海中共一大会址、南湖红船、延安宝塔山、中南海新华门为主体元素，辅以和平鸽等元素，深刻点明主题。附图以高耸的灯塔、飞驰的高铁列车、腾飞的火箭等意象，表达中国共产党带领中国人民不断把实现中华民族伟大复兴事业推向前进。

· 不忘初心、牢记使命

“不忘初心、牢记使命”是党不断开创未来的重要基础。党的十九大报告指出，经过长期努力，中国特色社会主义进入了新时代，这是中国发展新的历史方位。中国社会的主要矛盾已转化为人民日益增长的美好生活需要和不平衡不充分的发展之间的矛盾。开展主题教育，就是要在新时代的新矛盾、新挑战、新征程中，不忘初心、牢记使命，砥砺前进，不断实现人民对美好生活的新期待。

在中国邮政发行的邮票中，能够看到经济发展、社会进步、文化繁荣、生活幸福、生态美好的形势与成就。一个色彩缤纷的以“五位一体”为主题的5枚邮票的首日封，集中表现了党的十八大以来，我国改革开放和现代化建设取得的历史性成就。

中国共产党是领导我们事业的核心力量。在一枚题为“薪火相传”的个性化邮票上，一颗醒目的红星象征着党的领导，一个战士屹立在战

·“五位一体”首日封

· 不忘初心 薪火相传

斗岗位上，永远吹起冲锋号。这个寓意深刻的构图，从不忘革命斗争历史到走向未来的前进，革命传统，薪火相传，党领导全国人民豪迈地走向未来。

中国特色社会主义是在改革开放新的历史时期开创的，也是在中国共产党长期奋斗基础上形成的。为中国人民谋幸福，为中华民族谋复兴，是贯穿党的全部历史的一条红线。党的十八大、十九大之后，新时代中国共产党人的历史使命，就是决胜全面建成小康社会，为全面建设社会主义现代化国家、实现中华民族伟大复兴而不懈奋斗。

2020 年是全面建成小康社会的最后冲刺阶段。打好打赢精准脱贫、污染防治、防范化解重大风险三大攻坚战，是决胜全面建成小康社会的关键。

2020 年初春，中国出现新型冠状病毒肺炎疫情，这是新中国成立以来我国遭遇的传播速度最快、感染范围最广、防控难度最大的重大突发公共卫生事件。在以习近平同志为核心的党中央坚强领导和直接指挥下，全国各族人民付出巨大努力，取得了抗击新冠肺炎疫情斗争重大战略成果，创造了人类同疾病斗争史上又一个英勇壮举，充分展现了中国共产党领导和我国社会主义制度的显著优势，充分展现了中国人民和中华民族的伟大力量，充分展现了中国负责任大国的自觉担当。

实现中华民族伟大复兴，是近代以来中华民族最伟大的梦想，也是中国共产党

· 众志成城　抗击疫情

· 梦想启航

从成立那天起就肩负的历史使命。这是凝聚几代中国人的夙愿，是中华民族和中国人民的根本利益，是一代一代共产党人和人民群众锲而不舍奋斗的根本目标。

进入中国特色社会主义新时代，在以习近平同志为核心的党中央领导下，今天，我们比历史上的任何时期都更接近、更有信心和能力实现中华民族伟大复兴的目标。

寄　语

“为有牺牲多壮志，敢教日月换新天。”

阖上邮册，在透过百年邮票看党的百年历程之后，毛泽东的两行诗句，如雷贯耳，油然而来。没有党和人民的百年奋斗、牺牲和奉献，就没有百度春秋之后今日中华大地上的天翻地覆巨变。这次徜徉于“国家名片”之间的观览阅看，实际上是一次特殊的“不忘初心、牢记使命”的主题教育。

一个在近代备受欺侮、积贫积弱的半殖民地半封建国家，从1921年开始，从1949年起步，从1978年攀登，在中国共产党带领全国各族人民的共同奋斗下，如今已经全面建成小康社会，正在乘势而上开启全面建设社会主义现代化国家新征程。

中国已有140余年的邮票发行历史，留存下了数以万计的“国家名片”。从五千年的中华文明到中华民族的伟大复兴，这条历史长河，流淌在这座美丽的邮票画廊中。方寸邮票又是一个气象万千的大舞台，那里叙说了一个东方文明古国的新生，塑造了一个跻身世界民族之林的中国正日益繁荣富强的国家形象。

在回顾历史和展望远景中，打开这本厚厚的百年邮票巨册，以百年邮票看建党百年，这是奉献给伟大、光荣、正确的中国共产党百年华诞的一个特殊献礼。

2021年7月1日，中国共产党百年华诞到来。这一年，是中国传统“牛”年。这不禁让我们想起在中国改革开放前沿，那座矗立在南风窗外的“拓荒牛”。那奋进的冲刺，仿佛将中华民族在党领导下创造的百年辉煌，凝聚在了这蕴力千钧的进取中，也仿佛在召唤我们继续向第二个百年——中华人民共和国成立百年，基本实现现代化，把中国建设成为富强、民主、文明、和谐、美丽的社会主义现代化国家的宏伟目标前进。